高等职业教育产教融合系列教材·电子商务类

电子商务案例分析

主　编　陈佳乐　陈　明

副主编　刘永军

主　审　宋　卫

北京理工大学出版社
BEIJING INSTITUTE OF TECHNOLOGY PRESS

内 容 简 介

本书主要内容是电子商务案例分析，共分8章，精选了20个案例。第一章简要介绍了案例分析的基本概念、意义作用、一般过程与方法。第二章到第八章分别对主流的电子商务模式及网络营销、网络销售案例进行了分析。每章配有一些习题，可供读者对本章内容进行回顾和总结。本书从案例分析入手，使得读者更加容易理解，并且通过对案例的解读，培养对电子商务的兴趣。同时，读者可以通过本书锻炼从事电子商务的思维与技能。

本书可作为高等院校电子商务及相关专业的教材，也可以是从事电子商务工作人员的参考用书。

版权专有　侵权必究

图书在版编目（CIP）数据

电子商务案例分析／陈佳乐，陈明主编．—北京：北京理工大学出版社，2020.1
（2020.2 重印）

ISBN 978 – 7 – 5682 – 7922 – 2

Ⅰ.①电… Ⅱ.①陈… ②陈… Ⅲ.①电子商务 – 案例 – 高等学校 – 教材
Ⅳ.①F713.36

中国版本图书馆 CIP 数据核字（2019）第 252306 号

出版发行／	北京理工大学出版社有限责任公司
社　　址／	北京市海淀区中关村南大街5号
邮　　编／	100081
电　　话／	（010）68914775（总编室）
	（010）82562903（教材售后服务热线）
	（010）68948351（其他图书服务热线）
网　　址／	http：//www.bitpress.com.cn
经　　销／	全国各地新华书店
印　　刷／	唐山富达印务有限公司
开　　本／	787 毫米 × 1092 毫米　1/16
印　　张／	12
字　　数／	274 千字
版　　次／	2020年1月第1版　2020年2月第2次印刷
定　　价／	35.00元

责任编辑／	梁铜华
文案编辑／	梁铜华
责任校对／	周瑞红
责任印制／	施胜娟

图书出现印装质量问题，请拨打售后服务热线，本社负责调换

产教融合电子商务系列教材专家委员会名单

主　　任：	浙江工商职业技术学院	陈　明
	浙江商业职业技术学院	沈凤池
副 主 任：	浙江经济职业技术学院	谈黎虹
	金华职业技术学院	胡华江
	嘉兴职业技术学院	李玉清
	浙江盈世控股有限公司创始人	张　军
	北京理工大学出版社	姚朝辉
委　　员：	宁波星弘文化创意有限公司	张万志
	浙江工商职业技术学院	史勤波
	长城战略咨询公司	吴志鹏
	浙江工商职业技术学院	蔡简建
	宁波灿里贸易有限公司	唐高波
	浙江工商职业技术学院	刘永军
	宁波卢来神掌品牌策划有限公司	卢奕衡
	浙江工商职业技术学院	俞　漪
	宁波达文西电子商务有限公司	张　军
	浙江工商职业技术学院	许　辉
	宁波云上电子商务有限公司	孙家辉
	浙江工商职业技术学院	蒋晶晶
	宁波云影网络有限公司	王绍峰
	浙江工商职业技术学院	卢星辰
	宁波飞色网络科技有限公司	王云平
	浙江工商职业技术学院	杨银辉
	宁波飞凡电子商务有限公司	沈兴秋
	浙江工商职业技术学院	陈佳乐
	宁波正熙跨境电子商务有限公司	韦全方
	浙江工商职业技术学院	周锡飞

序 言

创建于 2015 年 6 月的宁波市电子商务学院，是由宁波市教育局和宁波市商务委员会授权浙江工商职业技术学院牵头组建的一所集电子商务人才培养培训平台、电子商务创业孵化平台、电子商务协同创新平台、电子商务服务与政策咨询为一体的特色示范学院。学院主要依托各级政府、电商产业园、行业协会、电商企业，探索"入园办学"和"引企入校"的模式，发挥教学育人、服务企业和公共平台等功能，充分体现了产教融合、校企合作的办学理念。

浙江工商职业技术学院正是秉承了产教融合、服务地方经济建设的办学理念，将电子商务、国际贸易（跨境电商）、市场营销等多个专业的教学与实训置于电子商务产业园区之中，形成了颇具特色的产教园教学模式。这种"入园办学"的模式对教师的专业知识与能力来说无疑是个十分严峻的挑战，而应对挑战的唯一路径就是教师深入企业，参与企业运营与管理，甚至自主创业。经过多年努力，成果是斐然的。电子商务学院的张军老师 2013 年初作为指导教师参与浙江慈溪崇寿跨境电子商务产教园项目的运作，至今已成为浙江盈世控股公司创始人之一，该公司每年营业额达 20 亿元，拥有员工 1 200 人。目前，该公司名下的电商生态园为学校提供一流的学习与实践基地。周锡飞老师获得了全国教师技能竞赛一等奖；许辉老师成为全国知名的电商培训师；蔡简建老师指导学生参加比赛，获得浙江省职业院校"挑战杯"创新创业竞赛一等奖两项、全国高职高专大学生管理创意大赛金奖。更多的教师则是兼任了企业电子商务运营总监、项目负责人等，他们在产教园中成功地孵化多个学生创业团队，其中"飞凡电商"2018 年销售额达 3 亿元之多。

"师者，所以传道受业解惑也。"将自主创业或者参与企业运作、指导学生实战的教学经验与理论形成书面文字，编写成教材，必有益于广大读者，善莫大焉。基于此，浙江工商职业技术学院与北京理工大学出版社共同策划了这套产教融合电子商务系列教材。教材专委会聘请富有创业实践经验的企业家和富有教学经验的专业教师共同开发编写，并邀请资深电子商务职业教育专家担任教材主审，以最大限度地保证教材的先进性与实用性，充分体现了产教融合的理念。专委会希望本套教材对广大同行与学生提供有益的帮助。

习近平总书记在党的十九大报告中指出："完善职业教育和培训体系，深化产教融合、校企合作。"这为高职教育在新时代推进内涵建设和创新发展进一步指明了方向。国务院办公厅印发《关于深化产教融合的若干意见》指出，深化产教融合，促进教育链、人才链与产业链、创新链有机衔接，是当前推进人力资源供给侧结构性改革的迫切要求，对新形势下全面提高教育质量、扩大就业创业、推进经济转型升级、培育经济发展新动能具有重要意义。因此，对高职院校而言，只有与行业企业开展深度合作，提高人才培养质量，才能提升学校在地方经济社会发展中的参与度和贡献率。浙江工商职业技术学院的电子商务类专业正在沿着这一正确的道路前行。

产教融合电子商务系列教材专家委员会

前 言

21世纪以来,以电子商务为重要特征的互联网产业发展迅猛,已成为推动世界经济增长的主要力量。企业管理者和创业者越来越重视采用先进的技术手段和新的商业模式开展业务及拓展商业空间。广大消费者也越来越习惯用互联网来从事商业活动。电子商务正改变着我们经济生活的方方面面。

同时,电子商务专业也引起社会的关注。在该专业的教学中,我们发现案例教学的效果是较为明显的。因为在电子商务曲折的发展过程中,涌现出大批从事电子商务的新型企业,也有许多传统企业加到网络中,寻求生存和发展的新途径,而这些案例正是最好的教科书。电子商务案例分析研究是使学生深刻了解电子商务概念与实务、总结经验与教训、对已学内容进行综合并产生创新想法的好途径,是在教学中实践讨论式、启发式、探索式等教学方法,体现课程开放性、整合性、系统性的好形式。因此,"电子商务案例分析"这门课程在电子商务本科专业教学过程中,甚至在相关应用研究中,具有重要作用及意义。本书筛选了在电子商务运作中表现突出的典型案例,通过对企业电子商务运作的追踪,总结企业经营电子商务的成功与不足,旨在为更广泛地推广电子商务提供经验。

本书共分八章,精选了20个案例。第一章简要介绍了案例分析的基本概念、意义作用、一般过程与方法。第二到第八章分别对主要电子商务模式及网络营销、网络销售案例进行了分析。

与同类书籍相比,本书具有以下特色:

(1) 结构严谨。在篇章结构方面,本书共分八章,分别是电子商务案例分析方法、B2B平台案例、B2C平台案例、C2C平台案例、C2B平台案例、SNS平台案例、网络销售案例、网络营销案例。本书对电子商务主要商业模式及网络销售、网络营销案例都进行了分析。

(2) 重点突出。在各章案例的编写中,第二章到第六章主要介绍五种最重要的电子商务模式,按照公司简介、电子商务模式、发展历程三个方面展开;第七章到第八章主要介绍网络营销及网络销售案例,首先在公司简介中叙述该公司开展电子商务的基本事实,接着在案例分析中评析其电子商务模式的优劣以及给其他公司带来的启示,最后介绍了公司历程。

（3）案例恰当。本书各章精心挑选了典型电子商务案例，主要是面向高职学生编写，充分体现了职业性特点，文字通俗易懂、深入浅出。

（4）说理透彻。本书的案例分析说理透彻，让学生容易通过学习提高理论联系实际的能力，便于培养其逻辑分析能力。

本书由浙江工商职业技术学院陈佳乐、陈明、刘永军三位老师和多年从事电子商务的宁波飞凡电子商务有限公司总经理沈兴秋先生共同负责编写，其中陈佳乐老师负责第一章至第六章编写及全书总纂工作，陈明老师负责第七章及数据整理工作，刘永军老师负责第八章，沈兴秋先生为全书的撰写提供了翔实的数据和案例建议。本书可作为高职高专院校电子商务专业及相关专业的全国通用教材，也可供企业在职人员培训使用。

在编写过程中，我们借鉴和参考了大量国内外的相关书籍和教材，在此，谨向所有相关作者表示诚挚的感谢。由于作者水平有限，加上时间仓促，书中缺陷和错误在所难免，敬请读者朋友不吝赐教。

编　者

目 录

第一章　电子商务案例分析方法 (1)

一、电子商务基础 (1)
　　(一)电子商务的定义 (1)
　　(二)电子商务的框架体系 (2)
　　(三)电子商务的功能 (4)
二、电子商务案例分析方法 (5)
　　(一)电子商务案例分析模型 (5)
　　(二)电子商务的商业模式 (6)
　　(三)电子商务的技术模式 (10)
　　(四)电子商务的经营模式 (11)
　　(五)电子商务的管理模式 (13)
　　(六)电子商务的资本模式 (17)
本章小结 (18)
本章习题 (18)

第二章　B2B 平台案例 (19)

一、内容提要 (19)
二、阿里巴巴案例分析 (19)
　　(一)阿里巴巴电子商务网站介绍 (19)
　　(二)阿里巴巴电子商务网站的特点 (22)
　　(三)阿里巴巴 2019 年运营状况及成功原因 (25)
　　(四)启示 (26)
三、中国化工网案例分析 (26)
　　(一)中国化工网的基本情况 (26)
　　(二)中国化工网的商务模式 (26)

(三) 中国化工网的发展现状 ……………………………………………… (27)
(四) 未来发展方向 …………………………………………………………… (29)
(五) 启示 ……………………………………………………………………… (30)
四、中国五金商城案例分析 …………………………………………………… (31)
(一) 公司发展概况 ………………………………………………………… (31)
(二) 五金行业的电子商务平台 …………………………………………… (31)
(三) 服务体系 ……………………………………………………………… (32)
(四) 营利方式 ……………………………………………………………… (34)
(五) 优势和劣势分析 ……………………………………………………… (34)
(六) 稳步中求发展 ………………………………………………………… (35)
本章小结 ………………………………………………………………………… (35)
本章习题 ………………………………………………………………………… (35)

第三章 B2C 平台案例 …………………………………………………… (36)

一、内容提要 …………………………………………………………………… (36)
二、天猫商城案例分析 ………………………………………………………… (36)
(一) 天猫商城概述 ………………………………………………………… (36)
(二) 天猫商城的基本情况 ………………………………………………… (37)
(三) 天猫商城的商业模式 ………………………………………………… (39)
(四) 天猫商城的经营模式分析 …………………………………………… (43)
(五) 天猫商城的技术模式分析 …………………………………………… (44)
(六) 天猫商城的管理模式分析 …………………………………………… (45)
(七) 天猫商城的资本模式分析 …………………………………………… (46)
(八) 结论与建议 …………………………………………………………… (47)
三、当当网 ……………………………………………………………………… (48)
(一) 当当网的基本情况与功能框架 ……………………………………… (48)
(二) 当当网的商业模式 …………………………………………………… (49)
(三) 当当网的经营模式 …………………………………………………… (51)
(四) 当当网的管理模式 …………………………………………………… (52)
(五) 当当网的技术模式 …………………………………………………… (53)
(六) 当当网的资本模式 …………………………………………………… (53)
(七) 结论与建议 …………………………………………………………… (53)
四、莎莎网 ……………………………………………………………………… (54)
(一) 莎莎网概述 …………………………………………………………… (54)
(二) 莎莎网的商业模式 …………………………………………………… (56)
(三) 莎莎网的经营模式 …………………………………………………… (57)
(四) 莎莎网的技术模式 …………………………………………………… (59)
(五) 莎莎网的管理模式 …………………………………………………… (59)
(六) 莎莎网的资本模式 …………………………………………………… (59)

（七）结论与建议 ······ (59)
　本章小结 ······ (61)
　本章习题 ······ (62)

第四章　C2C平台案例 ······ (63)

　一、内容提要 ······ (63)
　二、淘宝网 ······ (63)
　　（一）淘宝网的基本情况 ······ (63)
　　（二）淘宝网的商业模式 ······ (65)
　　（三）淘宝网的营利模式 ······ (67)
　　（四）淘宝网的经营模式 ······ (69)
　　（五）淘宝网的技术模式 ······ (69)
　　（六）淘宝网的管理模式 ······ (71)
　　（七）淘宝网的资本模式 ······ (71)
　　（八）总结与建议 ······ (71)
　三、易趣网 ······ (73)
　　（一）易趣网的基本情况 ······ (73)
　　（二）易趣网的商业模式 ······ (75)
　　（三）易趣网的经营模式 ······ (76)
　　（四）易趣网的技术模式 ······ (78)
　　（五）易趣网的管理模式 ······ (80)
　　（六）易趣网的资本模式 ······ (80)
　四、结论与建议 ······ (80)
　本章小结 ······ (81)
　本章习题 ······ (81)

第五章　C2B平台案例 ······ (82)

　一、内容提要 ······ (82)
　二、美团网案例分析 ······ (82)
　　（一）美团网概述 ······ (82)
　　（二）美团网商业模式分析 ······ (84)
　　（三）美团网经营模式分析 ······ (86)
　　（四）美团网技术模式 ······ (87)
　　（五）美团网管理模式 ······ (91)
　　（六）美团网资本模式分析 ······ (92)
　　（七）问题和建议 ······ (93)
　三、大众点评网 ······ (93)
　　（一）大众点评网的基本情况 ······ (93)
　　（二）大众点评网的商业模式 ······ (95)

（三）大众点评网的经营模式 ………………………………………………（96）
　　（四）大众点评网的技术模式 ………………………………………………（97）
　　（五）大众点评网的管理模式 ………………………………………………（98）
　　（六）结论与建议 ……………………………………………………………（99）
　四、拉手网 …………………………………………………………………………（101）
　　（一）拉手网概述 ……………………………………………………………（101）
　　（二）拉手网商业模式 ………………………………………………………（101）
　　（三）拉手网经营模式 ………………………………………………………（105）
　　（四）拉手网技术模式 ………………………………………………………（106）
　　（五）拉手网管理模式 ………………………………………………………（107）
　　（六）拉手网资本模式 ………………………………………………………（107）
　五、结论与建议 ……………………………………………………………………（107）
　本章小结 ……………………………………………………………………………（108）
　本章习题 ……………………………………………………………………………（110）

第六章　SNS 平台案例 …………………………………………………………（111）

　一、内容提要 ………………………………………………………………………（111）
　二、Facebook ………………………………………………………………………（111）
　　（一）Facebook 的基本情况 …………………………………………………（111）
　　（二）Facebook 的商业模式 …………………………………………………（115）
　　（三）Facebook 的经营模式 …………………………………………………（117）
　　（四）Facebook 的技术模式 …………………………………………………（118）
　　（五）Facebook 的管理模式 …………………………………………………（119）
　　（六）Facebook 的资本模式 …………………………………………………（120）
　　（七）结论与建议 ……………………………………………………………（122）
　三、人人网 …………………………………………………………………………（122）
　　（一）人人网概况 ……………………………………………………………（122）
　　（二）人人网的商业模式 ……………………………………………………（123）
　　（三）人人网的经营模式 ……………………………………………………（125）
　　（四）人人网的技术模式 ……………………………………………………（126）
　　（五）人人网的管理模式 ……………………………………………………（127）
　　（六）人人网的资本模式 ……………………………………………………（127）
　　（七）结论和建议 ……………………………………………………………（128）
　四、新浪微博 ………………………………………………………………………（129）
　　（一）新浪微博的基本情况 …………………………………………………（129）
　　（二）新浪微博商业模式 ……………………………………………………（130）
　　（三）新浪微博经营模式 ……………………………………………………（132）
　　（四）新浪微博技术模式 ……………………………………………………（132）
　　（五）新浪微博管理模式 ……………………………………………………（133）

（六）新浪微博资本模式 …… (133)
　　（七）结论与建议 …… (134)
　本章小结 …… (135)
　本章习题 …… (137)

第七章　网络销售案例 …… (138)
　一、内容提要 …… (138)
　二、麦包包 …… (138)
　　（一）麦包包的基本情况 …… (138)
　　（二）麦包包电子商务模式 …… (140)
　　（三）发展历程 …… (140)
　三、韩都衣舍 …… (142)
　　（一）韩都衣舍概况 …… (142)
　　（二）韩都衣舍电子商务模式 …… (142)
　　（三）发展历程 …… (144)
　　（四）案例小结 …… (145)
　四、小熊电器 …… (146)
　　（一）小熊电器的基本情况 …… (146)
　　（二）小熊电器的电子商务模式 …… (147)
　　（三）发展历程 …… (150)
　　（四）案例小结 …… (151)
　本章小结 …… (151)
　本章习题 …… (152)

第八章　网络营销案例 …… (153)
　一、内容提要 …… (153)
　二、王老吉网络营销案例分析 …… (153)
　　（一）公司简介 …… (153)
　　（二）王老吉产品分析 …… (154)
　　（三）王老吉消费者分析 …… (155)
　　（四）王老吉的网络营销分析 …… (155)
　　（五）王老吉的事件营销分析 …… (156)
　　（六）小结 …… (158)
　三、小米手机 …… (158)
　　（一）产品简介 …… (158)
　　（二）发展过程 …… (159)
　　（三）网络营销手段 …… (160)
　　（四）案例小结 …… (167)
　四、三只松鼠 …… (168)

6　电子商务案例分析

　　（一）公司简介 ………………………………………………………………（168）
　　（二）品牌策略 ………………………………………………………………（168）
　　（三）核心竞争力 ……………………………………………………………（169）
　　（四）案例小结 ………………………………………………………………（170）
　本章小结 …………………………………………………………………………（172）
　本章习题 …………………………………………………………………………（172）
参考文献 …………………………………………………………………………（173）

第一章

电子商务案例分析方法

一、电子商务基础

简要综述电子商务的定义、框架体系、功能等,为案例分析做好知识准备。

(一)电子商务的定义

首先将电子商务划分为广义和狭义的电子商务。广义的电子商务定义为,使用各种电子工具从事的商务活动;狭义的电子商务定义为,主要利用 Internet 从事的商务活动。无论是广义的还是狭义的电子商务概念,它们都涵盖了两个方面:一是离不开互联网这个平台,没有了网络,就称不上是电子商务;二是通过互联网完成的是一种商务活动。

从狭义上讲,电子商务(Electronic Commerce,EC)是指通过使用互联网等电子工具(包括电报、电话、广播、电视、传真、计算机、计算机网络、移动通信等)在全球范围内进行的商务贸易活动,是以计算机网络为基础所进行的各种商务活动,包括商品和服务的提供者、广告商、消费者、中介商等有关各方行为的总和。人们一般理解的电子商务便是狭义上的电子商务。

从广义上讲,电子商务一词源自 Electronic Business,是通过电子手段进行的商业事务活动。电子商务通过使用互联网等电子工具,使公司内部、供应商、客户和合作伙伴之间,利用电子业务共享信息,实现企业间业务流程的电子化,配合企业内部的电子化生产管理系统,提高企业的生产、库存、流通和资金等各个环节的效率。

联合国国际贸易程序简化工作组对电子商务的定义是:采用电子形式开展商务活动,它包括在供应商、客户、政府及其他参与方之间通过任何电子工具,如 EDI、Web 技术、电子邮件等共享非结构化商务信息,并管理和完成在商务活动、管理活动和消费活动中的各种交易。

电子商务是利用计算机技术、网络技术和远程通信技术,实现电子化、数字化、网络化、商务化的整个商务过程。

电子商务是以商务活动为主体,以计算机网络为基础,以电子化方式为手段,在法律许可范围内所进行的商务活动交易过程。

电子商务是运用数字信息技术,对企业的各项活动进行持续优化的过程。

（二）电子商务的框架体系

1. 电子商务系统的组成要素

由于电子商务的覆盖面非常广，不同的电子商务应用系统涉及的具体对象也各不相同。但总体看来，电子商务系统一般包括如图 1-1 所示的基本组成要素。

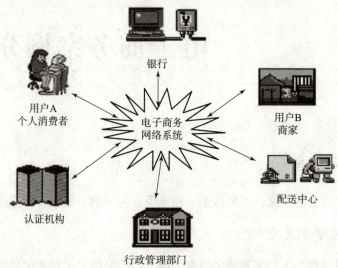

图 1-1 电子商务系统组成要素示意

由图 1-1 可知，电子商务活动以网络系统为基础，涉及社会多方的参与和支持。

1) 网络系统

电子商务的网络系统主要是指远程通信网、有线电视网、无线电通信网和 Internet 等信息传输系统，这些不同的网络都提供了电子商务信息传输的线路。但是，目前大部分电子商务应用都构建在 Internet 上，其主要连接设备有集线器（Hub）、路由器（Router）、数字交换机（Switch）等。

2) 用户

电子商务用户包括个人消费者和商家两种。个人消费者使用浏览器、电视机顶盒、个人数字助理、可视电话等终端设备接入 Internet 参与商务活动。商家通过 Intranet 或 Extranet 连接 Internet 并进行网上商务和业务活动。一方面，受理消费者请求；另一方面，通过电子报送、电子支付、电子报税等方式与海关、银行、税务局等机构进行有关的商务和业务处理。

3) 银行

作为商务活动，电子商务过程的基本环节是买和卖。而消费者的购买行为必然涉及支付问题。相对完整的电子商务过程应该有银行系统的介入来提供方便的支付方式和银行业务。网上银行就是应用网络技术提供在线金融服务的银行系统。一方面，网上银行提供网上支付手段（主要包括银行直接转账或与信用卡公司合作，通过信用卡支付），为电子商务交易中的用户服务；另一方面，银行上网后，可以突破时间和空间限制，提供传统银行业务的全天候服务。

4) 配送中心

在电子商务中，货物往往不是由消费者自行带走，而是由商家配送，这一点与传统商务不同。因此，配送中心成为电子商务系统必不可少的组成要素。商家可自建配送中心，也可以委托专业的物流公司完成配送业务。商家把备货单发往配送中心，由配送中心备货和出货，送达消费者。

5）认证机构

和传统商务活动一样，电子商务活动中也会存在欺诈现象。认证机构的介入就是为了解决这类问题。认证机构全称为电子商务认证授权机构（Certificate Authority，CA），是受法律承认的权威机构。其通过发放和管理数字证书（类似于现实生活中的身份证）的方式，对参与商务活动各方的身份及所提供的资料进行确认。

6）行政管理部门

由于电子商务的实质是商务活动，因此同样要接受各种行政管理部门的监管和服务，以保证经济的有效运行。这些行政管理部门主要包括工商、税务、海关及法律部门等。工商行政管理局除了对开展网上经营活动的企业行使传统的监督管理职能外，还为企业提供各种便利的网上服务（如网上登记、网上年检、并联审批、网上咨询、消费者投诉、网上执照验证等）；税务局对电子业务要收缴税金；海关对国际电子贸易活动也要履行通关、报关、出口退税等法定程序；法律部门对于电子商务活动中的各种经济纠纷同样有义务予以公正解决。

2. 电子商务系统的结构

所谓系统的结构，是指系统的外部环境、内部组成部分的集合。

电子商务系统不是一个孤立的系统，它包括网络、计算机系统、应用软件等，同时，还需要和外界发生信息交流。所以，介绍电子商务系统的结构，有助于我们了解其内部结构、外部运行环境及它们之间的相互关系，从宏观层面上认识电子商务。

很多人认为电子商务系统建设就是建一个网站，这种认识显然是不全面的。由于电子商务包括网上炒股、网上求职、网上购物、网络营销、网上拍卖等多种应用，因此，电子商务系统建设是一个能够支持多种应用，并需要社会广泛支持的系统工程。这项工程既需要建设网络基础设施，又需要搭建与之密切相关的内容服务、支付服务、安全服务、物流服务等其他基础服务平台，同时，还要有不断完善的公共政策和技术标准等软环境的支持。电子商务系统的结构如图1-2所示。

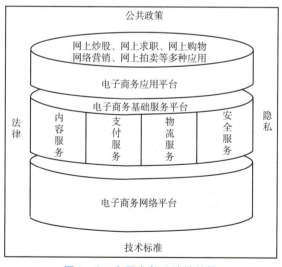

图1-2 电子商务系统的结构

1）电子商务网络平台

网络平台是电子商务系统最基本、必须具备的组成部分。因为电子商务就是随着网络技术，特别是 Internet 技术的发展而迅速发展起来的，可以说，没有网络，就没有电子商务；没有 Internet，就没有现代电子商务。网络平台是信息传送的载体，其主要功能是解决电子商务系统的基础设施建设问题，为各种商务应用提供高速、优质、可靠的通信环境。这就好比交通系统中的道路建设，为车辆通行提供基础保障。

2）电子商务基础服务平台

电子商务基础服务平台由内容服务、支付服务、物流服务和安全服务构成。这些服务的提供不仅是技术问题，更重要的是社会相关部门的参与和支持。内容服务是指基于 Web 的电子商务网站建设。其重点在于构建"商务系统"，即利用网络平台传递和发布各种商务信息（静态页面制作），同时，也综合应用其他各种信息技术进行 WWW 展示，制作更具表现力、吸引力和交互能力的站点内容（动态页面制作）。如果说网络平台是"信息流"的承载者，那么内容服务就是"信息流"的制作者；网络是"路"，内容就是"车"。内容服务主要包括客户端和服务器端的建设，一般由专业的 ISP（Internet Service Provider，网络服务提供商）或 ICP（Internet Content Provider，网络内容提供商）根据用户需求设计、制作和实施，并定期进行维护。支付服务的主要任务是解决电子商务活动中资金支付的问题，即从信息浏览、商品选购，到支付、收货等一系列业务环节都可以在线（Online）完成。物流服务的主要任务是解决电子商务活动中的物流配送问题。电子商务配送服务的主要内容包括：一是完善数字化产品和信息类产品的在线传送机制；二是改善传统配送体系，使之更好地服务于电子商务。提供物流服务的组织可以是电子商务企业本身，也可以是专业的第三方物流公司。安全服务的主要任务是保障电子商务活动的安全，包括信息安全、资金安全、计算机系统安全、网络通信安全及交易过程安全等。安全服务主要包括开发安全技术，加强安全管理，制定安全法律法规，建立身份认证机构和社会信用体系等。

（三）电子商务的功能

电子商务可提供网上交易和管理等全过程的服务，因此它具有广告宣传、咨询洽谈、网上订购、网上支付、电子账户、服务传递、意见征询、交易管理等各项功能。

1. 广告宣传

电子商务可凭借企业的 Web 服务器和客户的浏览，在 Internet 上发播各类商业信息。客户可借助网上的检索工具（Search）迅速地找到所需商品信息，而商家可利用网上主页（Home Page）和电子邮件（E-mail）在全球范围内作广告宣传。与以往的各类广告相比，网上的广告成本最为低廉，而给客户的信息量却最为丰富。

2. 咨询洽谈

电子商务可借助非实时的电子邮件（E-mail）、新闻组（News Group）和实时的讨论组（Chat）来了解市场和商品信息，洽谈交易事务，如有进一步的需求，还可用网上的白板会议（Whiteboard Conference）来交流即时的图形信息。网上的咨询和洽谈能超越人们面对面洽谈的限制，提供多种方便的异地交谈形式。

3. 网上订购

电子商务可借助 Web 中的邮件交互传送实现网上的订购。网上的订购通常都是在产品介绍的页面上提供十分友好的订购提示信息和订购交互格式框。当客户填完订购单后，通常系统会回复确认信息单来保证订购信息的收悉。订购信息也可采用加密的方式使客户和商家的商业信息不会泄露。

4. 网上支付

电子商务要成为一个完整的过程，网上支付是其中重要的环节。客户和商家之间可采用信用卡账号进行交易。在网上直接采用电子支付手段可省略交易中很多人员的开销。网上支付将需要更为可靠的信息传输安全性控制以防止欺骗、窃听、冒用等非法行为。

5. 电子账户

网上支付必须由电子金融来支持，即银行或信用卡公司及保险公司等金融单位要为金融服务提供网上操作的服务。而电子账户管理是其基本的组成部分。信用卡卡号或银行账号都是电子账户的一种标志，而其可信度需配以必要技术措施来保证，如数字证书、数字签名、加密等手段的应用保证了电子账户操作的安全性。

6. 服务传递

对于已付了款的客户应将其订购的货物尽快地传递到他们的手中。而有些货物在本地，有些货物在异地，人们可利用电子邮件在网络中进行物流的调配。而最适合在网上直接传递的货物是信息产品，如软件、电子读物、信息服务等。它能直接从电子仓库中将货物发到用户端。

7. 意见征询

电子商务能十分方便地采用网页上的"选择""填空"等格式文件来收集客户对销售服务的反馈意见。这样可使企业的市场运营形成一个封闭的回路。客户的反馈意见不仅能提高售后服务的水平，更使企业获得改进产品、发现市场的商业机会。

8. 交易管理

整个交易的管理将涉及人、财、物多个方面，如企业和企业、企业和客户及企业内部等各方面的协调和管理。因此，交易管理是涉及商务活动全过程的管理。电子商务的发展，将会提供一个良好的交易管理的网络环境及多种多样的应用服务系统。这样，便能保障电子商务获得更广泛的应用。

二、电子商务案例分析方法

电子商务案例是指在电子商务应用中，某一种电子商务模式在一定领域内的典型应用。电子商务案例分析的目的是在全面把握某种电子商务模式应用基本情况的基础上，系统分析其商业模式、技术模式、经营模式、管理模式、资本模式的特点，提出改进意见与建议，为进行电子商务项目策划与实施积累经验。

（一）电子商务案例分析模型

在进行电子商务案例分析时，一般应该遵循一定的程序，按照一定的模型（图1-3）进行系统分析，以科学把握案例的精髓。

分析一个电子商务案例首先要判断其电子商务模式，把握这种电子商务模式的特征和分类，进而理解其对电子商务各利益主体的优势，为进行案例分析奠定基础。

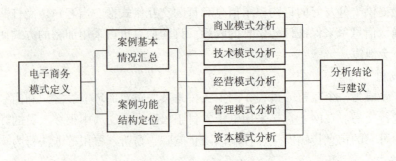

图1-3 电子商务案例分析模型

1. 案例基本情况汇总

对案例基本情况的汇总是进行电子商务案例分析的基础工作,需要通过现有文献、网络调查、实地考察、网站浏览、在线讨论列表、公司宣传材料等途径尽可能详细地收集拟分析案例的基本情况,并进行汇总整理。

2. 案例功能结构定位

电子商务案例分析要对案例进行由表及里的系统分析,这就需要对电子商务案例的功能结构进行科学定位,如果可能,可以绘制电子商务功能结构图,以界定电子商务模式中所包含的各个主体(包括相关的电子商务公司、客户、供应商和合作伙伴),把握主要的信息流、资金流和物流特点,明确该电子商务模式对各主体的功能以及每个参与方所能获得的利益。

3. 电子商务模式分析

在对电子商务案例进行功能结构定位的基础上,要就案例的商业模式、技术模式、经营模式、管理模式、资本模式分别进行系统的分析,以掌握电子商务模式的内涵,为进行电子商务项目策划积累经验。

4. 分析结论与建议

对案例的电子商务模式进行总结,并提出改进商务模式效果的建议,为进行电子商务项目设计积累经验。

(二)电子商务的商业模式

影响一个电子商务项目绩效的首要因素是它的商业模式。电子商务的商业模式是电子商务项目运行的秩序,是指电子商务项目所提供的产品、服务、信息流、收入来源以及各利益主体在电子商务项目运作过程中的关系和作用的组织方式与体系结构。它具体体现了电子商务项目现在如何获利以及在未来长时间内的计划。电子商务的商业模式主要包括以下几方面的内容。

1. 战略目标

一个电子商务项目要想成功并持续获利,必须在商业模式上明确战略目标。企业的这种战略目标本质上表现为企业的客户价值,即企业必须不断向客户提供对他们有价值的、竞争者又不能提供的产品或服务,这样才能保持竞争优势。按照哈佛大学商学院著名教授迈克尔·波特的竞争优势理论,这种竞争优势可以表现在产品/服务的差别化、低成本、目标集聚战略上。

产品或服务的差别化战略主要表现在以下几个方面：

1）产品特征

公司可以通过提供具有竞争者产品所不具有的特征的产品来增加差别化。拥有独有的特征是最普通的产品差别化形式，使用互联网能够使公司为客户提供更好的产品特征。比如，DELL公司通过网络直销的形式，为客户提供个性化的电脑产品。

2）产品上市时间

公司率先将产品投向市场，产品往往是市场上唯一的，自然而然就具有差别性了，公司进而可以获得丰厚的利润。电子商务的应用，可以使企业在产品的开发与设计、推广与分销等方面大大地缩短周期，取得产品的市场先机，从而战胜自己的竞争对手。比如，网景公司曾经在线分发自己的浏览器软件，使它很快就在市场上占据了主导地位。

3）客户服务差别化

电子商务可以帮助公司更好地实施以客户为中心的发展战略。一方面，利用电子商务所提供的电子化服务，公司可以通过向出现故障的产品提供服务的快慢来予以差别化，大大提高公司对客户投诉的反应速度，能够有针对性地为客户提供更周到的服务。另一方面，由于信息更加容易获取，公司可以为客户提供大量的商品选择机会，从而使客户有更多的选择余地。公司提供的这种产品的多种组合可以使自己的产品比竞争对手具有明显的差异性。比如亚马逊书店可以在网上提供几千万种图书，而且很容易根据客户的需求进行多种组合，这与传统的线下书店形成了明显的差别化。

4）品牌形象

公司可以通过互联网来建立或强化自己的品牌形象，使客户感到他们的产品是具有差别性的，进而建立和保持客户的忠诚度，因为谁拥有了客户，谁就拥有了未来。

低成本战略是一种先发制人的战略，意味着一家公司提供的产品或服务，与其竞争者相比，让各客户花费更少的金钱。这种成本的降低表现在生产和销售成本的降低上，一方面，公司通过电子商务方式与供应商和客户联系，大大提高了订货和销货效率，使订货、配送、库存、销售等成本大幅度降低。另一方面，通过互联网，企业可以为客户提供更加优质的服务，甚至可以让客户通过互联网进行自我服务，大大减少了客户服务成本。其实，电子商务在减少公司的产品或服务成本的同时，也可大大降低客户的交易成本。

目标聚集战略是一种具有自我约束能力的战略。当公司的实力不足以在产业内更广泛的范围内竞争时，公司可以利用互联网以更高的效率、更好的效果为某一特定的战略对象服务，往往能在该范围内超过竞争对手。比如，在竞争异常激烈的保险经纪行业中，有的保险经纪人利用互联网专门为频繁接触互联网而社交范围比较窄的研究、开发人员提供保险服务，取得了良好的经营业绩。

从以上分析可见，我们对电子商务案例战略目标的分析需要回答如下问题：

（1）电子商务能够使公司向客户提供哪些独特的产品或服务，或者使公司的产品或服务具有哪些独特的客户价值，差别化、低成本还是目标聚集？

（2）电子商务是否能够使公司为客户解决由此产生的一系列新问题？

（3）公司是否有明确的战略目标规划？

2. 目标客户

公司的目标客户是指在市场的某一领域或地理区域内，公司决定向哪一范围提供产品或服务，以及提供多少这种产品或服务。其中涉及两个方面的问题：

1）客户范围

从不同的角度来考虑，公司客户范围的界定需要从两个方面入手：一方面，要将公司客户在商家和消费者之间选择，如果公司主要向商家提供产品或服务，这就是 B2B 电子商务。在每个产业中，又有不同类型、不同规模、不同技术水平的商家；如果公司主要向消费者提供产品或服务，这就是 B2C 电子商务，消费者可以根据性别、年龄、职业、受教育程度、生活方式、收入水平等特征划分为不同的类型。另一方面，要将公司客户在不同的地域内进行选择，公司要明确向世界上哪个地方销售产品或提供服务，因为互联网跨越时空的特点使得公司的市场范围大大延伸了。

2）产品或服务范围

当公司决定向哪一领域提供产品或服务后，还必须决定向这部分市场的需求提供多少服务。例如，一家定位于大学生的互联网公司必须决定将满足他们多少需求。它可以在基本的连接服务、聊天室、电影、音乐、游戏、网上教学、考研答疑等方面来选择要提供的服务内容。

在进行电子商务案例的目标客户分析时，我们需要回答如下问题：

（1）电子商务能够使公司接触到哪些范围的客户？是面向全球的客户还是一定地理范围的客户？是面向商家还是面向消费者？

（2）公司的客户具有什么特点？

（3）电子商务是否改变了原有的产品或服务？

（4）公司对各类客户分别提供哪些产品或服务？

3. 收入和利润来源

电子商务案例分析的一个极为重要的部分是确定公司的电子商务项目收入和利润来源。在现实的市场中，很多公司直接从其销售的产品中获得收入和利润，或者从其提供的服务中获得收入和利润。但是，在电子商务市场中，互联网的一些特性，使公司利用互联网从事电子商务的收入和利润的来源变得更加复杂。例如，从事网络经纪电子商务模式的公司的收入来源至少有交易费、信息和建议费、服务费和佣金、广告和发布费等。而一个采取直销模式的公司的收入则主要来自对客户的直接销售，也可以来自广告、客户信息的销售和产品放置费，还可以通过削减直接向客户提供服务的成本或减少配送环节来增加利润。

从向客户提供的产品或服务中获取利润非常重要的一个环节是对所提供的产品或服务做正确的定价。在电子商务市场中，大多数产品和服务是以知识为基础的，以知识为基础的产品一般具有高固定成本、低可变成本的特点，因而产品或服务的定价具有较大的特殊性，企业定价的目标不在于单位产品的利润率水平，而更加重视产品市场占有率的提高和市场的增长。而且这种产品还具有能够锁定消费者的特点，使许多消费者面临较高的转移成本，使已经在竞争中占有优势的公司不断拉大与其竞争者的距离。

进行电子商务案例的收入和利润来源分析，我们需要回答如下问题：

（1）公司原有的收入来源有哪些途径，电子商务使公司收入来源产生了哪些变化？

（2）公司实施电子商务后有哪些新的收入来源？

（3）公司收入来源中，哪些对公司的利润水平具有关键性的影响？

(4) 哪些客户对哪些收入来源做出了贡献？
(5) 公司利润的决定因素有哪些？

4. 价值链

为了向客户提供产品和服务的价值，公司必须进行一些能够支持这些价值的活动，而这些活动往往具有一定的关联性，一般被称作价值链（图1-4）。

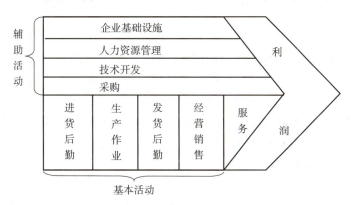

图1-4 公司活动的价值链

在电子商务环境下，公司活动的价值链结构发生了革命性的变化：

（1）基本活动中的信息处理部分，如商品信息发布、客户沟通、供应和分销商订单处理乃至支付都可以通过电子商务在网上完成。

（2）基本活动中采购、进货、发货、销售等环节的物流活动可以通过第三方物流加以完成。

（3）辅助活动中的人力资源管理和技术开发中的部分活动也都可以通过电子商务方式在网上完成。

进行电子商务案例价值链分析时，我们需要回答如下问题：

（1）公司进行了哪些关键的活动来保证为客户提供价值？
（2）电子商务的实施，需要公司必须进行哪些新的活动？
（3）电子商务如何提高原有活动的进行水平？
（4）这些活动是否与客户价值和服务的客户范围一致？
（5）这些活动之间是否相互支持，且利用了行业成功的驱动因素？

5. 核心能力

核心能力是相对稀缺的资源和有特色的服务能力，它能够创造长期的竞争优势。核心能力是公司的集体智慧，特别是那种把多种技能、技术和流程集成在一起以适应快速变化的环境的能力。

电子商务具有快速的实现周期，对信息和联盟也具有很强的依赖性，而且要坚持不懈地改革商务活动的方式，因此，它需要有一种能综合考虑以上所有因素的分析工具，将公司的技术平台和业务能力进行集成。经过集成后的公司的核心能力应该包括以下几个方面：

1）资源

公司需要有形的、无形的以及人力资源来支持向客户提供价值的一系列关键活动。有形资源包括厂房、设备以及现金储备。而对于从事电子商务的公司来讲，有形资源主要表现在公司的网络基础设施以及电子商务的软硬件建设水平上。无形资源包括专利权、商誉、品牌、交易秘密、与客户和供应商的关系、雇员间的关系以及以不同形式存在于公司内部的知识。例如，含有重要的客户统计数据的数据库以及市场研究发现的内容。对于从事电子商务的公司来讲，这类资源往往包括公司自行设计的软件、访问者或客户的登录信息、品牌和客户群。人力资源是公司员工具有的知识和技能，是公司知识资源的载体，在知识经济时代的作用显得更加突出。

2）竞争力

竞争力是公司将其资源转化为客户价值和利润的能力。它需要使用或整合公司的多种资源。根据美国学者哈默尔（Hamel）和普拉哈拉德（Prahalad）的观点，当公司遇到客户价值、竞争者差别化和扩展能力三个目标的时候，公司的约束力就是公司的核心能力。客户价值目标要求公司充分利用其核心能力加强其向客户提供的价值。如果公司在多个领域使用其竞争力，那么这种竞争力是可扩展的。例如，本田公司设计优良发动机的能力使它不仅能够向汽车，而且能够向除草机等提供发动机。

3）竞争优势

公司的竞争优势来源于公司所拥有的核心能力。其他公司获得或模仿这些能力的难易决定了这些优势保持的难易程度。这些核心能力难以取得或模仿的往往是由于拥有这种优势的公司在发展进程上处于领先水平或者这些核心能力的形成需要较长的时间，模仿者难以在短期内获得。

进行电子商务案例的核心能力分析，我们需要把握如下问题：

(1) 公司拥有的能力是什么？

(2) 公司实施电子商务需要哪些新的能力？

(3) 电子商务对公司已有的能力有哪些影响？

(4) 公司的这些能力有哪些是其他公司难以模仿的因素？

(5) 公司如何才能保持它的竞争优势？

(6) 公司在形成和保持这些竞争优势的过程中采用了哪些营销战略？

（三）电子商务的技术模式

在所有的电子商务项目中，都需要合理规划其技术模式。电子商务的技术模式是支撑电子商务系统正常运行和发生意外时能保护系统、恢复系统的硬件、软件和人员配置系统。技术模式中涉及的主体如下所述。

1. 通信系统

通信系统是用来连接公司内不同部门以及供应商、客户、结盟者、政府、第三方服务商等商务活动主体的系统。在通信系统中，计算机通信网络的构建是关键，计算机通信网络是多台独立的计算机通过有形或无形的介质连接，在网络协议的控制下实现资源共享。其中采用 TCP/IP 通信协议的 Internet、Intranet、Extranet 构成了以国际互联网为基础的公司内部以及公司之间的通信网络。在具体构建通信网络时可以选择宽带专网、电视网、电话网等网络通信技术。

2. 计算机硬件系统

计算机硬件系统是电子商务的重要基础设施，是电子商务技术系统的支撑体系和各种应用软件的重要载体,包括服务器和客户机两个方面的硬件系统。其中服务器是存储文件和其他内容的硬件组合,客户机是为存取和显示内容而配置的硬件组合。

3. 计算机软件系统

计算机软件系统包括系统软件和应用软件等。

4. 其他专用系统

其他专用系统是指在电子商务应用中所使用的商品扫描系统、支付刷卡系统、企业资源计划(ERP)、客户关系管理(CRM)、供应链管理(SCM)等专用系统。

从电子商务的应用层次上来划分,电子商务的应用体系如图 1-5 所示。相应的电子商务技术模式中就包括以计算机网络、电信网络、有线电视网络为主的电子商务网络平台技术;以基本的安全技术和 CA 体系(认证中心)为主的电子商务安全技术;以电子货币、信用卡、智能卡为主的电子商务支付技术;以网上购物、网上银行、电子订货、电子市场等为主的电子商务应用系统技术。

在进行电子商务案例的技术模式分析时,我们需要进行如下几个方面的分析:

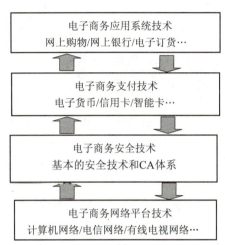

图 1-5 电子商务的应用体系

(1)公司电子商务应用的总体技术结构图是什么?

(2)公司电子商务应用中网络和通信系统的结构与技术水平。

(3)公司电子商务系统中计算机硬件系统的配置情况。

(4)公司电子商务软件的选择与应用情况。

(5)公司商品扫描系统、支付刷卡系统、企业资源计划(ERP)、客户关系管理(CRM)、供应链管理(SCM)等专用系统的应用情况。

(6)公司电子商务网站的安全解决方案和使用的安全技术。

(7)公司电子商务的支付技术应用情况。

(四)电子商务的经营模式

电子商务的经营模式是公司面向供应链,以市场的观点对整个商务活动进行规划、设计和实施的整体结构。

企业电子商务系统的内部经营模式如图 1-6 所示。建立在 Extranet 基础上的供应链管理(Supply Chain Management,SCM)和客户关系管理(Customer Relationship Management,CRM)是企业电子商务的具体运用;以 Internet 为支撑体系的企业资源规划(Enterprise Resource Planning,ERP)是企业电子商务的基础和具体运用,三者得以使企业所有的商务活动协调完成,为企业开展 B2B 或 B2C 电子商务奠定了基础;而通过建立在 Intranet 基础上的业务流程重组(BPR,Business Process Reengineering),连续、不断地对企业原有的业务流程进行根本性的思考和管理创新,则是应用 SCM、CRM 和 ERP 的基础和组织保证。

12　电子商务案例分析

```
                    Internet
         Extranet            Extranet
              Intranet  研发
    供应商  SCM  采购 BPR 营销  CRM   客户
           B2B       生产        B2B
                                 B2C
                    ERP
```

图1-6　企业电子商务系统的内部经营模式

1. 客户关系管理（CRM）

客户关系管理作为完整的企业信息化解决方案，帮助解决以客户为中心的经营管理问题，使企业准确把握和快速响应客户的个性化需求，并让客户满意、忠诚，以保留客户，扩大市场。尽管不同的 CRM 产品包含有不同的功能模块，但是，从客户满意出发，其功能基本包括客户数据管理、客户价值管理、客户服务管理、客户沟通管理等四个方面（图1-7）。

客户数据管理是 CRM 的基础，通过多个源头对客户数据进行捕捉，并将其存储到客户数据库中，通过提取、处理、解释、产生相应报告，为满足客户的个性化需要提供依据。

客户价值管理是 CRM 的重要内容，通过对客户数据管理积累起来的客户信息数据进行分析，可以对客户进行分类，以掌握不同客户的需要，细分客户需

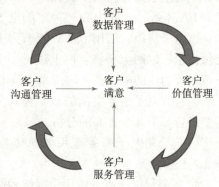

图1-7　CRM 功能结构图

求市场，区别不同客户对企业的价值，采取不同的市场、销售和服务策略。

客户服务管理是 CRM 的核心，根据客户价值管理的结论，就可以对客户提供订购管理、发票/账单、销售及营销的自动化管理、客户服务等。

客户沟通管理是 CRM 的门户，通过客户呼叫中心、电话交流、网上交流、电子邮件、传真信件、直接接触等途径，企业可以和客户保持互动沟通，既为客户满意提供条件，又为客户数据管理积累信息数据。

2. 供应链管理（SCM）

在以客户为中心的市场环境中，真正能使客户满意的是，将满足客户需求的产品在正确的时间，按照正确的数量、正确的质量和正确的状态送到正确的地点。这样，就在客户、零售及服务商、批发商、研发中心及制造商、供应商，甚至供应商与供应商之间连成了一个完整的网链结构，形成了一条供应链，从而进行信息流、资金流、物流的传递（图1-8）。供应链管理是指对整个供应链系统进行计划、协调、操作、控制和优化的各种活动和过程，其目标是使供应链上的各个主体形成极具竞争力的战略联盟，并使供应链运行的总成本最小或收益最大。

在供应链中，各个环节之间都是一种客户关系，每一个成员都是其他成员的客户。总体来讲，企业的供应链可以分为三个层级：企业内部的供应链，描述了企业中不同的部门通过物流参与企业的增值活动，这些部门被视为企业内部供应链中的客户或供应商，对企业内部

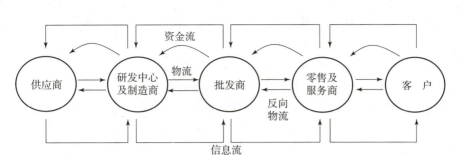

图1-8 SCM的内容结构

供应链的管理重点是控制和协调部门之间的业务流程和活动,消除部门间的沟通障碍,削减成本,对内外客户的需求和市场变化作出快速反应;企业间的供应链,是由物料获取并加工成中间件或成品,再将成品送到消费者手中的一些企业和部门的供应链所构成的网络,使多个企业能在整体的管理下实现协作经营和协调运作,实现资源和信息共享,从而大大增强了该供应链在整个市场中的整体优势,并增强每个企业的核心竞争力;全球市场间扩展的供应链,是企业通过Internet与它在全球范围内的客户和供应商之间进行沟通,有效地管理企业的供应商和客户,使企业获得更多的商业机会。

3. 企业资源计划(ERP)

在以客户满意为导向的企业电子商务体系中,CRM系统侧重于管理企业的客户,SCM侧重于管理企业的供应链,这些都是企业的重要资源,作为企业资源计划系统,建立在信息技术基础之上的ERP的管理对象就是企业的各种资源和生产要素,而这些资源在企业运行发展中相互作用,成为企业进行生产活动、满足客户需求、实现企业价值的基础。ERP能使企业的这些资源始终围绕客户进行配置,在生产中及时、高质地完成客户的订单,最大限度地发挥这些资源的作用。

ERP系统是将企业的物流、资金流和信息流进行全面一体化管理的管理信息系统,一般包括生产控制、物流管理、财务管理、人力资源管理等通用模块。但是,从客户满意出发,ERP的最大价值在于使现代企业的大规模定制生产得以实现,构建客户满意的微观基础。

在进行电子商务案例的经营模式分析时,我们需要进行电子商务活动如下几个方面的考察和分析:

(1) 交易前分析。客户搜寻商品和服务信息的渠道与方式有哪些?商品展示采取什么方式?客户与公司的信息交流采取什么方式?

(2) 交易中分析。商务咨询洽谈的方式与途径是什么?交易订单签约方式是电子化的还是纸质的?

(3) 交易后分析。交易的货款支付采取何种方式,具有什么特点?商品的物流配送采取哪种方式,具有什么特点?公司提供什么样的电子化服务方式?

(4) 商务工具分析。公司在电子商务活动中是否采用了SCM、CRM、ERP等系统,效果如何?

(五)电子商务的管理模式

电子商务的管理模式是从组织上提供的为保证系统正常运行和发生意外时能保护系统、

恢复系统的法律、标准、规章、制度、机构、人员和信息系统等的结构体系，它能对系统的运行进行跟踪监测、反馈控制、预测和决策。

1. 企业电子商务组织的演进及其特征

企业实施电子商务的重要步骤是在公司组织结构上进行科学设计，以适应电子商务的要求。从组织发展的角度来看，企业电子商务组织的演进如图1-9所示。

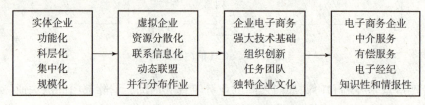

图1-9 企业电子商务组织的演进

2. 企业电子商务组织的形态

1) 虚拟企业

一个虚拟企业是由一些独立公司组成的临时性网络。这些独立的公司包括供应商、客户，甚至竞争对手，他们通过信息技术组成一个整体，共享技术、共担成本并可以进入彼此的市场。虚拟组织没有办公中心，也没有组织章程；没有等级制度，也没有垂直体系。战略联盟、核心能力、诚信、组织重建是虚拟企业创立和运行的四个基本要素。

2) 企业电子商务

企业电子商务是指传统企业通过计算机技术、通信技术、网络技术三大技术平台来配置资源，进行生产经营的一种组织形式。

活动、资源、制度、目标构成了企业电子商务的四种重要的组织要素。企业电子商务组织是网络型的组织结构，打破传统理念与地理、产品范围，形成跨地区、跨国界的经营，进入全球化的网络经济领域，是管理层次少、控制幅度大、同层次组织之间平等互利、控制幅度以目标需求为限、纵横联系密切、像一棵棵大树组成大森林那样纵横交织体系的扁平化的组织体系。

3) 电子商务企业

在企业实现商务电子化的同时，商务主体直接交易的便捷性得到了空前提高，交易成本大大降低。电子化交易手段大大扩展了交易主体的选择空间并加速经济全球化进程，交易主体之间"多对多"的交易关系推动"全球网络化供应链"的形成。纯粹的电子商务企业是组成全球网络供应链的一个重要环节，其目标是通过提供交易信息和交易平台公共服务，提高交易主体之间的交易效率。

3. 企业电子商务的管理流程

电子商务系统的有效运行都要以科学的业务和管理流程为前提。传统的业务流程往往是本应属于整体而被分割在不同职能部门，或本应分散而又被聚合在一起，难以适应以客户导向、竞争激烈、市场变化为特征的企业经营环境，更难以将与电子商务有关的先进的管理思想和技术根植在企业的经营管理中，因此，进行业务流程重组（BPR）就成了企业实施电子商务重要的基础工作。

BPR管理思想是美国管理大师Micheal Hammer和James Champy于20世纪90年代初提出的，其目的是要对企业的业务流程进行彻底的变革，建立高效的运作机制，从而使企业在激烈的市场竞争中，缩短产品生命周期，降低成本，提高客户的响应度，使客户满意。要使企业的业务流程重组为客户满意提供组织保证，就要正确理解面向客户满意的业务流程的内涵，科学设计以客户为导向的业务流程。

所谓业务流程，是指企业以输入各种原材料和客户需求为起点，直到企业创造出对客户有价值的产品或服务为终点的一系列活动。客户关心的只是流程的终点，但企业必须安排好整个流程，构成一套以客户为导向的流程体系（图1-10）。

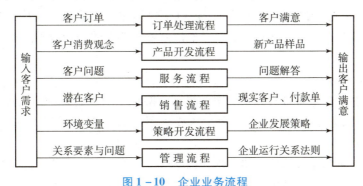

图1-10 企业业务流程

1）订单处理流程

输入的是客户的订单或某些需求意向，输出的是客户在正确的时间、正确的地点，以最优的价位获得的正确的产品或服务、客户的付款单以及客户满意。

2）产品开发流程

输入的是客户的消费观念、消费欲望和消费倾向，输出的是能够满足客户个性化需求的新产品样品。

3）服务流程

输入的是各类客户需要了解和处理的问题，输出的是问题的解答和解决方法以及客户的满意。

4）销售流程

输入是潜在客户，输出的是得到满足的现实客户和付款单。

5）策略开发流程

输入的是企业的社会使命、客户需求变化等内、外环境的各种变量，输出的是基于客户满意的有关企业发展的各种战略与策略。

6）管理流程

输入的是企业内、外环境中的各种关系要素与问题，输出的是企业运行的各种关系法则和办法，这一流程涉及企业各种资源的规划、组织和控制，以及企业各个部门之间依次接受产品和服务的内部客户关系的协调。

总之，实施BPR如同"白纸上作画"，这张白纸应是为客户准备的，首先应当由客户根据自己的需求填满，其中包括产品的品种、质量、款式、交货期、价格、办事程序、售后服务等，然后企业围绕客户的意愿，开展重建工作，以适应企业实施电子商务的需要。

4. 企业电子商务的资源管理

企业电子商务活动需要对企业的各种资源进行优化配置和管理，以保证企业电子商务系统发挥最大的功效。企业电子商务资源可以分为人力资源、财力资源、物力资源、信息资源、无形资产以及客户关系资源。

1）企业电子商务的人力资源管理

企业电子商务的人力资源管理是指在企业电子商务运作中对人力资源的取得、开发、利用和保持等方面进行计划、组织、指挥和控制，其直接目标是保证人本管理思想在企业得以实现，其终极目标是实现企业的电子商务发展战略。

企业电子商务人力资源管理的实施，要进行适应网络经济发展要求的职务分析、电子化招聘（网上招聘）、电子化培训与在线学习、电子化沟通、电子化考评等工作。同时，还要建立用工制度、虚拟员工的行为规范、评估制度、薪酬制度等企业电子商务人力资源管理的相关制度。

2）网络财务管理

电子商务使企业财务管理突破了时空的界限，降低了财务管理的活动成本和财务成本，也使企业的财务管理活动出现了新的风险，要求财务管理能够实现新的管理模式和工作方式。

网络财务是一种基于计算机网络技术，以整合实现企业电子商务为目标，以财务管理为核心，财务、业务协同，支持电子商务，能够提供互联网环境下财务核算、财务管理及其各种功能的、全新的财务管理系统。通过 MRP Ⅱ 或 ERP 将企业业务和财务、物流和资金流、信息流集成起来，也可以开发或引进网络财务软件以实现网络财务管理。

3）电子化采购管理

电子化采购是通过互联网络，借助计算机管理企业的采购活动。在网络上公布所需产品或服务的内容，供相应的供应商选择；采购企业通过电子目录了解供应商的产品信息；通过比较选择合适的供应商；下订单及后续的采购管理工作。

4）电子商务的服务管理

电子商务的机遇需要靠优质的服务去把握；客户的选择标准将会集中于服务；电子化交易呼唤人性化服务；服务是维护客户忠诚的基本条件；服务是增强员工凝聚力的重要因素。这样，就要求服务快速响应、满足个性化需求、有独特的网站设计、有一流的客户服务提供者。

电子化服务的实现方式有自建方式和外包方式两种，自建方式是公司自己建立网站，独立提供服务；外包方式是选择虚拟主机或服务器托管，进行标准化的电子化服务。

在进行电子商务案例的管理模式分析时，我们需要从如下几个方面进行分析：

（1）公司电子商务组织采用何种形式，具有什么特点？

（2）公司的业务流程具有什么特点，是否适应电子商务的要求？

（3）公司的人力资源管理、财务管理、采购管理、服务管理等专业管理是否采用电子化的手段，有什么特点？

（4）公司电子商务管理具有哪些方面的管理制度和奖惩制度来保证电子商务活动的正常进行？

（5）公司电子商务网站的服务有效性如何？即客户能否迅速地找到常见问题的答案；能否迅速地回复客户的服务请求；网站内容能否随着客户的反馈而不断更新；是否提供 E-mail 服务，把站点的最新更新信息传递给访问者；最有用、最常用的信息是否首先展示给访问者；是否知道经常光顾网站的是谁，他们对哪些信息感兴趣；是否建立了一些方法，来分析访问者对产品和服务的需求;能否经常听到客户对站点的正面或反面的评价;是否能及时地捕捉到本公司员工的想法,并把他们的想法在网站公布出来;网站是否为客户和员工提供了网上讨论的功能,并定期进行收集整理等。

(六) 电子商务的资本模式

电子商务的资本模式是从电子商务资本的进入、运作到退出的整个结构。公司电子商务的资本模式主要有风险投资型的资本模式和传统投资型的资本模式两种。

1. 风险投资型的资本模式

风险投资是由职业金融家的风险投资公司、跨国公司或投资银行所设立的风险投资基金投入新兴的、迅速发展的、有巨大竞争潜力的企业中的一种权益资本。在这种投资方式下,投资人为融资人提供长期股权投资和增值服务,培育企业快速成长,数年后再通过上市、兼并或其他股权转让方式撤出投资,取得高额投资回报。

风险投资型的资本模式,是指风险投资对电子商务公司的直接投资,或已经建立电子商务网站的电子商务公司吸引风险投资的介入。这种风险投资一般在电子商务公司创业阶段就进入,因而也被称为创业投资。

成熟的风险投资发源于美国,而且曾经取得了令人瞩目的成功,许多电子商务公司得到大量风险投资的支持,从而得到了快速的发展。20世纪90年代末以来,我国的电子商务和因特网服务领域也开始吸引国外的风险投资。

2. 传统投资型的资本模式

传统投资型的资本模式是指传统企业通过各种形式进入电子商务领域,将资本引入电子商务公司或因特网服务公司。

我国传统投资型的资本模式主要有以下几种形式:

(1) 传统企业建立网站,实现企业上网。随着 Internet 的飞速发展和我国企业上网、政府上网公司的启动,许多传统企业尤其是国有企业,纷纷建立自己的网站,实现了企业上网,在网上发布信息,进行广告宣传或业务洽谈,已经形成了电子商务的雏形。但是,这类企业网站总体来讲投资少,没有形成规模,网站的整体水平不高,未能充分开展电子商务活动。

(2) 传统企业直接投资电子商务。这类电子商务资本模式主要是指一些实力比较雄厚的大企业,投资开发自己的网站,并且实现在线交易。这类网站基本具备了企业电子商务的功能,其显著特征是实现了网上订购,但是,网上支付和电子账户等功能还未能实现。

(3) 政府或企业投资专业电子商务网站与网上商品交易市场。这类网站往往是针对某一行业,由政府或实力雄厚的企业投资组建,而向某一行业提供电子商务交易平台和面向更多行业的网上交易平台。

(4) 传统企业和电子商务网站间的资本联合,实现传统企业与电子商务的结合。这种电子商务资本运作模式有两种情况:一是一些虚拟网站参股传统企业组建电子商务网站;二是传统企业收购虚拟网站,从而进军电子商务。

(5) 电子商务公司之间的并购。这种并购是电子商务公司竞争中的一种手段,并购者希望通过并购迅速发展自己。以捆绑的方式提高公司的知名度,而且通过并购吸引到其他公司的大量人才，其最终目的在于吸引更多的投资，为下一步的发展奠定基础。而被并购的公司往往缺乏进一步的资金支持。这种电子商务的资本运作方式是电子商务的发展趋势和走向成熟的重要步骤。

进行电子商务案例的资本模式分析，我们需要从如下几个方面来考虑：

（1）公司电子商务网站的资本来源属于风险投资还是传统的产业资本？它主要有哪些来源渠道？

（2）公司电子商务网站的资本来源如果是风险投资，其投资主体是哪些，其投资运作进入哪个阶段，具有哪些特点？

（3）如果公司电子商务业务属于传统投资型的资本模式，那么应采取何种投资形式，其运作过程具有什么特点？

本章小结

本章主要介绍了电子商务案例分析方法。首先，本章向读者介绍了电子商务的基础知识，其包括电子商务的定义、框架体系以及电子商务的功能。其次，本章向读者介绍了电子商务案例分析方法的五个分析维度，其包括电子商务的商业模式、技术模式、经营模式、管理模式以及资本模式。本章重点把握系统的电子商务案例分析内容，并能够对电子商务案例进行系统的分析。

本章习题

1. 电子商务案例分析的意义何在？
2. 电子商务案例分析的步骤如何？
3. 电子商务案例分析的主要内容有哪些？
4. 简述电子商务案例分析的五个维度并加以简要说明。

第二章

B2B 平台案例

一、内容提要

B2B 是指进行电子商务交易的供需双方都是商家（或企业、公司），他们使用 Internet 的技术或各种商务网络平台，完成了商务交易的过程。电子商务是现代 B2B 营销的一种具体的、主要的表现形式。本章主要对阿里巴巴、中国化工网、中国五金商城 B2B 平台进行案例分析。

二、阿里巴巴案例分析

阿里巴巴，中国最大的网络公司和世界第二大网络公司，是由马云于 1999 年一手创立的企业对企业的网上贸易市场平台。2003 年 5 月，马云投资 1 亿元建立个人网上贸易市场平台——淘宝网。2004 年 10 月，阿里巴巴投资成立支付宝公司，面向中国电子商务市场推出基于中介的安全交易服务。阿里巴巴在我国香港成立公司总部，在中国杭州成立中国总部，并在海外设立美国硅谷、伦敦等分支机构、合资企业三家，在中国北京、上海、浙江、山东、江苏、福建、广东等地区设立分公司、办事处十多家。阿里巴巴的主要经营产品有工业品、消费品、原材料、商业服务等。2014 年 9 月 19 日，阿里巴巴集团在纽约证券交易所正式挂牌上市，股票代码"BABA"，创始人和董事局主席为马云。在 2019 年 7 月发布的 2019《财富》世界 500 强公司中，阿里巴巴位列 182 位。

（一）阿里巴巴电子商务网站介绍

1. 功能体系以及包括的栏目板块

阿里巴巴是中国领先的 B2B 电子商务公司，为来自中国和全球的买家、卖家搭建高效、可信赖的贸易平台；其国际贸易网站主要针对全球进出口贸易，中国网站针对国内贸易的买家和卖家。截至 2019 年 6 月 6 日，阿里巴巴集团收入达 3 768.44 亿元。

其基本功能：

（1）会员功能：注册、修改个人信息、申请各类收费服务等。

（2）发布产品功能。

（3）管理交易和订单功能。

(4) 顶级商铺旺铺功能。

(5) 图片相册功能。

(6) 绑定支付宝、设置地址、开通全站账户等。

阿里巴巴网站信息服务包括三大板块，即商机市场板块、商业资讯板块、商人社区板块，如图2－1所示。

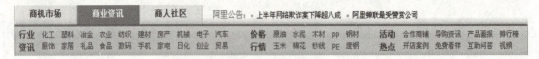

图2－1　阿里巴巴网站信息服务

1）商机市场板块

商机市场板块包括原材料行情、加工基地、工业品超市、批发市场、代理加盟、采购速配、公司黄页、阿里旺旺等。

原材料行情：介绍工业加工原材料的行情，方便客户搜索和查找所需材料，并提供各种材料的价格行情和价格分析。其主要包括塑胶、冶金、化工、建材、纺织等原材料信息。

加工基地：主要介绍机械设备、电子电工等方面的信息以及各个加工工艺的主要产品和产品信息。该板块主要包括机械及零部件、包装和印刷、电子电工、礼品、工艺品、饰品、服装服饰及纺织皮革等内容。

工业品超市：阿里巴巴工业品超市是全球最大的工业品网上交易市场，意在提供各种工艺品交易及产品信息。其主要信息包括五金工具、电气控制、电工器材、仪器仪表、安全防护、包装物流、标准件等。

批发市场：该板块主要提供批发采购等信息介绍。其主要分为服装服饰批发、家居百货批发、小商品批发以及大额批发服装家具等。

代理加盟：其主要为公司或企业提供平台，方便公司或企业顺利加入一定产品或服务行业中，并在网站中提供详细的代理加盟信息。它主要包括服装服饰代理加盟信息、化妆品代理加盟信息两大类。

采购速配：专业匹配，一步到位。"采购速配"是阿里巴巴中国站利用先进的数据自动分析系统最新推出的一项采购匹配服务，旨在帮助买家高效、快速地达成采购；"采购速配"通过系统进行数据分析，自动筛选出优质采购需求匹配给更适合的供应商，以获得供应商的报价，最终帮助买家完成采购。

公司黄页：提供各大企业的公司黄页，方便客户找到自己需要的公司信息等。

阿里旺旺：主要介绍阿里旺旺通信软件。

2）商业资讯板块

商业资讯板块主要提供实时的价格行情、流行的新奇产品、使用的商务资料。实时发布最新的行业资讯，如化工、冶金、农业、纺织等行业最及时的价格行情。

价格行情查询表能够让人方便快捷地查找到所需行业、所需产品的价格信息，如图2－2所示。

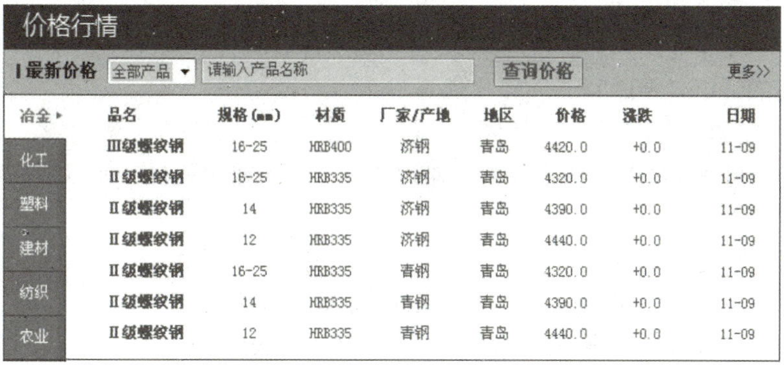

品名	规格(mm)	材质	厂家/产地	地区	价格	涨跌	日期
Ⅲ级螺纹钢	16-25	HRB400	济钢	青岛	4420.0	+0.0	11-09
Ⅱ级螺纹钢	16-25	HRB335	济钢	青岛	4320.0	+0.0	11-09
Ⅱ级螺纹钢	14	HRB335	济钢	青岛	4390.0	+0.0	11-09
Ⅱ级螺纹钢	12	HRB335	济钢	青岛	4440.0	+0.0	11-09
Ⅱ级螺纹钢	16-25	HRB335	青钢	青岛	4320.0	+0.0	11-09
Ⅱ级螺纹钢	14	HRB335	青钢	青岛	4390.0	+0.0	11-09
Ⅱ级螺纹钢	12	HRB335	青钢	青岛	4440.0	+0.0	11-09

图 2－2　价格行情查询表

3）商人社区板块

阿里巴巴商人社区是全球最大的商人社区，同时也是全球最大、人气最旺的商人社区，其主旨在分享商业智慧，网罗商业人脉，以商会友，以文识人。在这里会员交流行业见解，谈天说地。其中在咖啡时间每天为会员提供新话题，为会员分析网上营销应如何去做等服务。

2. 运作流程及模式

1）阿里巴巴的运营模式

（1）专做信息流，汇聚大量的市场供求信息。信息更新快，信用度高，吸引了不少企业。

（2）采用本土化的网站建设方式，针对不同国家采用当地的语言，简易可读，还具有亲和力。阿里巴巴网站有多种不同的语言，用户可以选择不同的语言形式，这种贴切的形式吸引了更多的用户。

（3）网站门槛低，以免费的方式吸引企业登录平台注册用户，成为会员，汇聚商流，活跃市场，这样源源不断的信息流可创造无限商机。因为注册会员的人或企业越来越多，所以信息源源不断地更新，流量越来越大，使阿里巴巴成为全球最大的 B2B 网站。

（4）阿里巴巴的信用度非常高，因此它吸引了大量企业，于是它以打广告的形式运营起来。阿里巴巴因有难以模仿的特点，所以吸引了更多的用户注册会员。

（5）阿里巴巴的物流体系和配送服务体系越来越完善。

（6）建立各种服务信息点，让用户了解阿里巴巴、信任阿里巴巴。

2）阿里巴巴的管理模式

（1）阿里巴巴的信息流十分对称，没有不真实的，而且非常流畅，不受阻拦，反应速度非常快，信息更新速度也特别快。阿里巴巴的信息更新还需要更快、更准确。

（2）阿里巴巴的物流功能也在不断地完善，越来越好，物流正在向全球化、信息化、一体化方向发展，需求配送、装卸、库存越来越好，唯一缺乏的就是物流的个性化。希望阿里巴巴能够早日做到物流配送的个性化服务。

（3）阿里巴巴在保证消费者的隐私权、知情权、选择权、确认权、撤销权等方面做得比较完善。但还是有待改进。

（4）阿里巴巴诚信度非常高，但仍然存在不足之处，应该尽快建立网上、网下的失信惩戒机制。

3）阿里巴巴的商业模式

（1）阿里巴巴的主要商业模式是：让中小企业获利。

(2) 站点的推广和设计。
(3) 企业架设企业站点。
(4) 交易的订单管理体制。

4) 阿里巴巴的营利模式

阿里巴巴营利模式的最大特点就是：难以模仿，因为难以模仿，所以带来了自然垄断的巨大效益。

其难以模仿体现在以下几个方面：
(1) 阿里巴巴抢先快速圈地，这种方式是非常有魄力的。
(2) 阿里巴巴成功开展企业的信用认证，敲开了创收的大门。
(3) 阿里巴巴与外商的采购有最大规模的供给信息和诚信通为基础的优势，其他单位是难以模仿的。
(4) 阿里巴巴推出关键字竞争搜索。

5) 阿里巴巴运作流程

其运作流程简单来说有三步：
(1) 申请旺铺，如果是非诚信通会员，在阿里巴巴有活动期间可以按活动规则免费得到旺铺；另外，可以购买旺铺，如果是诚信通会员，本身就具有旺铺。
(2) 旺铺基础建设/上传产品/设置检查和优化产品关键字，勤重发和用技巧推广信息。
(3) 旺铺营销：旺铺优化/平台推广/信息发布技巧及借助阿里平台内及互联网进行平台综合营销。

6) 站点结构图

商城交易模块的结构如图 2-3 所示（该结构图为大体结构，标准化结构以正式网站为准）。

账户管理模块的功能结构如图 2-4 所示（该结构图为大体结构，标准化结构以正式网站为准）。

（二）阿里巴巴电子商务网站的特点

1. 突出诚信目标，努力打造阿里巴巴的信用体系平台

阿里巴巴通过诚信通服务来建立阿里巴巴网上信用。阿里巴巴的诚信通服务是一个交互式网上信用管理体系，将建立信用与展示产品相结合，从传统的第三方资信认证、合作商的反馈和评价、企业在阿里巴巴的活动记录等多方面记录并展现企业在电子商务中的实践和活动。

针对不同会员，阿里巴巴采取不同的措施以推进诚信建立。

1) 免费会员

对于阿里巴巴的免费会员，主要是采用事前和事后两种监督方法。由阿里巴巴信息编审部门、诚信社区和服务人员，对可疑信息进行盘查处理。

2) 诚信通会员

诚信通会员的信用情况主要通过企业身份认证（阿里巴巴委托新华信、华夏第三方专业认证公司进行）、证书及荣誉、会员评价、经验值等几个方面体现。同时，通过诚信通指数把上述值量化，供浏览者参考。阿里巴巴不直接介入会员之间的贸易纠纷或者法律事务，而是通过提供评价体系以及社区的一套投诉和监督系统来约束所有诚信通会员的行为。

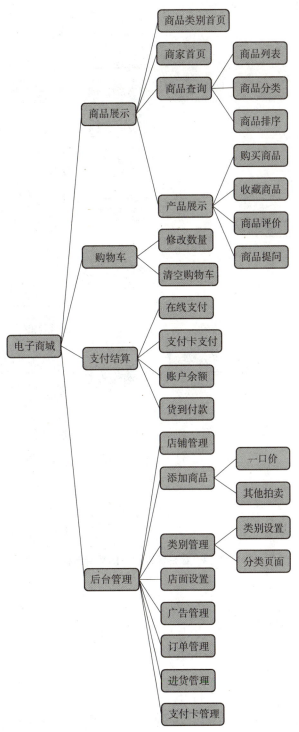

图 2-3 商城交易模块的结构

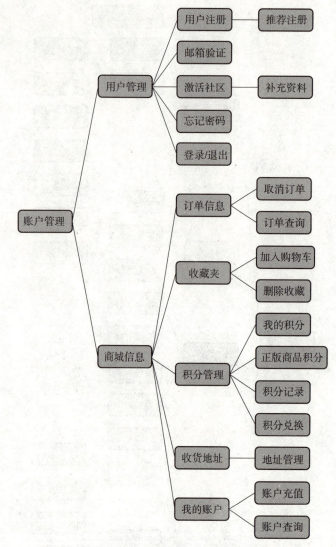

图 2-4 账户管理模块的功能结构

3)"中国供应商"会员

阿里巴巴委托华夏国际企业信用咨询有限公司对"中国供应商"会员提供 A&V 信用认证服务。2005 年以前公司委托邓白氏国际信息咨询有限公司为"中国供应商"会员提供对国外企业的信用调查服务;2005 年改由奥美资讯提供。

2. 客户第一,服务取胜

阿里巴巴以方便客户、为客户赢利为目标和作为取舍、衡量公司业务的标准;提供了各项增值服务方便用户,降低企业在交易中的难度。为缩减买卖双方的沟通周期,阿里巴巴推出了贸易沟通软件工具"贸易通"和"Trade manager",内嵌和集成了多项阿里巴巴的网上功能;据阿里巴巴统计,目前贸易通的同时在线人数已超过 30 万人,阿里巴巴网上会员近 50% 是通过相互介绍得知阿里巴巴并使用该平台的;各行业会员通过阿里巴巴商务平台达成合作的占总会员的近 50%。

3. 创立阿里学院，建立第一个企业商学院

2004年9月10日，阿里巴巴和杭州电子科技大学、英国亨利商学院联合成立阿里学院。该学院成立的目的一是培训客户，强化电子商务知识，包括做出口贸易的政策法规培训；二是培养阿里巴巴内部员工，提升其业务能力。截至2005年1月，阿里巴巴共有讲师23人，其中在各个大区的讲师有7人，其余16人在杭州总部。阿里学院的课程主要针对诚信通会员和"中国供应商"会员，重点在于电子商务培训，包括计算机、网络操作、贸易和外贸知识、网站操作和产品使用。2011年3月21日开通阿里学院网校，针对电子商务从业者的实操需要，开发了一系列网络营销（内贸）课程。网校通过循序渐进的网上课程学习，以实战班的形式一对一地教学互动，帮助学员提高网络营销理论基础和操作能力。

4. 在变化中求发展，促进公司可持续发展

阿里巴巴作为一家互联网公司，其成长的道路可以用以下方式描述：风险基金投入、公司自身赢利、投资者为扩大公司规模而进一步投资、以公司为投资门户向外整合。在这一系列的变化中，阿里巴巴经历了成长、稳定、扩张的六年，在国内和国外的电子商务行业中取得了一定的社会地位，树立了一个持续发展的网络公司形象。

（三）阿里巴巴 2019 年运营状况及成功原因

2019年，阿里巴巴的营收为人民币3 768.44亿元，比上年同期的人民币2 502.66亿元增长了51%。营收成本为人民币2 069.29亿元，占营收的55%；上年同期的营收成本为人民币1 070.44亿元，占营收的43%。产品研发开支为人民币374.35亿元，销售和营销开支为人民币397.80亿元，股权奖励开支为人民币374.91亿元，运营利润为人民币570.84亿元。归属阿里巴巴集团普通股股东的净利润为人民币876.00亿元，净利润为人民币802.34亿元，每股摊薄利润为人民币33.38元。

截至2019年3月31日，阿里巴巴集团持有的现金、现金等价物和短期投资总额为人民币1 932.38亿元。阿里巴巴集团2019财年用于投资活动的净现金为人民币1 509.75亿元，较上年增长20%；自由现金流为人民币1 044.78亿元。

20世纪末，全世界的网络经济热极一时，电子商务也从美国向中国渗透。1999年阿里巴巴正式成立，承载着马云"帮助中小企业成功"的最初设想的使命。如今，这个网站汇集了中国上网企业总量的90%，发展为全球最大的B2B企业。其成功的原因可以归结为以下几点：

（1）阿里巴巴的B2B模式与外国不同：欧美的B2B多以为大企业省钱、省时间为诉求点，而阿里巴巴则服务于中小企业。目前，阿里巴巴会员中95%以上是中小企业。阿里巴巴做的是信息流。现在阿里巴巴网上有强大的信息流，无论你要买任何东西，到阿里巴巴来你基本都能查到。

（2）阿里巴巴的梦幻团队尤其值得聚焦。阿里巴巴的梦幻团队给我们的启示，可以让我们警醒并检讨自己，直面团队问题，激发方案灵感，从此无须寻找任何理由来搪塞自己、蒙骗自己，让矛头直指问题核心并找到解决方案。

（3）战略的重要性对一个企业而言，从来没有人敢忽视。战略既是团队成立的前提条件，也是对团队核心人物的最高要求标准。阿里巴巴认为的战略目标里，严格地规划着远景目标和近期目标以及具体切实可行的战术方案。正因为如此，马云及阿里巴巴也会最先嗅到中国互联网硝烟中的泡沫味道,进而开展被人称道的整风瘦身等一系列运动,让阿里巴巴在随之而到的互联网寒冬中,保持并提升了团队的力量,为随后的崛起打下了坚实的基础。

(4)独特的经营模式和收益模式。阿里巴巴独特的B2B商业模式带来了丰厚的收益,在三家交付价值中位居前三位。阿里巴巴成功的原因之一在于摆脱了传统的向买家收费的形式,全球首创向卖家收取会员费。阿里巴巴非常注重服务,服务型公司的成分重于互联网公司。其独特的商业模式帮助许多中小企业找到了走出困境的途径。随着B2B市场的稳定,马云地盘又拓展到C2C市场。淘宝的得意很大程度上归功于他们的免费战略,这一点无疑对收费者形成了足够的威胁。

(四)启示

阿里巴巴之所以这么成功,主要是因为良好的定位、稳固的结构、优秀的服务。阿里巴巴在供求信息的主动性上,最好的莫过于对于条数和时间的控制。阿里巴巴对于企业网站的推广、产品的广告都有非常大的优势。阿里巴巴之所以这么成功,是因为它有它的独特之处、个性之处。阿里巴巴的种种优势吸引了如此多的企业用户,所以阿里巴能够做成全球最大的B2B电子商务平台,成为最具规模的交易平台。

三、中国化工网案例分析

(一)中国化工网的基本情况

1. 中国化工网简介

中国化工网是由网盛科技(002095)创建并运营的国内第一家专业化工网站,也是目前国内客户量最大、数据最丰富、访问量最高的化工网站。中国化工网建有国内最大的化工专业数据库,内含40多个国家和地区的两万多个化工站点,含25 000多家化工企业,20多万条化工产品记录;建有包含行业内上百位权威专家的专家数据库;每天新闻资讯更新量上千条,日访问量突破1 000 000人次,是行业人士进行网络贸易、技术研发的首选平台。其兄弟网站"全球化工网"集一流的信息提供、超强专业引擎、新一代B2B交易系统于一体,享有很高的国际声誉。

2. 其主要服务项目

专业的化工企业网站建设;化工企业网上推广、产品信息发布;网上化工贸易信息撮合;专业的化工资讯电子杂志订阅。

(二)中国化工网的商务模式

行业专家认为,B2B交易网站的成功与深入了解特定用户群体的特征和需求以及提供真正的增值服务是密不可分的。归纳起来,成功的B2B经营模式有以下几种:

第一种是"深度垂直"模式。这种类型的B2B网站服务的对象仅限于一个特别的用户群体,它首先严格划分出自己的目标用户群体,然后在此基础之上拿出一个真正能够满足这些用户需要的经营方案来。这个方案必须着眼于它所服务领域的传统交易方式,能够满足交易各方的需求。

第二种是"个性化供应链合作"模式。这类网站为一些特定的企业客户提供专门的服务，并在此基础上形成一个社区，通过信息的互通有无来促进彼此之间的工作效率。

第三种是"产业联合体"模式。这类网站具有上述两类网站的某些特点。由于参与者在经营目标、管理理念和其他方面存在差异，因此经营之初可能遇到困难。但从长远看，成功的希望很大。

最后是与上述模式有着明显不同的"交易市场应用服务商"（Marketplace ASP，MASP）模式。这类网站提供综合性的网上交易平台，以一系列增值服务为特征。在此平台上建立运营性的交易市场、吸引客户则完全要由另外一个机构来完成。专家认为这种模式的赢利前景最为美好，因为它充分利用了规模经济的效应，即创建一个基本的平台，然后不断地根据需要对其进行再开发和作为多个交易市场而重复加以使用。然而B2B网上交易市场困难重重，是因为供求关系发生了紊乱，确切地说是供过于求。这种情况对MASP来说，同样是一个不小的威胁。虽然MASP用不着为寻找买主和卖主（发展用户）犯愁，但是它需要大量辅助市场的补充，才能确保收入来源不会枯竭。如果所有的B2B网站都一窝蜂地走MASP的发展路子，那么将来留给大家的生存空间必定是十分有限的。

中国化工网作为国内最早走专业化道路的网站之一，自开通起就依托于传统的化工行业，把市场定位于为化工企业提供网站建设和贸易信息服务，采用了"深度垂直"的模式。中国化工网所立足的以市场需求为导向的专业信息服务，得到了中小企业的青睐，客户迅速增长，创办第一年，中国化工网就赢得了"永不闭幕的化工交易会"的美誉。此后在1999—2000年，借国内互联网"爆炸增长"的东风，中国化工网迅速发展并逐渐有了而今的实力和规模。

具体而言，中国化工网的营收来源相当透明，主要有两项：一项是为企业建设网站并提供虚拟主机服务的收费；另一项是信息服务费用及网上广告收入。中国化工网现有收费会员7 800多家，每个会员第一年的费用为12 000元，以后每年综合服务费用为6 000元，中国化工网仅该项收入每年就有几千万元进账。另外，网站的广告收入也颇为可观，首页的Banner广告平均每个达10多万元/年。就是靠这两块收入，中国化工网实现了盈利并滚动发展。

从"模式"的角度分析，中国化工网并没有像率先推出搜索引擎的YAHOO和首创B2C的亚马逊以及世界最大的拍卖网站eBay等那样具有概念上的开创性；也可以说，中国化工网除了某些"特色"之外，并不具有独特的或成熟的商业模式。然而，如果从成功的程度来看，可以说中国化工网的"特色"本身就是模式——"专业网站"的网站构架和"鼠标+传统产业"的经营思路搭建了其演绎成功的舞台，也形成了其模式的轮廓。中国化工网的成功毫无疑问具有双重意义，它给"专业网站""鼠标+传统产业"这两个概念提供了乐观的实例，并在一定程度上推动了"化工""网络"两个产业的互动发展。

（三）中国化工网的发展现状

从1997年创建时的三个人三万元起步，通过几十年的发展，目前中国化工网已拥有北京、上海、广州、南京、济南、成都、沈阳、韩国首尔等多个销售网络基地，7 000～8 000多家企业客户，在优质的增值服务下，客户流失率平均保持在5%以内。这些客户不再选择中国化工网服务的原因不外乎两个：第一个是客户对网上交易的期望太高，与实际情况存在差距；第二个则是企业本身的变迁。中国化工网在现有客户群的基础上，通过不断提升自己的服务，保证流失率小的发展特点，保持了客户的稳定性，产生了良好的磁场效应，为公司将来的发展做了很好的铺垫。

中国化工网已经发展成为互联网上构建的集化工信息服务、化工搜索服务及电子商务服务为一体的专业化工贸易网络平台。化工信息服务平台主要包括化工资讯、化工字典、技术市场、市场行情、化工会议、人才中心、化工论坛、项目合作和化工专家等主要栏目。化工搜索平台包括产品大全、企业大全、化工站点、网页搜索等多个栏目，拥有100万种化工产品、10万个化工站点、3 000万个化工网页的专业搜索引擎。电子商务平台则包括了化工交易中心、化工e圈和会员商务室等。其主要服务内容包括：

1. 化工e圈

化工e圈是以化工门户平台为中心系统，以数据库技术为纽带，将会员的化工站点连接成结构紧密、全球联动的"圈状"网站集群组织，从而加速信息交换频率、增强资源共享、促进国际商贸交流的全新化工信息化商务模式。

化工e圈具有以下显著特征：①革新现有信息化概念，充分整合企业内外部商业资源，将企业纳入全球化运作的新一代信息化模式。②将全球化工站点以"蜘蛛网状"连接起来，使任何两个网站之间都能直接进行信息交流，且进入其中任何一个站点，就能一次找到整个系统的所有网站。③具有高度的组织性、联动性和资源共享性，确保商务信息的真实性、时效性和全面性，真正体现了互联网的"Web精神"。④具有高度的国际性和专业性，系"全球化工企业的互联网"，是英语、汉语、法语、德语、日语、俄语、韩语等多语言化工商务网络体系。

化工e圈的作用主要有：①提高网站专业访问率。②加速企业信息化进程。③加速信息交换频率，促进商贸交流。④联动全球化工客商，开拓无限商机。⑤树立国际形象，提高国际知名度。

2. 化工搜索平台

在信息检索方面，化工行业具有其行业的特殊性，如化工产品包含分子式、结构式、分子量、CAS、化学名称、别名、英文名称、化学反应式、化学特性、包装、用途，以及和这些产品相关的供应商信息、行业新闻信息等，是化工行业特有的"有效信息"，而目前综合的搜索引擎无法有效地提供这些信息。

集化工产品、目录、网页为一体的专业化工搜索服务平台，将有效地解决现有搜索引擎出现的搜索"瓶颈"和缺陷，使化工搜索更精确、更专业、更快捷、更丰富，同时大大提高化工行业信息获取的效率，促进化工行业信息化建设的进程。

化工搜索服务平台是采用公司自主开发的先进超链技术、信息抓取技术、超链提取技术、数据检索技术、分布式数据库管理技术、智能分词技术等，具有精确、专业、快速等特点。

3. 化工专家栏目

随着全球经济的日益一体化和中国WTO的正式加入、壁垒的逐步消除和新技术的广泛应用，化工行业充满了更多的机遇和更艰巨的挑战。为更好地服务众多化工企业，中国化工网推出"化工专家"栏目。中国化工网在与企业、高校、科研机构等企事业单位的化工专家进行广泛沟通的基础上，汇集了国内化工行业各领域500多位专家信息，包括每位专家的简历、研究方向、最新成果等,为专家与专家、专家与相关单位之间提供了一个良好的在线交流通道。专家可以填加、修改自己的个人信息资料,可以公布自己的主要成果与最新科研项目,可以在专家论坛上发表自己的见解等,并可优先享受中国化工网的相关服务。

(四) 未来发展方向

1. 国际化发展战略

中国化工网特别注重深入开拓全球化的市场和服务,在北京、上海、广州、南京、济南、成都、沈阳、韩国首尔等地设立了分支机构,形成了遍布全国的市场及服务体系。中国化工网在国内化工信息服务及电子商务领域的领先地位已经奠定,着力开拓国际市场成为进一步发展的必然趋势。

中国化工网的国际化策略从它的两起购买域名事件中得到了充分的表现。2001年11月,中国化工网和澳大利亚最大的化工集团 Orica 公司争夺域名 www.chemnet.com 并获胜诉,由于该域名具周转世界四大洲六个国家的"传奇"色彩,加之这起争端恰好是中国加入 WTO 后第一场跨国知识产权官司,遂引起 400 多家媒体对当时还名不见经传的中国化工网的"轮番轰炸",加上事件后续衍生的对知识产权和人才等一系列问题的讨论,中国化工网由此一举成名。2003年,孙德良更是以一百万元的价格从美国将浙江互联网顶级域名 zj.com 购回杭州,创下了中国互联网发展史上交易的"天价"纪录。

中国化工网从未停止过它国际化的发展脚步,从 2004 年 3 月在韩国创立"韩国版"的中国化工网以来,其又在筹划着进军德国,乃至印度市场。在国际化进程中,中国化工网采用的是与当地公司合资的办法快速达到本土化的目的。通过股本结合的方式,双方各占 50% 的股份,并将公司交与当地企业经营,而中国化工网完全控制品牌的办法,使中国化工网悄然展开了它的国际化进程。

2. 涉足健康行业

从最初的中国化工网,到现如今的浙江网盛科技股份有限公司(以下简称"网盛科技"),中国化工网在发展专业化的同时,也在向多元化迈进。作为浙江省高新技术企业的浙江网盛科技股份有限公司,它在化工、纺织、医药等行业提供了面向企业的电子商务服务,分别建立了中国化工网、中国纺织网和医药网等以信息技术为支撑、以行业服务为内容的网上公共服务平台。通过这些平台,它向行业内企业提供包括网上企业产品展示窗口、网上产品市场、商业情报支撑、网上商务服务媒介等在内的种类繁多的电子商务服务。

本着投资多元化的宗旨,网盛科技的下一步目标将是涉足健康行业。它之所以作这样的选择,是因为健康行业与原有投资行业有着较大的相关度。网盛科技计划在 2019 年年底实施这项计划,并将于近期在健康行业取得成功的基础上,逐步推动进入教育行业的计划。

3. 选择适当的时机,逐步进入资本市场

中国化工网目前有着良好的资产状态,其主要体现在:

(1) 资产结构优质:中国化工网目前的资产主要分成两大部分——固定资产和现金资产,而固定资产又集中分布于全国各地的 7 000 多平方米的楼盘上,除此外的资产就是其占有的注册客户的无形资产,由此可见其资产结构的优质。

(2) 尚不存在现金流风险:从经验来看,银行的逼债常常导致许多中小企业的破产倒闭,而中国化工网有着大量的银行存款,月现金流基本为正值,不存在信贷风险。

(3) 拥有大量无形资产：中国化工网的品牌、客户群、团队以及人才构成了其巨大的无形资产，这对于任何一个企业来说都是至关重要的。

基于上述状况和公司发展的需要，中国化工网将选择适当的时机，逐步进入资本市场，通过上市，完善公司的治理结构，提高管理水平，构建现代化企业管理模式，提高企业竞争力，增强团队的凝聚力和战斗力，从而能够更有效地参与国际市场竞争，为用户开辟更广泛、更深入的服务。

4. 逐步引入证券期货模式

孙德良的终极梦想是将中国化工网上的交易做成证券期货模式。孙德良认为目前B2B网站更多的是停留在信息的服务方面，像阿里巴巴，而中国化工网更包括所有的其他不知名的B2B网站，目前的定位只能是处于一种信息服务阶段。到目前为止，至少中国还没有一个成功的模型，真正两个企业在网上达成交易，也许在未来10年才会产生。但是这一种交易，如果真的要产生的话，可能要分得很细，甚至细到只有几个产品。并不是所有的产品都适合在网上交易的。它可能更多的是一种信息的交流，比如化工产品总共有几百万个，但真正适合在网上交易的只有几十个。网上交易，实际上现在还没有真正开始。

孙德良认为，如果实现了这个可能，可以在网上交易这样一些商品：它可以在网上面对面、单对单实现交易，"有一点像股票交易和期货交易，我们未来会往股票交易和期货交易的方式发展"。

（五）启示

中国化工网是国内最早走与传统产业相结合道路的网站之一，中国化工网是与传统产业相结合，走产业化道路的成功范例。中国化工网依托于传统化工产业，根据行业特点有针对性地、分阶段地为企业提供信息服务和电子商务服务，在2000年互联网产业普遍低迷的情况下率先摸索出了赢利模式，走出了中国专业电子商务网站发展的路子。电子商务与传统产业相结合，不但电子商务有了"立足之本"，而且有利于促进相关传统产业的发展。中国化工网为"专业网站"和"鼠标+传统产业"这两个概念提供了乐观的实例，并在一定程度上推动了"化工"和"网络"两个产业的互动发展。从中国化工网身上，中国的电子商务企业可以学到很多东西。

1. 选择合适的行业启用B2B商业模式

实践表明，化工行业适合发展电子商务，这主要是由化工的行业特点决定的。化工行业与其他行业相比，具有适合发展电子商务的以下特点：一是产业链长，产品种类多，整个行业产品的关联性大；二是产业比较成熟，产品类别清晰，标准化程度高，容易描述；三是化工交易往往集中于企业之间，中间的过程比较简单。这些特点决定了化工行业非常适合发展电子商务，甚至有专家认为，如果电子商务不能在化工行业取得成功，那将是没有前途的。中国化工网从这种稳健的经营风气中受益匪浅，它虽然有着打造化工网络帝国的异乎寻常的决心，但它只打算用浙江民营企业的经营理念为其奠基。

2. 提高供应链的效率

B2B在线市场可以通过改善供应链中交易各方的沟通效果和避免使用过多的中间环节而使物流变得更有效率。为了改进交易双方沟通的效果，B2B在线市场必须使用能够与不同的信息系统兼容的技术把供应链中的每个买方和卖方连接在一起，这是一大难题。目前亚洲还没有一个 B2B 在线市场能真正做到这一点。

建立一个比传统商业流程成本更低、效率更高的在线市场是 B2B 商业模式取得成功的关键所在，这也就是说，要对传统商业流程的价值链进行调整，必要时甚至重组价值链。如何使传统供应环节与互联网相配合，是目前我国甚至全世界急需解决的问题。B2B 在线市场能够通过电子手段为买卖双方牵线搭桥，从而促成交易。为了使这个策略取得成功，B2B 在线市场必须为买方提供足够的供应商，使他们作出较好的选择，所以规模问题仍是我国 B2B 在线市场取得成功的"瓶颈"之一。从目前的实践来看，基于专业化市场的 B2B 商业网站富有远大的发展前景。

3. 在降低门槛的同时保持核心竞争力

中国化工网的成功还让我们看到，电子商务应逐步推进，而不能一步到位。同时，电子商务门槛不能太高，中国化工网的实践告诉我们，由于电子商务长期以来"姿态"比较高，宣传的概念性的东西比较多，以致很多企业尤其是中小企业把电子商务看得很神秘，觉得高不可测，这使得电子商务实际上与企业间存在很大的裂隙。让电子商务同企业的实际需求紧密结合起来，把电子商务落到实处，为企业提供实实在在的服务，才是电子商务发展的根本。

在降低对企业的门槛的同时，网络企业应注重保持自己的核心竞争力。中国化工网已经逐步形成了具有自己优势的核心竞争力，其主要体现在两个方面：一个是专业品质；另一个是数千家稳定的客户群。中国化工网一直通过在专业方面做深、做精，不断完善服务体系、强化服务质量等措施强化核心竞争力，确保在行业内的领先地位。

四、中国五金商城案例分析

（一）公司发展概况

"中国五金商城"前身为"今日五金网"，成立于 1998 年。2001 年 1 月，一批澳大利亚客商在该网站牵线下飞赴永康市洽谈生意。在五金网站牵线下，哈森集团当年与永康杰特五金、群芳公司、杜宇实业、顺虎电器、长飞公司等 10 多家企业签订了五金工具、园林工具、滑板车、不锈钢制品、建筑五金等 300 多万美元的购货合同。由此揭开了中国五金行业网站发展的新一页。

"中国五金商城"为全国五金企业及商家提供了一个宽广的交流空间，它已经发展成为集产品销售、在线交易、在线支付、在线物流配送、企业推广、品牌宣传、贸易洽谈、人事招聘、商机发布、管理软件应用等多种服务于一体的网络营销平台，拥有会员总数达 53 万个，2011 年实现网上交易额 106.7 亿元。2017 年，永康市有 3 000 多家企业的数万种产品在"中国五金商城"上销售。"中国五金商城"因此被评为"中国最具价值五金行业电子商务网站"。

（二）五金行业的电子商务平台

1. 五金行业概述

目前，我国有中小企业 4 000 多万家，占企业总数的 95%，五金制造企业占据其中的大多数。尽管数量庞大，但由于缺乏流动资金和营销渠道，我国中小五金企业的生命周期平均仅为 3～5 年，加上近几年能源原料和人力成本大幅上涨，迫使中小五金企业不得不重新考虑投入与产出比，传统靠人力堆砌组成的营销网络在成本压力下或将收缩。

寻求新的营销工具、新的营销方法，依赖于新的营销理念已经迫在眉睫。而电子商务因其低成本、高效率，且能打破地域时空和国界限制的优势，受到不少企业的青睐。在网商概念普及的今天，网络经济为传统企业开辟了一个前所未有的商业空间，并推动了渠道的变革。其突出特点在于便捷性和透明度，供求双方同时在网上进行交易，费用低廉，节省了中间环节的成本；供求信息能够及时获得沟通，对双方都具有较大的吸引力。

2. 国内首个网上五金市场

电子商务作为一种现代新型的流通方式，已广泛渗透到生产、流通、消费等各个领域，对改变传统经营管理模式、有效降低交易成本、提高经济运行效率、促进区域经济发展起着越来越重要的作用。互联网作为覆盖全球的开放型网络，其上的信息种类繁多、数量极大，而且增长速度惊人，使这个新兴的虚拟市场拥有十分丰富的市场资源。同时，由于网络信息的共享性，中小企业能与大企业一样具有平等权利，在接触所需要的各类市场信息的同时，可以非常方便地通过交流和协商与用户达成各种商业交易，从而使市场资源配置不再受到传统的门户限制，真正能为全社会所共享，打破一切垄断行为，从而达到优化资源配置的目的。在此背景下，"中国五金商城"应运而生。

2009 年年初，永康市工商部门立足永康市情，组织人员率先深入五金市场进行调研，向市政府主要领导报送《培育网络市场，推进中国科技五金城提升发展的几点建议》，引起了书记、市长的高度重视。同年 8 月，由工商局起草的《永康市五金网络市场培育发展若干意见》以政府名义出台，网上市场培育上升为政府行为。该局联手电信、五金城集团等相关单位把此项工作列为重点工作来抓，深入今日五金网站，指导网上交易市场建设，经过大量的前期准备工作，终于在第十四届五金博览会开幕前促使永康市首家网上市场"中国五金商城"完成市场设立登记。随后在永康市工商部门的引导下，永康市网货商城、永康市电脑交易市场等三家网上交易市场相继开办。在永康市政府部门的大力推进下，许多市场经营户从"坐商"变身为"坐商+网商"。

"这样做，就有了诚信的基础。以市场和当地企业为依托，做到了一场两市，我们希望中国五金商城是一个诚信平台。"永康市工商局有关负责人说。为推动"中国五金商城"发展，在市场经营户中形成良好的网上贸易氛围，五金城集团公司除了整合各方资源，积极引导和扶持市场经营户做大做强网上贸易以外，还给在"中国五金商城"电子商务平台上开设网店的市场经营户一定补贴，合力推动电子商务发展。"中国五金商城"为了使所有市场经营户能更熟练地掌握电子商务贸易平台使用方法，工作人员不仅加班加点完成对他们的上网培训工作，而且深入市场中手把手地辅导他们进行网上销售。

到目前为止，五金商城日访问量已达 80 万人次，每天更新供求信息达 20 000 多条，关键词搜索超过 50 万人次。五金商城被评为"浙江省电子商务推荐网站""中国商业网站100 强"。

（三）服务体系

1. 在线交易

五金商城是五金行业中第一个以 B2C 为主，同时具备 B2B、C2C 功能的电子商务交易网站,五金商城交易平台以互联网、网上银行、电子商务、身份认证等先进技术,与传统五金贸易相结合,给工厂、经销商、终端用户、仓储加工中心、运输商、银行等提供了安全高效便捷的专业性五金现货交易平台,通过B2C网上支付功能、全新的市场发展理念、发展路径、发展战略、发展目标和发展特色,不断积聚现代精品市场意识,以建设五金电子交易市场为契机,打造新一代的电子商务平台。

五金商城网交易流程为:买家选好商品—买家付款—货款由中介银行保管—网站提醒卖家发货—卖家发货—买家收到货物—买家上网站点击确认收货—卖家收到货款。

2. 在线支付

中国五金商城采用"中金汇通"支付平台。中金汇通支付平台是CFCA旗下的一个支付品牌,旨在为广大企业和个人提供互联网支付服务。该平台是在国家发展和改革委员会电子商务专项资金支持下,经中国人民银行全程监督和管理,由CFCA建立的为电子商务、电子政务和公共服务类机构提供网上支付的专业服务平台。该平台经过历时三年的建设于2009年3月正式对外提供服务。

目前在电子商务对公支付领域已与国内多家商业银行建立了良好的合作关系,其中有工商银行、建设银行、农业银行、交通银行、招商银行、浦发银行、华夏银行、民生银行、光大银行、徽商银行、中国银行等。

中金汇通支付平台的优势:

(1) 权威、公正的平台背景。CFCA支付平台整个建设过程受人民银行总行科技司监督,建成投产后归中国银联统一管理,并由中国银联的控股子公司中国金融认证中心运营。中国银联是经国务院同意,中国人民银行批准设立的银行卡组织,处于我国银行卡产业的核心和枢纽地位,拥有国家级的系统安全设备和安全保卫机制。市场上其他比较领先的第三方支付企业基本为民营资本或外资背景,业务以单一的互联网支付服务为主。

(2) 专业、先进的企业支付服务。中金汇通支付平台定位于提供安全、优质、高效的企业间支付和结算服务,面向电子商务和电子政务领域提供了相应的B2B支付解决方案,在行业供应链、大宗商品交易市场、公积金、税务、招投标等行业有成熟的应用。市场上其他第三方支付平台的业务定位主要是基于个人业务,如网上购物、充值缴费、信用卡还款、电子客票等。

(3) 安全、严格的交易管理。CFCA认证系统是中国金融领域的安全基础设施之一,现已为110多家国内和外资银行提供安全认证和安全评估服务。CFCA支付平台在交易安全的设计上依赖自身安全方面的技术优势,实现了交易全程电子签名功能,大大保证了交易的安全性,是国内唯一实现全程电子签名的支付平台。

(4) 更多的受理企业账户支付的银行数量。CFCA支付平台定位于对公支付业务,因此与银行的合作重点放在与银行的B2B支付网关和银企直联系统的业务对接。到目前为止,该平台是国内支持企业账户网上支付的银行最多的一家支付平台(目前已达10家,即将接入和计划接入的银行有6家)。

(5) 方便、快捷的系统连接。中金汇通支付平台的接口简单,商户接入开发时间短,同时也降低了商户网站的系统复杂度,从而达到短期上线的效果。因为支付平台整合了各银行支付接口,大大降低了因银行系统改造可能给商户带来的风险,保证了商户业务的连续性。

(四)营利方式

1. "五金通"服务

"五金通"服务是针对中国五金商城网的供应商所推出来的一种综合服务产品。中国五金商城网作为一个具有强大影响力的网上市场,"五金通"产品为客户提供了在这个市场开设网上商铺的各项服务,通过形式丰富的发布系统,为客户提供发展企业、产品、商机、资信等各方面信息的服务,通过中国五金商城网的推广,成为客户开展网上交易的主要平台;同时提供贸易信息匹配、商机订阅、线下撮合等多种形式的服务。这些商铺根据一定的类别进行排列,方便采购商进行选择和寻找。

2. 关键字竞价排名

关键字就是用户在使用搜索引擎或是某一个网站时输入的、能够最大程度概括用户所要查找信息内容的字或者词,是信息的概括化和集中化。如:烧烤炉、防盗门、折叠车等,在网站搜索框中输入"烧烤炉",烧烤炉就是关键词。

网站根据输入的关键词,就会显示一个根据该关键词搜索后得到的搜索结果列表。而所谓关键词竞价,目的是让商家的产品或是相关的关键词出现在用户搜索结果的首位,让用户能在第一时间看到信息。其手段是通过竞价推出设定者需要购买的关键词,让 N 个用户来竞价,谁出的价格高,谁的位置就会排在前面,这样用户在搜索这个关键词的时候就会首先看到该商家的公司或是产品,提高了竞价者产品的曝光度。

3. 黄金广告位

中国五金商城大量的客户流量为客户创造了宣传和推广的好机会,通过网络广告,可以将客户的产品、品牌、形象等在有效群体内进行推广和传播。

(五)优势和劣势分析

1. 优势分析

(1)五金产业区优势。中国五金商城位于长江三角洲经济区,是中国经济发达的地区,浙江又是五金行业的主要集中区域。五金企业数量众多、规模大、经济效益好,为电子商务平台发展提供了良好的产业基础。

(2)商城信用优势。中国五金商城是国内首家提供政府部门认可的经营户,拥有网上营业执照标准数字证书,真实可信。

(3)中国五金商城的综合实力优势。有13年运营历史的中国五金商城是五金行业最有影响力的电子商务网站,也是五金行业中第一个以 B2C 为主的电子商务交易网站。2010年,中国五金市场拥有30万家加盟企业、53万个注册会员。截至2012年9月,中国五金商城网上市场有效注册会员总数达53.9万个,"五金通"会员2 600个,2011年网上交易额106.7亿元,比上年翻了一番。现在,网上商城每天提供两万多条供求信息,每天发生90多万人次的访问量。

2. 劣势分析

中国五金商城并未完全摆脱地域的限制。这样的特点与互联网本身时间、地理的开放性是矛盾的,但又是五金行业互联网电子商务不得不面对的现实。它的具体表现是五金商城可以不受时间、地域限制,面向任何浏览互联网的消费者,但商城本身并不能很好地满足因地域差异而形成的消费需求差异。简单地说,商城所能提供的企业和商品受地域限制,而需求又是广泛的。造成这一特点的原因是因为五金行业产业格局的地域性。

(六)稳步中求发展

2011年10月,淘宝商城出了新规定,将每年6 000元的技术服务费提高到3万~6万元,并建立了"商家违规责任保证金"制度,根据商店类别和所售商品注册商标的不同,收取1万~5万元的保证金。因此很多网络商家受不了如此高额的费用,纷纷退出淘宝商城,这对"中国五金商城"的发展,是一个良好的契机。"中国五金商城"是依托中国科技五金城市场来运行的,五金商城中所有的商铺都有实体店并亮照经营,所以消费者们根本不用担心产品质量或者卖家以次充好,就算产品真出了什么问题,去实体店也是肯定能找到这个卖家的。而网站对于名企名品的商家引进工作也是花了相当大的心思与时间。

目前只有三种商家可以申请拥有名企名品标识资格:一种是品牌商(经营一个品牌),即企业以自有品牌(R或者TM)入驻商城,所开设的店铺称为"旗舰店";一种是代理商(经营一个品牌),即企业持正规品牌授权书在商城开设的店铺,称为"专卖店";一种是代理商或品牌商(经营多个品牌),即企业在商城同一大类下经营多个品牌(两个及以上),称为"专营店"。

随着名企名品的开通,网站在档次和层次上都有了很大的提升。在不久前,浙江省工商局有关领导莅临检查工作时,对中国五金商城的信誉保障与售后服务表示了高度的赞扬。

本章小结

本章介绍了阿里巴巴、中国化工网以及中国五金商城三个B2B平台电子商务案例。针对不同B2B平台的不同特点,本章首先从平台的基本情况、特点、发展现状等方面向读者作了简要的介绍,随后,对三个平台的商业模式进行了分析。本章重点介绍了B2B平台电子商务的特点,并对B2B这种电子商务平台的商业模式进行了解析。

本章习题

1. B2B模式的代表有哪些?
2. 简述阿里巴巴B2B模式成功的原因?
3. B2B模式的特点是什么?B2B模式有什么好处?

第三章

B2C 平台案例

一、内容提要

B2C 是 Business-to-Customer 的缩写，其中文简称为"商对客"，"商对客"是电子商务的一种模式，也就是通常说的商业零售，直接面向消费者销售产品和服务。这种形式的电子商务一般以网络零售业为主，主要借助于互联网开展在线销售活动。B2C 即企业通过互联网为消费者提供一个新型的购物环境——网上商店，消费者通过网络在网上购物、在网上支付。本章主要是对天猫商城、当当网、莎莎网三个 B2C 平台进行案例分析。

二、天猫商城案例分析

（一）天猫商城概述

淘宝网通过 15 年的发展，占据了中国网购市场 75% 的份额、聚集了超过五亿个的注册买家，拥有中国网购市场绝对的领导地位。

天猫商城与淘宝网共享超过数亿会员，为网购消费者提供快捷、安全、方便的购物体验。其提供 100% 品质保证的商品，七天无理由退货的售后服务，提供购物发票以及购物现金积分等优质服务。

天猫商城隶属于阿里巴巴集团，起源于淘宝网的女人街，是淘宝网全新打造的在线 B2C 购物平台。天猫商城依托淘宝网的优势资源，整合上万家生产商，为商家提供电子商务整体解决方案，为消费者提供网购一站式服务。目前共有七万个品牌，五万个商家入驻，2018 年仅在"双十一"这一天就实现销售额 2 135 亿元。

目前的天猫商城处在飞速发展阶段，多种新型网络营销模式正在不断被开创。加入天猫商城，将拥有更多接触最前沿电子商务的机会，也将为全新的 B2C 事业创造更多的奇迹。淘宝网伴随中国互联网的飞速发展与网购环境的日趋成熟化，已吸引众多线下知名品牌纷纷"触网"，坚定地选择了拥有"规范购物环境以及巨大市场前景"的天猫商城。

实际上，入驻天猫商城成功代表了一种趋势，就是各系列品牌纷纷重视网上交易平台，将其视为实现战略转型、品牌延伸、渠道扩展、赢得客户的重要手段和途径。

（二）天猫商城的基本情况

1. 简介

淘宝网是亚太最大的网络零售商圈，致力打造全球领先网络零售商圈，由阿里巴巴集团在 2003 年 5 月 10 日投资创立。天猫原名淘宝商城（2008 年 4 月 10 日建立），是一个购物网站。淘宝网全新打造的 B2C 平台，整合数千家品牌商、生产商，为商家和消费者之间提供一站式解决方案并提供 100% 品质保证的商品、七天无理由退货的售后服务，以及购物积分返现等优质服务。2012 年 1 月 11 日上午，淘宝商城正式宣布更名为"天猫"。2012 年 3 月 29 日天猫发布全新 Logo 形象。迄今为止，天猫已经拥有四亿多个买家、五万多家商户、七万多个品牌。

1）交易文化

淘宝网倡导诚信、活泼、高效的网络交易文化，在为淘宝会员打造更安全的网络交易平台的同时，淘宝网也全心营造和倡导互帮互助、轻松活泼的家庭式氛围。每个在淘宝网进行交易的人，不但交易更迅速，而且也能交到更多朋友。

2）提供的商品

淘宝的商品数目在近几年内有了明显的增加，从汽车、电脑到服饰、家居用品、珠宝饰品、化妆品、运动户外用品、手机数码、家用电器、家居建材、食品保健、母婴用品，还包括文化玩乐等，分类齐全。作为拍卖网站，淘宝突出的优点是，如果商品的剩余时间在 1 小时以内，时间的显示是动态的，并且准确显示到了秒。

3）服务优势

天猫商城比普通店铺更有吸引力的是它的服务，它不但是大卖家和大品牌的集合，而且提供了比普通店铺更加周到的服务：

（1）七天无理由退换货：天猫商城卖家接受买家七天内无理由退换货，无须担心买到的东西不合适，或者买到的东西和实际相差太大。

（2）正品保障：天猫商城卖家所卖物品都是正品行货，接受买家的监督和淘宝网的监督。

4）特色服务

与易趣不同的是，淘宝会员在交易过程中能感觉到轻松活泼的家庭式文化氛围。其中一个例子是会员即时沟通工具——"淘宝旺旺"。会员注册之后淘宝网和淘宝旺旺的会员名将通用，如果会员进入某一店铺，正好店主也在线，会出现"和我联系"（掌柜在线）或"给我留言"（掌柜不在线）的图标，会员可与店主及时地发送、接收信息。"淘宝旺旺"具备了查看交易历史、了解对方信用情况等个人信息、头像、多方聊天等一般即时聊天工具所具备的功能。

5）主要历史事件

（1）世博商品。

2010 年 4 月 12 日，天猫商城世博商品官方旗舰店正式运营，访问量和成交金额持续上升，无论是海宝玩具还是世博门票都在网上受到了热捧。在不到半个月里，已经有 2 300 多个大号招手海宝毛绒玩具从这里发往全国各地，世博门票销售也是热得发烫，价值 400 元的世博门票三天就售出了 1 500 套。

(2) 名鞋馆。

2010年8月13日，天猫商城名鞋馆正式上线，这是又一个产生于淘宝网的垂直商城。名鞋馆一反普通鞋城以旧款特价为噱头的常规做法，在与线下相比保有价格优势的同时主打当季新款，目前已经有包括百丽、阿迪达斯、耐克、李宁、奥康、红蜻蜓等数十个知名品牌入驻，拥有上万款鞋型。

(3) 网上超市。

2010年10月18日，天猫商城官方正式筹建网上超市。这意味着天猫商城在继数码城、名鞋馆后又一垂直平台即将出现。而这次天猫商城把眼光放在了更为零碎、交易环节更为复杂却有着巨大市场潜力的超市业务。

(4) 竞争危机。

2010年10月19日，百度和日本乐天合资成立的超大型网络购物商城乐酷天正式上线，直接瞄准阿里巴巴旗下最具增长潜力的淘宝网。2011年的B2C电子商务市场竞争更加激烈，行业门槛也随之大大提高，行业新一轮的洗牌阶段也有望随之到来。

(5) 独立域名。

2010年11月1日，淘宝网发布垂直市场战略，宣布旗下B2C（商家对个人）垂直频道天猫商城正式启用独立域名，以替代目前的二级域名，天猫商城仍将在淘宝体系中运行，不会单独分拆。业内人士认为，淘宝网此举旨在应对竞争，解决淘宝网内部C2C（个人对个人）与B2C模式的冲突。

(6) 医药馆上线。

2011年6月21日，淘宝网上线天猫商城医药馆，正式试水医药行业。上海复美大药房、北京金象大药房、杭州九洲大药房、江西开心人大药房以及云南白药大药房等五家医药公司作为首批合作伙伴集体进驻天猫商城。

(7) 奥运商品。

2018年12月15日，天猫商城"双十一"组委会官方宣布，国际奥委会宣布在天猫开设首家奥运官方旗舰店，售卖奥运全线周边商品，对奥运商品进行无周期、无国界售卖。

(8) 你好历史。

2018年12月17日，《国家宝藏》与天猫在北京中华世纪坛举办战略合作启动仪式暨新品发布会。《国家宝藏》正式入驻天猫，开设"你好历史"旗舰店，与天猫联合首发数款天猫定制文创新品，让文物在年轻化的设计与创意中获得新生。

2. 价值网络定位

天猫商城价值网络定位如图3-1所示。

1) 核心电子商务公司

天猫商城是淘宝网全力打造的B2C商业零售网站，从互联网商务应用和企业电子商务应用角度划分，天猫商城属于网络经纪模式，提供交易双方完成交易的平台，并收取费用，包括技术服务费、广告收入、关键词竞价收入、出售软件收入等。

2) 供应商

供应商为互联网的内容提供者，作为网络经纪模式的天猫商城，其供应商为注册的商户，商户在天猫发布商品信息并提供相应服务。

3) 用户

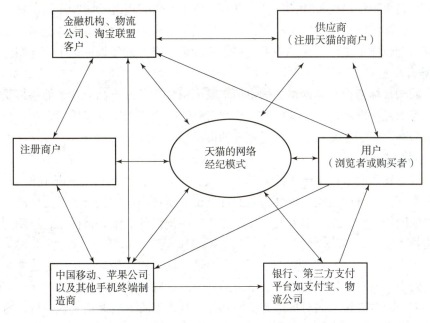

图 3-1 天猫商城价值网络定位

浏览天猫商城店铺搜集或购买相关商品信息的个人。

4) 客户

注册天猫的商户为天猫提交服务费，商品展示广告费，品牌展示广告费，旺旺植入广告费，关键词竞价收费或者购买天猫提供的软件和附加服务收费，这些都是天猫的收入来源，所以天猫注册的商户为客户。

5) 基础服务商

淘宝 iPad 客户端、手机淘宝、安卓操作系统下的移动应用都标志着淘宝移动互联网的发展，移动网络运营商如中国移动，电脑和手机等终端制造商如苹果公司的 iPad、iPhone 都为淘宝移动互联网的发展提供了基础条件，这些都是淘宝的基础服务商。

6) 交易服务商

金融机构如中国工商银行、中国银行等为淘宝支付交易提供交易平台，支付宝提供了第三方支付和认证服务，物流公司提供配送服务，这些都是天猫的交易服务商。

7) 合作商

金融机构、物流公司、与淘宝联盟合作的联盟客户如网易、谷歌、大旗网等。

(三) 天猫商城的商业模式

1. 市场定位

天猫商城是阿里巴巴集团打造的一家目前在行业中处于领先地位的全新的在线 B2C 购物平台网站。天猫商城依托淘宝网的优势资源，整合上万家品牌商、生产商，为商家提供电子商务整体解决方案，为消费者打造网购一站式服务。天猫商城主要提供一个消费者购物的平台，一个厂家企业在线销售的平台，整合卖方和买方的资源，为消费者打造一个方便、安全、有保障的购物环境。

天猫商城力争将以淘宝网为主的消费者平台升级为"无处不在"的供需双赢的消费平

台。这个平台将由阿里巴巴 B2B 和三家"Tao"公司一起完成对不同客户的服务：通过一淘网的购物搜索，淘宝网价廉物美的社区化创新以及天猫商城的精品专业体验给消费者以全新的感受；同时，也能更加专业化地帮助更多企业和创业者开展积极的电子商务服务和营销。

2. 目标客户

天猫商城的目标客户是在网络购物中追求较高服务、较好产品质量，能够接受适当高价格的素质优秀的互联网购物者。这些网络购物者是所有消费者中最优质的资源，他们收入较高，消费能力强，善于接受新事物，对服务的诉求较大。

3. 产品或服务

天猫商城旨在为商家提供电子商务整体解决方案，为消费者打造一站式购物体验平台。对于消费者而言，天猫商城提供了最为全面且低价的海量商品，整合了最为优质的商家，构建了最完善的购物保障体系、最方便的付款方式、最优良的店铺评价体系，以期为消费者打造良好的购物体验。

同时对于商家而言，天猫商城也是不遗余力地为商家构建最为实用的店铺体系，整合淘宝网近亿人的庞大消费群体，建立用于学习提高的商学院系统，运行便于沟通交流的社区网络淘宝论坛天猫商城模块，同时提供大量的软件工具帮助卖家更好地实现销售，力争建设开放、协同、繁荣的电子商务生态系统，促进新商业文明。

1）信用评价系统

天猫商城为了更好地约束商家，让商家尽可能提高自己的服务质量，保护消费者的利益，在原来淘宝网信用评价体系的基础上，开发了天猫商城的店铺评价体系。

2）商城正品保障体系

天猫商城为了改变原来淘宝网被人诟病的真假难辨的恶劣形象，在天猫商城成立之初，便想尽办法塑造良好的形象，提出了"品牌正品，商城保障"的口号。为此，天猫商城制定了大量的制度和服务保障体系。

4. 营利模式

天猫商城摒弃了原来的淘宝网对普通的卖家和买家都免费的模式，而是以自己强大的市场份额和注册用户为依托，提供更加符合卖家要求的服务，充分挖掘了注意力经济的价值，从很多环节实行收费的模式，为其未来的营利奠定了基础。

1）天猫商城收费标准

天猫商城与淘宝网不同，并不是免费向卖家开放使用，而是要缴纳保证金和一定的服务费用。收费主要有实时划扣技术服务费和技术服务年费。

（1）保证金。保证金根据店铺性质不同，金额也会不同。

（2）软件服务年费（以下简称"年费"）。商家在天猫商城经营必须交纳年费。年费缴纳及结算标准详见《天猫 2018 年度软件服务年费缴纳、折扣优惠及结算标准》。

（3）实时划扣软件服务费。商家在天猫商城经营需要按照其销售额的一定百分比（简称"费率"）交纳软件服务费。

2）天猫商城广告收入

天猫商城目前整合了淘宝网五亿多个卖家，首页每天的访问量接近一亿人次，这无疑构造了一个非常好的广告平台。天猫商城广告主要集中在以下几个方面。

（1）天猫商城站点广告。

直接广告收入,就是直接在商城首页及其他子页面出现的广告,主要有天猫商城首页旗帜广告、商城中间的横幅广告等。首页旗帜广告在天猫商城首页的最显眼位置摆放播放,通过联播的方式展示,一共有五个篇幅。另外还有在商城上半部分的一个横幅广告。

在商城首页的品牌特卖会、品牌推荐和活动推荐处出现的店铺链接也向天猫商城交纳了不菲的广告费。在子页面的很多地方都可以清楚地看到天猫商城的广告。

(2)天猫商城隐性广告。

天猫商城使用的阿里旺旺软件中融合了大量的广告,如:添加旺旺好友时弹出的查找/添加对话框中,有一个竖幅的广告;阿里旺旺聊天对话框的最下方滚动的字幕广告;阿里旺旺启动后弹出的每日焦点中热卖板块、聚划算板块、达人板块以及最下方的滚动字幕广告。

另外,在很多地方,如淘江湖和社区,还会看到软文性质的广告,引导消费者产生购买的欲望,达成购买的消费行为。

3)关键词竞价收费

天猫商城到目前共吸引了5万个商家、7万个品牌入驻,因此在天猫商城内部竞争也非常激烈。要想在竞争中取得优势,在店铺站点入口处就需要下很多的功夫。除了可以通过各种形式的广告来进行宣传推广,吸引消费者进入店铺之外,还可以在天猫商城的搜索功能上下功夫。天猫商城允许商家付费购买部分关键词,以提高该关键词在搜索结果中的排名,引导消费者进入店铺浏览商品,达成购买交易。而这种模式也是天猫商城非常重要的收益来源,如关键词"内衣",据天猫商城商家讲述,目前的价位大约是5元/次,也就是说消费者搜索关键词以后,点击进入商家的店铺,商家就需要向天猫商城交纳5元的广告费,每天搜索的人数越多,交纳的广告费就越多。

4)附加软件产品和服务收费

天猫商城依托自己的技术团队,借助消费者消费行为数据库,根据商家的需求开发了大量的软件和附加服务,如图片空间、会员关系管理、装修模板、123show宝贝动态展示、营销推广、数据魔方、量子统计、库存管理等。由于这些服务的推出是以天猫商城的数据库系统为依托的,因此在开发过程中整合了卖家需求方面的资源,能够非常好地契合卖家在销售过程中的需求,具有非常好的销量,几乎每个商家都会购买相当一部分的软件和附加服务,以使自己的店铺能够更好地发展。

5)API平台收入

天猫商城开放了自己的API平台,允许其他的企业与天猫商城进行对接,也允许部分软件公司利用天猫商城的数据库来开发适合商家的软件和服务,同时也增加了天猫商城的服务能力和营利能力,可谓一举两得。

天猫商城整合了部分物流公司的资源,部分物流公司可以在平台上直接接收订单,然后允许商家和买家能够用天猫商城的销售订单号来代替物流公司的单号对物流的详细信息进行查询,大大方便了天猫商城的商家,也为物流公司赢得了数量庞大的订单,同时天猫商城也从中获得了不少的平台提成。天猫商城也整合了保险公司的资源,开发了退货运费险,以满足部分商家和买家的需求,当然也从中赚取了利润。

5. 核心能力

1)产品组合资源

产品的丰富程度是影响商城销售的一个重要因素,消费者倾向于进入一个产品比较全面的商城购买商品,从而实现一站式的购物。天猫商城依托于淘宝网的发展,将淘宝网原来的产品组合进行了筛选,进驻天猫商城,相比较京东商城等竞争对手,其在产品线上具有强大的优势。

2)市场知名度

网站的知名度大大地影响着消费者对购物入口的选择,经过多年的发展,天猫商城在网站入口上具有极强的资源优势。目前,在网络购物领域,淘宝网基本上是网络购物的代名词,在网上购物的时候,80%的人首先会选淘宝网来进行,而天猫商城正在依托淘宝网的这种优势资源,在较短的时间内迅速积攒了非常大的知名度。天猫商城域名上线后访问量得到了大幅上升,据 ALEXA 统计数据显示,目前天猫商城独立域名(http://www.tmall.com)的网站流量排名已经升到了第七位,在中国 cn 网站排名中列第二位,已经远远超过了其竞争对手当当网、京东商城等。

3)融资能力

互联网络经济是一种注意力经济,企业要想在互联网大潮中生存和发展,必须积攒大量的客户群和注册用户,但是用户群并不是一蹴而就的,需要时间的积累,因此对于绝大多数电子商务企业而言,在实现盈利之前需要大量的资金投入,俗称"烧钱"。随着电子商务企业竞争得日趋激烈,所要烧的钱也越来越多,因此一个电子商务企业能否顺利,融资能力是至关重要的。阿里巴巴、盛大、腾讯都是从融资中成长起来的。

对于天猫商城而言,相比较其他的电子商务站点,其在融资方面具有非常大的优势:一是内部融资,天猫商城背靠阿里巴巴集团这棵大树,阿里巴巴集团已经成功上市,融资近千亿元,资金非常充裕。同时,阿里巴巴集团的发展战略从大淘宝战略提升到大阿里战略,倾向于各种资源的融合,因此天猫商城可以获得母公司大力的支持;二是风险融资,天猫商城目前在 B2C 领域中处于绝对的领先地位,市场占有率超过 50%,而且市场发展前景非常看好,因此是无数风险投资公司追逐的焦点,如果天猫商城需要融资,风险投资公司一定会趋之若鹜;三是上市融资,2011 年 6 月天猫商城从淘宝网中独立出来就是为上市做准备的,如此一家优质公司的上市,必然会获得投资者的追捧。

4)注册用户和消费行为数据库

天猫商城共享了淘宝网的注册用户,淘宝网的用户可以不需注册直接登录天猫商城,淘宝网在 2011 年 1 月淘宝盛典上宣布,2010 年淘宝网注册用户达到 3.7 亿个,因此天猫商城相对于其他的 B2C 网站而言在注册用户上具有先天性的优势。由于天猫商城和淘宝网并没有完全独立,因此在网站入口上可以依托淘宝网的优势。

天猫商城和淘宝网在长期的发展中积累了庞大的消费者数据库,他们非常了解中国消费者的信息。服务器里面记录着宝贵的消费者信息,包括完整的网上消费者购买、寻找、交友的信息和特点,以及年龄结构构成、地域分布等,这是一个非常大的资源,基于这些资源的深刻研究和应用,有助于商家抓住消费者购买行为和消费行为的动态变化趋势,从而对任何一个产品确定非常精准的营销手段。

这种数据库资源是无法复制的资源,也是竞争对手可望而不可即的资源,有效地利用这些将会使天猫商城能够准确地把握消费者的消费习惯、购物特点,对于天猫商城站点的设计也会提供非常大的参考作用,同时这些资源对外开源,将会为天猫商城赚取巨大的利润。

5)第三方资源整合能力

天猫商城为了更好地为消费者服务,满足消费者及商家各方面的需要,构建购物生态圈系统，大胆开放了 API 平台，开源了淘宝数据库，允许软件公司、商家、物流公司、保险公司等与天猫商城的开放平台对接，大大提升了天猫商城的服务能力；同时，商家获得了极大的便利，天猫商城也获得了巨大的收益。

另外，天猫商城推出了"淘宝物流"服务，和物流公司合作开发了"物流宝"信息系统。"物流宝"是由淘宝物流联合第三方仓储、快递、软件等物流企业组成服务联盟，提供一站式电子商务物流配送外包服务，解决商家货物配备（集货、加工、分货、拣选、配货、包装）和递送难题的物流信息平台。平台将通过 API 接口的全面开放，使得物流服务商、淘宝卖家和外部商家以及各类电子商务网站均能借助"物流宝"平台实现订单交易信息、物流信息和商家自身 ERP 系统的全面打通。

（四）天猫商城的经营模式分析

1. 市场开拓模式

市场开拓模式主要分为产品策略、价格策略、渠道策略。天猫商城的市场策略主要是创建电子商务生态系统，希望形成一个与中小企业共生共赢的生态链。而且在这个生态链是天猫商城与员工一同成就的，也就是所有企业的"托商所"。商人需要的天猫都有。这一电子商务生态系统将覆盖资金、技术、客户、物流、营销、人才等商务活动的所有层面。在价格策略方面，天猫店铺以竞价策略的方式来卖店铺，从而使各个店铺进行优化组合。而在渠道策略方面与雅虎的强强联合也增加了其搜索功能的改革。其还与百度组成联盟，利用联盟模式推广其广告服务的功能。在促销方面，天猫商城店铺实行以下策略：

（1）"满就送"：满 99 元送 10 元，满 99 元免邮寄费，满 99 元送小袋体验装。

（2）"搭配套餐"：A 产品在购买页面下面出现组合的营养套餐并降低组合的价格。

（3）"限时打折"：显示打折可以考虑在天猫商城人流量最大的时段推出打折，增加网站的流量和购买率，让客户在短时间内作出购买决定。

（4）"秒杀"：秒杀板块，成本就是秒杀的产品，但是能短期增加网站的流量和商城其他产品的 PV 值，并且秒杀客户是可以二次开发和搭配套餐销售的客户。

（5）"淘宝客"："淘宝客推广"是专为淘宝卖家提供淘宝网以外的流量和人力，帮助推广商品，成交后卖家才支付佣金报酬，按照成交付费。卖家可以自由设置佣金。

（6）"直通车"：淘宝直通车是淘宝网为淘宝卖家量身定制的推广工具，是通过关键店竞价，按照点击付费，进行商品精准推广的服务。这样做的成本是每个月 3 000 元，费用较高，是备选方案。

2. 市场竞争模式

（1）天猫商城是走平台化路线，自己不进货，只是搭台让中小企业卖家们唱戏。京东、当当网走的是自己进货模式。这两种模式到底孰优孰劣？从风险上讲，天猫商城更保险一些，无须大量的自有周转资金，而京东的模式需要大量资金用于周转。此外，天猫商城依靠服务获得收入，而京东商城要靠差价，其必然要陷入与传统渠道、网络渠道的价格战，比如，京东与当当之间，当当与卓越之间不停地发生口水战。但是垂直 B2C 也开始向平台化方向渗透，比如，当当、卓越也在尝试开放平台给商家。这样一来，天猫商城与京东之间的比拼就上升到了物流、仓储等基础设施的比拼。因为当前第三方物流已经很难满足 B2C 的高速发展，同时也很难帮助 B2C 降低成本，自建物流是解决问题的一个方法，但是却面临着非常巨大的成本压力，京东商城目前就面临这个两难的问题，将三四线市场的自建物流团队都解散了。2011年年初，马云也表示要拿出100亿元建设物流和仓储。但是阿里巴巴采取的模式仍然是平台化模式，在全国范围内建设仓储中心，然后租给物流公司使用，一些中小物流公司无资金建仓储中心，可以使用阿里巴巴的仓储中心，这也相当于建设了一个物流开放平台。由于仓储中心是稀缺性资源，可以通过购买获得，但是物流配送则是一块非常专业的工作，也是非常复杂的工作，由专业的公司去做会更简单一些。我想这是阿里巴巴建设物流平台的初衷，相比自建物流配送团队的京东模式，可能更节约成本，也更简单高效。

（2）品牌与流量之争。品牌与流量，是B2C公司当前面临的共同难题。天猫商城面临的问题是如何将正品概念深入人心，因为淘宝总是给人感觉是C2C的代名词；京东商城面临的问题是如何将3C标签抹掉；当当面临的是如何将图书标签淡化。而流量和转化率也决定着胜负。从艾瑞这份报告来看，截至2012年，淘宝月访问人次33 172万，京东为12 340万，转化率方面淘宝的转化率较高，为5.2%，而京东只有1.97%。淘宝正在通过各种方式帮助商家提升流量，包括搜索、广告、分成等各种模式，京东也在做。由于淘宝当前的商品更加丰富，所以流量也比较大。而京东商城自营模式必然受制于商品种类限制，也不利于流量大幅提升。最后，电子商务发展的趋势，应该向着社区化电子商务，以及平台化方向发展。淘宝这种帮助中小企业获得成功的模式，对社会来讲是一种价值回馈，这种回馈会带来很好的口碑，产生更多的同盟，也构建了产业链的繁荣，这也是互联网开放平台的发展思路，前景很好。

（五）天猫商城的技术模式分析

1. 天猫的网站技术模式

天猫的网站技术模式定位于系统运行的持续稳定性和安全性两方面。天猫商城提供的安全技术，如网络警察、支付宝等都值得让买卖双方放心。它为商家和客户之间开展服务建立了一个有效的安全的信息中介服务平台。它对系统的要求是严格的。在服务器的构建上要保证交易信息的安全传递，保证数据库服务器的绝对安全，防止网络黑客的闯入破坏。天猫在身份验证和安全监控上也有很大的作用。

2. 系统应用

天猫的通信系统采用互联网和通信网。在系统应用软件方面，天猫采用了网上信用管理系统、身份认证和安全管理系统、网络监控管理系统和网络安全管理系统等，从而最大限度地保证了网站安全、数据安全、交易安全。

3. 技术创新

1）AR技术

所谓AR（Augmented Reality），即增强现实技术。AR技术利用计算机生成一种逼真的虚拟环境，通过各种传感设备使用户"沉浸"到该环境中，实现人机互动。比如说，你在网上看到一件衣服，穿在模特身上非常漂亮，但你不知道你穿上它时会是怎样。借助AR技术，通过摄像头，计算机录入你的个人信息，经过进一步的计算后，它就可以模拟出你穿上这件衣服时的形象。你可以与计算机进行互动，实现更全面的展示。更进一步说，计算机可以虚拟出各种环境，提供更有参考性的信息。

AR技术可以在试穿环节颠覆目前的购物体验，而其他环节的改革同样让人振奋。二维码有望打通信息传递的所有环节。比如说你在杂志上看到一款手机,感觉不错,那么你扫描下它的二维码,计算机就会通过匹配二维码的信息,在产品库里面找出这款手机。接下来,你看到的将不再只是枯燥的参数。通过 AR 技术,你可以直接对这部手机进行"操作"。当各种体验完成后,你决定购买它时,直接扫描二维码就能通过支付工具完成支付。

2)视频购物技术

视频购物技术仅在天猫平台应用,今后或将扩展到全网视频。天猫表示,将分享此项技术,与在线视频平台、视频内容提供商以及品牌商等合作。据天猫方面解释,视频购物是指通过动态图像识别技术,识别视频内容中一系列的物品元素,将物品关联到天猫和淘宝中可供销售的商品上,并在用户观看一段视频时,提示用户相应物品购买信息的购物模式。

此前,业内推出的视频购物模式,主要是让商家拍视频来展示商品细节。这种模式需要商家拍摄视频,有一定的准入门槛。天猫视频购买模式,则提供了一种前景:将全网既有的海量视频、影视作品,与天猫和淘宝的海量商品库对接起来。目前主流网络购物方式是通过文字、关键词来搜索和推广目标商品,淘画报"以图搜图"应用是通过图片来搜索和推广目标商品。视频购买技术,是通过视频来搜索和推广商品。按照这一逻辑,天猫和淘宝未来的商业前景应该是:只要是在网上能看到的商品,不管是文字、图片还是视频形式,天猫和淘宝都可以找到。

(六)天猫商城的管理模式分析

1. 组织结构与人力资源管理

长期以来,天猫商城形成了以张勇为核心的、各个部门分工协作、结构明了、职责明确的扁平化的组织结构,面对新的机遇和挑战能够高效、敏锐、快速制定解决方案和应对措施;在人力资源管理方面,天猫商城制订了严格的管理制度和奖惩办法,与此同时,又给人一种民主、自由温馨的工作氛围,充分调动了员工工作的积极性。

2. 企业文化

天猫商城更名以来,在秉承了淘宝网的"客户第一、拥抱变化、团队合作、诚信、敬业、激情"文化的同时,又进一步将其发扬光大,形成了全新的交易文化。天猫商城倡导诚信、活泼、高效的网络交易文化,在为会员打造更安全的网络交易平台的同时,全心营造和倡导互帮互助、轻松活泼的家庭式交易氛围,努力使每位在天猫商城进行交易的人,不但交易更迅速,而且也能交到更多的朋友。

3. 信用与风险管理

天猫商城作为淘宝网的有机组成部分,其自身信用管理模式日趋成熟,通过对天猫商城信用管理相关措施的研究,大致可以将其信用管理方法分为三类:信息展示类、卖方限制类、交易辅助类。

1)信息展示类

天猫商城中"信息展示类"信用管理措施,主要是提供一些信息供买卖双方参考,这也是其交易中获取信用的最直观手段。

(1)个人信用评价机制。

对买卖双方的历史交易进行评价,提供信用指数供参考。这是 C2C(Consumer to Consumer)电子商务的核心竞争力,已经被 C2C 电子商务网站广泛使用,取得了良好的效果。

(2) 网络展示平台。

天猫为卖家提供网络空间，包括文字和图片的存储空间，作为卖家展示商品的平台，卖家自己上传的商品图片和相关说明，可以帮助买家在决定购买前，更好更充分地了解商品。

2) 卖方限制类

(1) 支付宝实名认证。

在天猫商城，并不要求所有参与交易方都进行实名认证，对于来网站购物的客户，只要通过邮箱激活或手机注册的方式就可以成功购物。而对于准备在天猫商城上销售物品的商家来说，则需要通过实名认证程序。

(2) 诚信自查系统。

诚信自查系统是天猫信用管理体系中的重要组成部分，其推出的最直接目的是打击天猫商家平台信誉炒作现象，还天猫一个真实的信用环境。

(3) 消费者保障服务协议

消费者保障协议是为了保障天猫买家利益、区分店铺信用安全等级，由天猫用户（主要为卖家）及支付宝三方缔结的有关消费者保障服务的相关规定。天猫买家申请加入消费者保证协议成功后，会在其店铺与所登录商品处进行注明，以提高其信用度。

3) 交易辅助类

(1) 安全支付手段——支付宝。

当买家选中商品并确定最终购买后，买家先付款，但付款对象不是卖家，而是支付宝。支付宝收到货款后，通知卖家已收到款，可以发货。买家收到商品并认可商品的质量后，确认收货并通知支付宝放款，支付宝再把款汇到卖家账户，至此整个支付过程完成。如果买家没有收到商品，或是商品的质量有问题，可以申请支付宝拒绝付款，然后商讨退货或赔偿问题。

(2) 信息交流场所——消费者社区。

网络社区是信用管理的一个非常重要的部分，它不仅是 C2C 电子商务网站用户自助服务功能的拓展，从信用管理的角度来看，也是买家卖家相互交流的空间。在这里，买卖双方可以分享他人的经验，学习网上交易的规则，了解一些没有在交易规则中说明的交易风险。

（七）天猫商城的资本模式分析

2007 年，淘宝网将内部运营划分为三部分：二手、集市和商城。2008 年 4 月，天猫商城事业部独立运营，同年 10 月，商城事业部解散，商城并入淘宝。2011 年 6 月，淘宝网一分为三，即一淘网、淘宝网、天猫商城。2012 年 1 月，天猫商城更名为天猫网。由此可见，淘宝网和天猫是分分合合。天猫是淘宝网旗下的一个专注于 B2C 网站，也就是所谓的"豪门子弟"，因为有淘宝网甚至是阿里巴巴作为坚强的后盾，天猫的资本优势显而易见。

天猫 2018 年全年交易额超过两万亿元，相较于 2017 年增长了约 45%。截至目前，天猫已占据国内 B2C 市场 50% 以上的份额。在 2018 年"双十一"当天，天猫创造了单日 2 135 亿元的交易额。天猫在融资方面具有很大的优势：一是内部融资，天猫背靠阿里巴巴集团，资金非常充裕；二是风险融资，天猫在行业中处于领先地位，市场前景看好，是风险投资追逐的焦点。那么，分析天猫的资本模式，也可以先从淘宝网开始。

淘宝属于风险投资，其资本来源渠道主要有阿里巴巴的直接投资，投资主要在网站建设、安全系统和应用软件的开发以及系统维护上。

天猫商城在 2012 年宣布了对商家的扶持措施，对 2011 年 10 月 10 日以前已经在天猫商城经营的商家，如果该商家店铺的客户满意度排名不在后 10%（消费者满意评分"DSR"不低于 4.6 分），在 2012 年 1 月 1 日至 2012 年 9 月 30 日期间，商家按照原规则缴纳年费（按月份数折算），之后将按照新规则缴纳，但缴纳金额和返还条件均按月折算。

天猫商城还将追加 10 亿元支持商家补足一半的保证金，同时，考虑到部分商家的资金压力，天猫商城拿出 5 亿元作为现金担保，为符合条件的小商家向银行和第三方金融机构的贷款提供担保支持。天猫商城还在原有预算的基础上增加 3 亿元的投入，用于市场推广和技术服务平台的改善，加大对商城商户的支持。

（八）结论与建议

通过上面的分析，我们对天猫的商业模式有了比较清晰的认识，天猫致力于构建一个网络购物的巨大的商业生态圈系统，为商家提供电子商务的整体解决方案，为买家提供一站式购物体验，同时通过开放平台等方式吸引更多的企业为商城平台上的卖家和买家提供各种各样的服务，使商城不仅是一个买卖的平台，而且还是一个生活的舞台，也就是电子商务网络购物生态圈系统。

我们把天猫提供服务平台的企业看作一个 B，把平台上商品的提供者，也就是生产商或者代理商看作另一个 B，而消费者是 C，那么这种网上零售的模式就叫 B2B2C 模式。B2B2C 模式来源于目前的 B2B 和 B2C 模式的演变和完善，是把 B2B 和 C2C 完美地结合在一起，通过 B2B2C 模式的电子商务企业构建供应链系统，提供统一的服务。B2B2C 商业模式的精髓就是平衡和共担，就是平衡 C2C 模式的高数量低质量和 B2C 的低数量高质量，就是与天猫商城的商家共担成本，降低风险。B2B2C 把"生产商→经销商→消费者"各个产业链紧密连接在一起。开展 B2B2C 模式不是简单地开放自己的平台那么简单，天猫商城要想走好 B2B2C 模式之路，还有很多的硬功夫要下。

1. 海量用户

海量的注册用户和巨大的销售额是支撑平台的基础，做 B2B2C 平台，一定是自己先培养出海量用户群，把海量用户共享给商家，吸引优质的商家入驻；反过来，优质商家入驻越多，注册用户就会越多，销售额就越大，这个平台也就越有价值，三者之间是相互依赖的关系。亚马逊在开展平台业务时已经拥有几千万个用户的支撑，天猫共享了淘宝网的用户群，注册用户数量比较大，在这方面形成了较大的竞争优势，但是不容忽视的是其他平台站点的潜力。QQ 商城有超六亿个 QQ 用户的支撑，可以在短时间内形成巨大的用户群。乐天最大的优势在于有百度搜索引擎的支持，可以掌握网站的入口，因此天猫要继续在用户量上下功夫，维护其市场主导地位的优势。

2. 挑选优质商家

优质商家的作用是不言而喻的。B2B2C 平台能否满足消费者的需求、商品质量是否合格、能否提供优质的服务等都要依靠优质的商家来完成。因此优质商家对于平台是至关重要的。天猫商城在运作初期，为了吸引商家，降低了入驻要求，导致商城中商家泥沙俱下，商品参差不齐，商家推广成本高，价格 PK 激烈。天猫商城应加强对品牌商和大代理商的招商，吸引更多的优质商家，同时应该不断地对现有商家进行监管考核，提高商家的素质水平，摒弃劣质的商家，去劣存优。天猫模仿亚马逊的 SPU 模式，采取"产品编码（TSC）"进行产品同质化管理，但是其细节远远不能满足消费者的购物体验，对同质化产品的处理也无有效的机制管理，消费者在天猫商城的选择有些无从下手，经常出现天猫商城同质化的商品实际上为多款不同的产品。而京东商城在招商的时候通过同一品牌只招一个卖家的方式避免了商品同质化。如何平衡两者之间的关系，天猫商城还需要不断地探索。

3. 物流建设

亚马逊和乐天的成功，都借力于本国强大的物流配送体系，作为消费者购物体验的最后一个环节，物流的速度、效率、质量至关重要，但这是中国电子商务发展的软肋。从中国物流业的现状来看，我国物流行业的主力军是民营企业，实力普遍较差，物流远远跟不上电子商务的脚步，成熟度也远不能满足电子商务快速发展的需求。经过网络购物迅猛发展的冲击，其接单能力和运输能力已经达到极限，在短时间内无法跟上网上购物的发展速度，在未来很长一段时间内这种状况还有进一步恶化的可能。为了能够较好地解决这个"瓶颈"问题，天猫还需要另辟蹊径。马云的大淘宝战略的第三乐章在解决这个问题上做出了尝试。2011 年阿里巴巴集团公布物流战略，阿里巴巴及其金融合作伙伴承诺一期投资 200 亿～300 亿元人民币，其中阿里集团自己出资 100 亿元，逐渐在全国建立一个立体式的仓储网络体系。淘宝将通过大物流计划全面打通淘宝内外部商家的数据信息信道和物流仓储配送管道，提供整体物流解决方案。例如，他们将提供统一配送服务，统一包装、发货；基于区域仓储配送，将全国快递变为区域配送；在指定区域内提供个性化的配送服务等。淘宝大物流计划的推出将全面降低商家日常运营的管理成本。买家可以跨店铺，多次购买，一次收货，只付一次运费。当 B2C 发展迅猛，却遭遇产品种类不丰富、成本高的"瓶颈"时，当 C2C 模式占据 80％的市场份额，却在物流、产品质量、服务上备受诟病时，到底什么模式才适合中国国情？B2B2C 模式似乎是一条出路，这种模式求得数量和质量的平衡，与成熟的品牌商家共担成本和风险。B2B2C 平台的成功需要一整套电子商务解决方案。天猫和国内其他电子商务企业要走好 B2B2C 模式的道路，必须不断在以下几个方面努力：有庞大的用户基础，拥有完善的基础设施，涵盖推广、支付、仓储、配送、售后各个环节的庞大支撑系统，品牌商只需要负责销售产品。

但是 B2B2C 平台的成功不是简简单单就能够实现的。国外的成功经验告诉我们，这是一个复杂生态链，需要一整套电子商务解决方案。虽然马云的大淘宝战略正在努力构建这个电子商务的基础设施，走在了其他企业的前面，但是前面的路还很远很远。对于其他的 B2B2C 平台企业而言，这条路才刚刚开。

三、当当网

（一）当当网的基本情况与功能框架

1. 当当网的基本情况

当当网正式开通至今，已从早期的网上卖书拓展到网上卖各品类百货，当当网在线销售的商品包括了家居百货、化妆品、数码、家电、图书、音像、服装及母婴等几十个大类，逾百万种商品，目前每年有近千万个客户成为当当网新增注册用户，遍及全国 32 个省、市、自治区和直辖市。每天有450万个独立访客，每天要发出20多万个包裹；在物流方面，当当在全国11个城市设有21个仓库，共37万多平方米，并在21个城市提供当日达服务，在158个城市提供次日达服务，在11个城市提供夜间递服务。每天都有上万人在当当网上买东西，每月有3 000万人在当当网上浏览各类信息，当当网每月销售商品超过2 000万件。

除图书以外，母婴、美妆、服装、家居家纺是当当着力发展的四大目标品类，其中当当婴童已经是中国最大线上商店，美妆则是中国排名前五的线上店。当当还在大力发展自有品牌当当优品。在行业状态从网上百货商场拓展到网上购物中心的同时，当当也在大力开放平台，目前当当平台商店数量已超过1.4万家，2012年第三季度新增2 000家入驻商家，同时当当还积极地走出去，在腾讯、天猫等平台开设旗舰店。

2010年12月，当当网在美国纽约证券交易所成功上市，成为中国第一家完全基于线上业务在美国上市的B2C网上商城。2016年9月12日，当当股东投票批准了该私有化协议。当当从纽交所退市，变成一家私人控股企业。

2. 当当网的功能框架

网站首页提供了图书、音像、孕、婴、童、运动等21个栏目，涉及网购的方方面面，点击每个一级栏目，便可跳转至相应子页面，同时网站左方对商品进行了分类，如尾品汇、图书音像数字频道、音像频道、孕婴童频道等一级栏目，用户可以点击每个一级栏目，进入详细的二级分类栏目。网站首页的下方提供了一些热销商品、新上架商品的信息，也显示了一些热销美妆、运动健康、服饰、家电、家居、食品、图书等产品的相应价格信息，为用户购买提供帮助；网站下方又设有新手上路、付款方式、配送服务、售后服务、帮助中心。整个网页布局分类清楚，一目了然。

（二）当当网的商业模式

1. 愿景和使命

当当网本着"更多选择，更多低价"的使命，旨在让越来越多的客户享受到网上购物带来的方便和实惠，给全球使用中文上网的人们带来网上购物的乐趣。自成立以来，当当网销售额连年迅猛递增，成为中国网上购书第一店。未来当当网将沿着多元目标前进，实现"大百货"的战略转型，以最终满足用户一站式购物的需求。

当当网的目标客户主要定位于网络购物活跃用户。中国网络购物活跃用户（一个月至少有过一次网购行为的用户）的特征有：19~35岁用户是主体、学历水平整体较高；华东、华南地区用户比例高；中低收入者为主。当当网的商品种类繁多，并把商品根据客户的不同年龄、性别、职业等分好类，客户直接点击便能很快找到自己想要的商品。除此以外，客户还可以通过查询商品的种类迅速找到目的商品。在客户进行购物时，当当网能为他们作引导。通过CRM系统分析每位客户的原始资料（年龄性别、地理位置、家庭情况、收入情况等）和历史交易记录，通过分析推断客户的消费习惯、消费心理、消费层次、忠诚度和潜在价值。根据客户的不同需要和习惯提供给客户不同的服务，最终向客户提供一对一的服务。这样不但可以满足客户需求，还能减少营销的盲目性，节省相关费用和增加销售量。

2. 产品与服务

当当网有超过百万种商品在线热销，包括图书、音像、母婴、美妆、家居、数码3C、服装、鞋包等几十个大类。

当当网为客户提供的服务有：

1）商品购买服务

提供包括图书、音像、母婴等百万余种商品的在线销售服务，支持网络在线支付，在线挑选、购买，其中在库图书类已达 80 万种，占据图书零售市场的领导地位。

2）信息查询服务

提供详尽的商品信息，便于客户及时了解商品及服务动态，浏览到及时、准确的信息。

当当网为客户提供的服务有：

1）虚拟店铺出租服务

当当网为生产商、代理商、经销商、零售商、专卖店以及其他优质商户提供网上店铺的出租服务。

2）广告发布服务

当当网页面上发布大量类型多样的广告，包括横幅广告、插页广告、移动广告等。同时，这些广告的一大特点是，绝大部分的广告所宣传的商品可以在当当网上购买到。

3. 营利模式

1）收入模式

（1）商品销售收入。

依托当当网强大的采购能力，当当网对供应商有较强的议价能力，能够获得较为优惠的采购价；同时，由于当当网相较于传统书店减少了很多中间环节，当当网可以在采购价与销售价间赚取较高的差价。根据并购重组公布的数据，2017 年当当网营业收入为 103.42 亿元，相比于 2016 年的 90.5 亿元增长了 14.27%。

（2）广告业务收入。

当当网有超过 4 000 万个注册用户，每天有 200 万个用户访问当当网，当当网提供广告发布服务对广告客户有较强的吸引力。随着当当网的知名度变得越来越高，将有更多的企业愿意到当当网打广告以提高知名度和推销商品。

（3）平台出租收入。

当当网的高知名度和良好的信誉吸引了大量厂商入驻当当平台，当当网对其入驻商家收取一定的平台使用费和保证金，同时还根据销售额的不同收取相应的交易佣金。

（4）在途资金利用。

客户先支付货款，当当网在收到货款后，就把商品从出版商那里拿来再寄给客户。在这段时间里，当当网可把这部分货款用来进行投资和维持日常的生产经营。当当网的在途资金量非常大，这将使当当网在这段时间里通过投资获得丰厚的回报。

2）定价模式

当当网上商品的平均售价一直是地面店的七五折左右，并且首创了"智能比价"系统，用来保证其网上销售价格的竞争优势。因此当当网的价格总能维持低价的价格优势。

4. 核心能力

1）品牌价值

作为一个 1999 年开办的电商企业，当当网用了 20 年的时间创办了一个让消费者信任的品牌，客户相信并愿意上当当网购物，同时也乐于向周围的人推荐当当网，这是许多电商网站无法比拟的优势。

2)流量与客户

当当网通过多年的行业积累凝聚了一批忠诚的客户群体,这些优质客户不仅有较高的消费能力,同时也愿意尝试一些当当网上的其他消费项目,能为以后当当网在服装和百货行业的业绩增长做出卓越贡献。

3)完善的物流配送

当当网物流采取自建物流+第三方合作模式,一般做法为:在客户较密集地区设置仓库中心和配送点,由自建物流高效准时地完成配送任务,而在自建物流无法触及的偏远地区,则将配送外包给第三方,以便减少配送成本。同时,当当网为满足客户日益提升的订单需求,不断升级自己的配送体系,提升物流配送速度,并于2011年布局完成了部分重点城市的单日达、次日达服务。

4)优越的客户服务

当当网一直倡导通过产品、价格、购物体验、技术等多方面的保障来树立信誉,提高客户服务水平。当当网承诺:当当网全部商品"假一罚一"、全国1 200多个大中城市可实现"货到付款"、全国1 200多个大中城市可实现"上门退换货"、自动智能比价系统,保证所售商品价格最低。

(三)当当网的经营模式

1. 自营+联营,即混搭模式

联营模式中,购物网站对产品质量、物流配送服务等过程控制较弱,而自营模式对系统、供应商和物流配送要求较高。2010年10月,当当网开始尝试自营加联营模式,当当网的百货化则采用自营搭配联营模式,即图书、母婴、家居、美妆等易存储和配送的百货品类采取自营模式,其余品类大都采取与入驻商家联营的模式。这种混搭模式为当当网在扩张初期省去了供应商、物流配送等问题。

2. 货物选择,坚守三个原则

在选择经营的品类上,当当网坚守三个原则:一是适不适合网上销售。像建材,尽管市场容量足够大,可是单一个灰色可以有十种不同的灰,大家是没有共同的认识标准的;二是在这个领域能否给消费者价格上的增加值。像传统的百货和超市,有些商品的加价率是很高的,在价格上当当网能不能提供;三是是否适合长途运输。从客户的角度考虑,毕竟不在现场购买,买完一个东西,这个东西是不是能完好地呈现在面前,他们需要得到安心。

3. 低价占市场:力推天天低价策略,抢占百货B2C市场

价格战是网上零售业的常态,也是扩张市场规模和吸引新客户的最有效武器,当当网的使命是"更多选择,更多低价",当当网也一直在走低价策略。当当网于2008年开始启用当当网比价系统,用低价武器拓展百货零售市场,靠低价给客户创造价值,力求使自身成为一个综合价格最低的网购平台。

4. 多种手段推广、扩大自己的知名度

(1)当当网和其他商家合作,向客户发放优惠券(礼券)。例如,与163邮箱、移动飞信、乐途旅游网等合作,以积分等形式兑换当当网5元券、10元券等,这不仅给网易、飞信等合作商带去了用户流量,也宣传了当当网,给当当网带来了客户和销售额。

(2)投放网络广告。当当网每年都会有一定量的网络广告的投放,以吸引更多的目光。

但是近年来，由于网络广告费用的增长，当当网宣布自 2011 年 4 月 1 日起，当当网将全面停止搜索引擎广告与投放。

(3) 手机当当网。手机当当网（m.dangdang.com）是当当网的手机门户网站，是可以随时随地访问的免费无线 WAP 站点。使用手机当当网是完全免费的，产生的流量费用由运营商收取，手机当当网暂时只支持货到付款方式。

5. 促销手段丰富

当当网以打折销售树立起低价的形象并吸引了众多客户，还首创了智能比价系统，保证其在价格竞争上的优势。当当网常年保持打折低价，在节假日大推打折降价优惠策略，每年年终还会推出年底大促销活动等。2018 年 4 月 20 日到 4 月 23 日，一年一度的当当网"书香节"如期举行。书香节起始于 2007 年，是中国最早的电商节，比淘宝的"双十一"还要早两年时间，从 2007 年开始到 2018 年已经连续 12 年成功推出，成为中国文化电商领域的标志性事件。当当网 2018 年的主题为"阅读丈量世界"，除了图书全场、服装、百货"满 200 减 100"这样大型让利消费者的活动外，10 元抢图书券满 300 元减 100 元，品类限时优惠码满 200 元减 50 元等活动同样刺激着消费者的购买欲。

（四）当当网的管理模式

1. 组织和人力资源管理

当当网的核心领导层包括图书业、投资业和 IT 业的资深人士，在对待消费者方面，管理者把所有的人都当成客户来对待，从不试图去改变他们的行为。在对待快递公司方面，为了保证款项的安全，防止送货人携款潜逃，快递公司要想和当当网合作，首先必须提供金额大约是三天左右收入的保证金，如果他们少收一笔费用，就从中扣减。这样做就保证了物流的正常运转。

2. 业务管理

1）当当网的供应链管理

当当网重新审视了下游客户与上游供应商的供应链管理关系，以信息技术为依托，有效地整合了供应商资源，降低了供应链的成本，提升了市场需求的响应能力。

2）物流配送管理

网上商城发展的一大"瓶颈"就是物流配送问题。当当网始终把物流配送作为建设的重点，不断地完善物流配送体系。当当网整合了各地的物流配送商，形成了覆盖全国的物流网络。在其官方网站上，当当网表示自己目前已经成为国内电子商务公司中库房面积最大、物流配送网络最广泛的公司，并建成了国内最大的"货到付款快递服务体系"，支持货到付款的城市超过了 1 200 个。

2006 年 6 月，当当网建立送货上门、货到付款的服务，并承诺免费上门收取退换货的服务在全国突破 180 个城市。2007—2013 年，当当网建立北京、上海、广州、成都、武汉、郑州六大物流中心，共在全国建成了超过 50 万平方米的物流中心。

3）支付管理

当当网以丰富的支付方式解决网上支付问题。汇款和货到付款是当前当当网用户最常用的付款方式。其中以货到付款居多。同时当当网也在推进其他网上支付方式，如提供银行卡在线支付（招商银行、建设银行、深圳发展银行、农业银行）、银联支付、财付通支付、快钱网上支付、支付宝支付、手机支付、由首信支付平台支持的国外信用卡支付网上支付方式等，也支持网上转账。

3. 客户关系管理

商品多样化在给企业带来更多利益的同时也给客户的购买行为带来了困难。如何把客户从海量的商品信息中解放出来，极大地减少客户的时间成本，是网站建设完善的目标。从过去的盲目搜索，到"当当推荐"功能的出现，当当网在这方面的成绩值得肯定。该功能通过对客户购买和历史浏览数据的统计分析，有针对性地向客户推荐相关商品，极大地缩短了客户自己寻找感兴趣商品的时间。另外，通过榜单功能推荐近期的畅销商品，使客户随时了解商品动态，实际上做到了客户给自己推荐商品，成为自己的顾问。

（五）当当网的技术模式

当当网自行开发了后台管理系统，同时也购买软件来加强自己的管理，包括ERP、CRM等。当当网对商品建立丰富、完备的数据库，重视内容的延伸，为消费者制定个性化服务。2006年，当当网的个性化商品推荐功能上线，2009年9月当当网个性化推荐2.0重装上阵，如今的当当网支持用户全站搜索，各类商品一搜到底。

当当网运用的是"网上智能比价"系统。这个系统通过每天实时查询网上销售的图书音像商品信息，一旦发现其他网站的商品价格比自己的还低，将自动调低其网站上的同类商品的价格，保证对竞争对手的价格优势。

（六）当当网的资本模式

当当网是由国内著名出版机构科文公司、美国老虎基金、美国IDG集团、卢森堡剑桥集团、亚洲创业投资基金（原名软银中国创业基金）共同投资成立的。当当网从2000年开始在上市之前陆续获得三轮融资：2000年2月，当当网首次获得风险投资；2004年2月，当当网获得第二轮风险投资，著名风险投资机构老虎基金投资当当网750万美元；2006年7月，当当网获得第三轮风险投资，著名风险投资机构DCM、华登国际和Alto Global联合投资当当网2 700万美元。

当当网于美国时间2010年12月8日在纽约证券交易所正式挂牌上市，成为中国第一家完全基于线上业务、在美国上市的B2C网上商城。自路演阶段，当当网就因广阔的发展前景而受到大批基金和股票投资人的追捧，上市当天股指即上涨86%，并以103倍的高市盈率和3.13亿美元的IPO融资额，连创中国公司境外上市市盈率和亚太区2010年高科技公司融资额度两项历史新高。2016年9月12日，当当网股东投票批准了私有化协议。当当网从纽交所退市，变成一家私人控股企业。2018年4月11日，海航科技宣布拟以换股+定增的方式，作价75亿元收购北京当当科文电子商务有限公司、北京当当网信息技术有限公司100%股权。2018年9月20日，海航科技发布公告，宣布终止收购当当；海航称，本次重组自2018年1月启动、2018年4月12日披露重组预案，至今历时较长。

（七）结论与建议

当当网积累了丰富的客户经验、完整的服务网络、高效且完善的物流配送体系；充分利用了中国目前的劳动力；以低价再低价的形式吸引锁定客户；当当网不依赖使用信用卡的客户，而是将更多的精力放在鼓励有购买欲望的客户用现金支付，甚至使用货到付款。当当网的这些优势是它成功的主要因素，也是其销售量突飞猛进的关键所在。

当当网在有设置网点的大城市，由当地快递公司送货到家；在没有网点的城市，则由邮局把货送到消费者家。当当网在北京、上海、西安、广州、深圳等 11 个城市设有快速网点。而在没有这个服务的城市，读者要到邮局汇款，网站再邮寄货物，这是一件很麻烦的事情。另外，当当网的图书经常只有封皮和内容简介及一些推荐信息，并不能让读者体会到书的味道。在此方面，当当网应该有所改进，多提供一些相应信息。

四、莎莎网

（一）莎莎网概述

1. 基本情况

莎莎网（www.sasa.com，首页如图 3-2 所示）是一个传统零售企业 B2C 网上商店，开通于 2000 年，是亚洲地区最具领导地位的化妆品零售及美容服务集团莎莎国际控股有限公司（以下简称"莎莎"）旗下网站。莎莎于 1997 年在香港联合交易所有限公司上市（股份代号：178）。该公司在亚洲设有逾 260 家零售店及专柜，销售逾 600 个品牌产品，包括护肤品、香水、化妆品、护发及身体护理产品、美容营养食品，以及专有品牌及独家代理的名牌产品。在亚洲区内有七个主要市场，包括中国香港、中国内地、新加坡、马来西亚、中国台湾、泰国及中国澳门，公司雇用接近 4 800 名员工。莎莎网是一个美容及健康产品网上购物网站，提供全天候、一站式美容及健康产品网上零售服务，产品直接安全运送到全世界每个角落。莎莎网的高品质产品有护肤、香水、彩妆、纤体塑身、头发护理、指甲修护、洗浴护理、美容及健康保健食品及男士护理，提供美容贴士提示、化妆技巧专栏、最新潮流及产品资讯。凭着对美容的经验及创新概念，采购世界国际著名优质品牌，满足所有尊贵男女客户的美容需求。莎莎网上商店涉及的利益相关者主要包括供应商、广告主、邮递公司和客户，其价值网络如图 3-3 所示。截至 2010 年 3 月 31 日，莎莎网已覆盖 80 个国家和地区的消费者，官网每月点击量达 1 800 万次，独立访客超过 80 万人，平均每位访客会在网站上停留 10 分钟。这 10 分钟是成交的关键，从实质上来说，同客户在莎莎实体店内来回徘徊相比，挑选商品并没有什么不同。

图 3-2 莎莎网首页

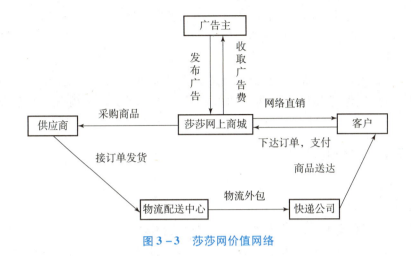

图 3-3 莎莎网价值网络

2. 发展历史

莎莎于 1978 年成立，从最初面积仅 40 平方尺①的零售柜位，发展成为亚洲区居领导地位的化妆品零售集团，根据"Retail Asia"杂志、KPMG 及 Euromonitor 2013 年"亚太区首500 家零售商"排名，莎莎现为亚洲最大的化妆品连锁店，亦为中国香港十大零售集团之一。莎莎在亚洲独家代理逾 100 个品牌，为香港最大的化妆品代理商之一。莎莎品牌享负盛名，全赖其广受欢迎的"一站式化妆品专门店"概念，为客户提供多元化的优质产品。其旗下电子商贸网站莎莎网除提供丰富产品及公司资讯外，还方便客户随时购物。该集团的目标是维持其亚洲化妆品零售业翘楚的地位。

3. 功能结构

1）网站结构布局

莎莎网首页导航提供了女士系列、男士系列、婴儿系列、纤体瘦身、健康之源、扮靓书籍、饰物精品、心意礼物、本月新品、清货商品和品牌搜索等一级栏目。点开每个一级栏目进入详细的二级栏目，二级栏目按类别和价格进行了分类，可以快速按类别搜寻和查看自己想要产品更为详细的介绍；另外，在右面位置显著地展示了推荐的最新产品和正在热卖的产品。最下面是选择区域和支付币种。

在首页设置了产品意见分享专栏和介绍美容信息的"美人・妆・志"专栏，点击可以进入。首页的最上方链接了会员登录和结账的入口，而最下方提供了送货、退换货和支付方式。另外，也有加盟信息的链接。整个网页布局分类清楚，信息全面翔实。

2）栏目设计的特点

莎莎网的网站布局设计较为清晰合理，体现出了内容丰富、图文并茂、方便实用的特点。

(1) 分类搜索：将站内商品分门别类地详细列出，用户可以选择自己需要的商品种类，再进行详细查询。

(2) 推荐商品：网站左侧列出一些合适的商品，比如最新产品和热卖产品，方便用户迅速找到称心的产品。

---

① 1 平方尺≈0.111 平方米。

（3）展示产品：每种产品都附有图片、价格、折扣、评级以及相关的介绍。

（4）促销产品：消费者可以购买到一些价位很低的清货商品、精选优惠商品，还有积分和会员特别服务。

（5）选购知识与服务。提供美容贴士提示、化妆技巧专栏、最新潮流及产品资讯，介绍美容信息、护理保养和如何选购合适的产品，还有买卖产品流程、支付条款和帮助说明。

（二）莎莎网的商业模式

1. 愿景与使命

1）莎莎网的愿景

成为亚洲区领导的化妆品零售集团。集团将继续在区内增设零售店，以发展其核心化妆品零售业务。新设计的店铺概念及电子商贸亦会为集团提供更新的销售渠道。而中国大陆是重点扩展市场。作为美容专家，莎莎会继续努力，为客户提供优质、超值的产品及专业的服务，以迎合客户的不同需要。

2）莎莎网的使命

（1）为客户提供优质多元化美容方案。

（2）与员工共享努力成果。

（3）与供货商建立长远合作伙伴关系。

（4）坚持良好企业公民原则。

2. 目标市场

莎莎网各项基本业务的目标客户主要是女性群体。目前的重心是全力开拓内地市场。针对对知名品牌化妆品有需求的消费群体，通过网上销售为内地消费者提供便利。"一站式化妆品专门店"概念，为客户提供多元化的优质产品。莎莎旗下产品包括各类品牌的产品，从女士到男士应有尽有。

3. 产品与服务

莎莎网提供丰富的高质量产品，包括：护肤、香水、彩妆、纤体塑身、头发护理、指甲修护、洗浴护理、美容及健康保健食品及男士护理。莎莎网拥有众多国际著名优质品牌，更提供美容贴士提示、化妆技巧专栏、最新潮流及产品资讯，满足所有客户的美容需求。莎莎网密切关注产品质量，保证所有发售的产品均为真货。莎莎网于2009年被国内多个专业机构选为中国信誉企业认证之十强品牌，并连续六年获选为中国港澳优质诚信商号，其官方网站信誉良好。

莎莎网秉持产品"多元化"发展策略，积极从海外引入各式各样最新潮流产品，让消费者能够便捷地"一站式"购齐所需美妆产品。莎莎网亦是许多专业优质的国际品牌在亚洲区的独家代理商，而莎莎网亦不断开发专有品牌，向消费者提供更多不同种类且口碑良好的产品。

莎莎网在提供化妆等商品的同时，还提供了很多增值服务，如健康美容知识的服务，莎莎网拥有多年的化妆品经验，可以为消费者提供丰富的商品知识和健康美容方面的建议，为消费者介绍适合的化妆品。专业优质的服务，是莎莎网留住网上客户的关键，不断改良的平台使客户能更加便捷地找到所需产品；享有"最具诚信力网商"称号的莎莎网亦鼓励每位客户在网上分享用后心得体会,帮助后续客户更有依据地进行选购,为莎莎网更合理地调整货品给予参考。

4. 营利模式

(1) 直接销售和批发。莎莎集团为中国香港最大的化妆品代理商之一,在亚洲独家代理逾 100 个品牌,为香港最大的化妆品代理商之一,通过网上销售和批发取得收入。

(2) 广告收入。莎莎网为广告客户提供了一条针对性极强的广告渠道。莎莎网利用其品牌和大量的用户群优势给其代理品牌和其他品牌做广告链接。

5. 核心竞争力

莎莎网的核心竞争力主要体现在以下三方面。

1) 产品价格相宜,选择更多

莎莎网采购团队利用全球性的采购策略,以大量购入方式提高议价能力,加上与供货商及生产商长期建立的良好关系,故能给客户提供价格相宜、选择最多的高质量产品。

2) 高质量的产品和贴心的健康美容知识服务

莎莎网拥有 31 年的化妆品零售经验,能提供丰富的商品知识和人的营养、美容及健康方面的知识,确保能因人而异,向客户介绍最适合的产品,因而赢得客户的信赖和忠诚,不断扩大客户群。

3) 高素质的员工队伍

莎莎网视员工培训为成功持续扩展业务的重要一环。培训课程主要集中于产品知识及服务技巧方面,务求为客户提供最优质的服务。莎莎网的每位美容顾问须接受逾 240 小时的培训。集团聘用逾 2 200 名训练有素的美容顾问,竭诚为客户提供专业及体贴的服务。除了产品知识外,莎莎网还特别强调员工要耐心、热情、周到地为客户服务。

(三) 莎莎网的经营模式

莎莎网自成立以来,能够在化妆品的 B2C 市场占据相当重要的地位,与其经营模式是分不开的。

1. 提供优惠价格

由于莎莎网拥有庞大的市场规模,在市场上占据举足轻重的地位,莎莎网能够直接与世界各地的品牌厂商接洽。在化妆品成本中,渠道成本所占的比重一般在 70% 左右。剪掉渠道的费用,大规模进货是莎莎网讨价还价的筹码,莎莎网的产品比专柜价格便宜 20%~50%。

化妆品进口需要支付的进口关税、消费税占到了产品价格的 30%。此外,每一种产品引进需要花费一年的时间通过卫生检疫,并支付两万元的检疫费用,所以莎莎网在内地的价格很难做到低廉。在北京、上海店,一款葆丽美的乳霜,价格近 500 元;但在莎莎网上查询发现,同样的产品售价为 375 元,比实体店便宜 20% 以上;Beauty Formulas 的洗面奶在实体店内卖 45 元,在网上商店售价 10 元左右。与实体店的高售价相比,内地消费者在莎莎网上商店购买商品,价格可以低很多。

2. 营销理念

1) 品牌推广

公司成立之初就构思了一个非常好的名字"莎莎",让人一看就知道是售卖个性用品的商店，读起来朗朗上口，听起来也很响亮，给人以亲切的感觉。英文名字"SaSa"，字母S和a都是圆滑的曲线结构，毫无棱角，给人以柔和的感觉。莎莎网的基调，也十分有特色。粉红的底色配上白色的中英文字，粉红色代表女性，即红粉佳人，而白色代表女性追求美丽、美白。可见，在这方面莎莎网是费了不少心思的。莎莎网的整个品牌形象非常贴近消费者，在消费者中有很高的知名度。

2）小包装上见心思

莎莎网经营化妆品、美容护肤品等超过15 000种商品。针对一些客户的特殊需求，莎莎网推出了近百款小包装的香水。每瓶容量只有10~20毫升，价格仅为20~40元1瓶，且包装精美，十分讲究。这项服务推出后，市场反响强烈，一时间小包装香水成了莎莎网上最畅销的商品。莎莎网的心意礼物等专栏也可以感受到此项服务。

3）市场细分——全力开发男士群体

莎莎网各项基本业务的目标客户主要是女性群体，如化妆品、护肤品、美容、纤体等。莎莎网针对男士的美容、健身需求于2004年7月在旗下的五间菲力伟女子健美中心加设男士护理服务中心（Inspireforman）。其为男士提供全面的美容、纤体服务，如面部美容、护理、修身纤体、指甲修护及按摩等服务，并把这些产品和服务搬到了网上。

4）在美丽与健康上大做文章

莎莎网看到了化妆—美容—健美之间内在的有机联系，取得了中药健康产品的独家代理权，连接潜力巨大的健康产品市场，在网站上开辟健康之源栏目，为客户提供更周到多元的服务。

3. 提升网站的购物体验

1）支付

为了解决支付问题，莎莎网支持多种支付方式，包括货到付款、信用卡支付、支付宝等。值得一提的是货到付款方式，快递公司送货上门验货后付款，安全可靠，万无一失。从香港莎莎化妆品网站购买不超过75美元的商品需支付6美元的运费，超过75美元将得到免费送货的服务。

2）配送

莎莎网承诺全球送货。针对不同的国家实行不同的送货方式。其订单处理流程是一样的，当订单处理完成后，莎莎网会发出一封"订单送货通知"的电子邮件到订货人的信箱。大部分的订单会在订购后1~2个工作日得到处理及付运，订货人可于2~14个工作日内收到所订购的产品。"订单送货通知"电子邮件内详列送货内容及订单追踪编号及链接，方便客户追查订单送货进度。

3）优质售后服务

莎莎网提供30日货品退换购物保证，让客户购物无忧。大部分在莎莎网站购买的产品均可享受自收货日计起30日的购物退货、退款或退换保证（以香港邮政送货签核记录为准）。

4）高品质的质量管理

莎莎网具有严格的QC检验程序，每一款上架商品都经过仔细检验，网上销售的商品保质期最少在三个月以上，长的要达到一年以上。莎莎网高品质的质量管理赢得了消费者的信赖，根据2009年公司的数据显示，莎莎官网上购物的客户，新客人数增加了29%，重复惠顾的客户则增加了20%，有的客户一年之内重复购买次数甚至达到了12次。这也从侧面说明了客户对莎莎网的服务是放心、满意的。

（四）莎莎网的技术模式

1. 24小时零售系统

莎莎网采用24小时不间断销售系统，确保有24小时处理订单的能力。只要客户的订单一到，莎莎网就会及时进行处理，保证以最快的速度将商品发送到客户手中。

2. 网络支付

莎莎网与银行合作，支持网络银行支付、信用卡支付、银行转账等支付方式。莎莎网采取各种措施保障客户利益，如果产生无法投递的订单，则可以在一定期限后进行退款。

3. 按价搜索系统

按价搜索系统，是莎莎网自主开发的智能搜索系统。通过此系统，网站可以通过价格将商品区分出来，方便客户快速找到适合自己价位的产品。

（五）莎莎网的管理模式

莎莎网的组织结构较为简单，在组织结构建设方面，采用了扁平化的组织结构方式，简洁明了，应对突发情况反应快速高效，适当地放权，由此提高了员工的积极性和责任感，有利于莎莎网的长远发展。

莎莎网秉承与员工共成长、与合作伙伴共建共赢，做良好企业公民原则的经营理念；对员工长期培训提供学习机会，增加其发展空间；与供应商建立长期合作伙伴关系，搭建良好友谊平台；勇于承担社会责任，积极回馈社会。

（六）莎莎网的资本模式

1978年，其由郭罗桂珍女士及其丈夫郭少明先生二人在香港创立。

1997年，莎莎网于六月在香港联合交易所上市，股份获超额认购逾五百倍。

2000年，莎莎成为菲力伟女子健美中心的最大股东（菲力伟为亚洲区居领导地位的尊贵女子美容及健美会所）。

2011年，莎莎成为恒生可持续发展企业基准指数成份股。

（七）结论与建议

1. 莎莎网的成功因素

凭借31年的化妆品零售经验，采取低价策略和多元化的商品系列并提供丰富的商品和营养、美容及健康方面的知识，为众多爱美的消费者提供高质量的国际品牌产品和优质的增值服务，这是莎莎网获得客户青睐的主要原因。

2. 莎莎网与屈臣氏的比较分析

1）低价战略

面对激烈的市场竞争，屈臣氏采取了"低价战略"。屈臣氏选择了消费者购买最频繁、对购买支出影响最大的1 200多种保健与美容护肤商品进行让利，平均价格低于市场价格5%左右。2006年屈臣氏更以"出位"、自信的低价保证——"买贵了，半价退还"

与消费者一同庆祝屈臣氏中国第 200 家店的开业。一方面，屈臣氏作为一个全球知名品牌，有很好的质量保证；另一方面，通过采取低价战略，让利客户，以较低的价格出售部分商品。这既满足了客户的虚荣心，又使客户获得了性价比较高的商品。这是屈臣氏在中国市场乃至世界市场上取得成功的一个重要原因。而莎莎网在香港地区一直保持着低价战略，兰蔻、香奈儿、资生堂等一线商品在莎莎网都能以比商场便宜 3~5 成的价格买到，莎莎网甚至定期推出三折超低价名品销售来吸引更多客户。由此可见，虽然两大化妆品集团都纷纷采取了一定的低价战略，但在不同的地区效果是不同的。屈臣氏的低价战略在中国大陆取得了成功，但莎莎网在低价战略的道路上一路坎坷。就学生群体来说，大部分同学对屈臣氏这个牌子比较熟悉，而对莎莎网不甚了解。这与低价战略的实施效果有很大关系。

2）差异化战略

屈臣氏在"个人立体养护和护理用品"领域，不仅聚集了众多世界顶级品牌，而且还自己开发生产了 700 余种自有品牌商品。集团旗下经营超过 8 300 家零售商店，从日常洗护用品和化妆品到保健品和休闲食品，屈臣氏很好地秉承了多样化原则。在商品的补充上，屈臣氏注重加强特色氛围，非常多的消费者认为屈臣氏的商品具有非常大的特色，在其他地方无法购买到，比如"MIINE""ORITA""HI-NRG"系列产品，非常实用、可爱，价格又便宜，其实这都是屈臣氏研发的自有品牌产品，在其他地方自然无法买到。而莎莎网化妆品店以"一站式化妆品专门店"闻名，品牌组合讲求网罗世界各地最优质、新兴潮流品牌。它避开大众中知名品牌的同质化品牌路线，而走差异化的品牌路线，为不同需求的客户提供不同的产品和服务。

3）集中化战略

屈臣氏的目标客户群定位在有消费力（月收入在 2 500 元以上）又能接受新生事物的中产阶级（年龄在 18~40 岁），与屈臣氏相同，莎莎旗下包括各类品牌的商品，从女士到男士应有尽有。不过莎莎网看准了男士市场这一发展潜力较大的市场，因此在男士身上下了更多的工夫。2004 年 7 月，莎莎网在其旗下的五家菲力伟女子健美中心加设男士护理服务中心，为男士提供全面的美容纤体服务，这也显示了莎莎网的创新精神。

3. 莎莎网面临的问题与建议

莎莎网尽管深受消费者喜爱，但也有不足之处，它不像专柜那样可以详细解答商品有关问题，而且常常有很多商品缺货，价格变动随汇率变动（SaSa 是以美元计算的），满 75 美元才免运费（否则要支付相应运费），送货慢（因为要清关）。因此，要在网上做好在线客服，解决价格变动、退换货和关税问题，在物流方面也要加强合作，让客户不仅能在网上找到满意的产品，同时也能体验到优质的全程服务。

近几年来莎莎网加快了进军内地市场的步伐，可是在内地市场莎莎的经营业绩并不理想。莎莎网的渠道很散，尤其是进入内地之后的渠道更不成熟。在渠道方面，莎莎网或许应该改变其内地渠道策略。

而在同一阶段，被莎莎网寄予最大希望的，是它独家代理的 100 多个品牌，这些品牌多为欧美的美容院线产品，高、中、低档都有覆盖。在香港，这类独有品牌的销售业绩能够占到莎莎网总销量的 40%。然而内地消费者接受美容讯息的渠道远远少于香港，所以他们比香港本地的消费者更加依赖广告，更加"迷信"大的知名品牌。尽管按照莎莎公关总监梁玮珈的说法,"我们产品偏重护肤类,而且很多品牌其实在欧美属于相当流行的明星产品",但莎莎网仍很难在短时间内用这些陌生的名字征服内地消费者,更何况有些高档专业护肤品单品售价高达 1 000 元左右。

莎莎网内地市场在大牌缺席和价格优势不再的情况下,仅仅调整开店策略很难让现在的格局产生真正的改变,寄希望于用独有品牌打开消费意识的理想看上去也并不容易,如果无法让消费者在内地找到走进莎莎网香港店的那种兴奋,莎莎网在内地市场将很难打开局面,他的"投资期"或许将会更长。

本章小结

B2C 是 Business–to–Customer 的缩写,而其中文简称为"商对客","商对客"是电子商务的一种模式,也就是通常说的商业零售,直接面向消费者销售产品和服务。这种形式的电子商务一般以网络零售业为主,主要借助于互联网开展在线销售活动。B2C 即企业通过互联网为消费者提供一个新型的购物环境——网上商店,消费者通过网络在网上购物、在网上支付。本章主要对天猫商城、当当网、莎莎网三个 B2C 平台进行了案例分析。

天猫商城致力于构建一个网络购物的巨大的商业生态圈系统,为商家提供电子商务的整体解决方案,为买家提供一站式购物体验,同时通过开放平台等方式吸引更多的企业为商城平台上的卖家和买家提供各种各样的服务,使商城不仅是一个买卖的平台,而且是一个生活的舞台,也就是电子商务网络购物生态圈系统。

当当网正式开通至今,已从早期的网上卖书拓展到网上卖各品类百货,当当网在线销售的商品包括家居百货、化妆品、数码、家电、图书、音像、服装及母婴等几十个大类,逾百万种商品,目前每年有近千万名客户成为当当网新增注册用户,遍及全国 32 个省、市、自治区和直辖市。除图书以外,母婴、美妆、服装、家居家纺是当当网着力发展的四大目标品类,其中当当婴童已经是中国最大线上商店,美妆则是中国排名前五的线上店。当当网还在大力发展自有品牌当当优品。在行业状态从网上百货商场拓展到网上购物中心的同时,当当网也在大力开放平台,目前当当网平台商店数量已超过 1.4 万家,2012 年第三季度新增 2 000 家入驻商家,同时当当网还积极地走出去,在腾讯、天猫等平台开设旗舰店。2010 年 12 月,当当网在美国纽约证券交易所成功上市,成为中国第一家完全基于线上业务在美国上市的 B2C 网上商城。2016 年 9 月 12 日,当当股东投票批准了私有化协议。自此,当当网从纽交所退市,变成一家私人控股企业。

莎莎于 1978 年成立,从最初面积仅 40 平方尺的零售柜位,发展成为亚洲区居领导地位的化妆品零售集团,根据"Retail Asia"杂志、KPMG 及 Euromonitor 2013 年"亚太区首 500 家零售商"排名,莎莎网现为亚洲最大的化妆品连锁店,亦为香港十大零售集团之一。莎莎网在亚洲独家代理逾 100 个品牌,为香港最大的化妆品代理商之一。莎莎品牌享负盛名,全赖其广受欢迎的"一站式化妆品专门店"概念,为客户提供多元化的优质产品。旗下电子商贸网站莎莎网除提供丰富产品及公司资讯外,还方便客户随时购物。集团的目标是维持其亚洲化妆品零售业翘楚的地位。

本章习题

1. 请简述 B2C、B2B、C2C、C2B 四者之间的异同。
2. B2C 电子商务网站成功的关键因素有哪些？
3. 请简述 B2C 模式的优势。
4. 收集京东商城的相关资料，并比较分析它与当当网商业模式的不同之处。

第四章

C2C 平台案例

一、内容提要

C2C 电子商务模式是一种个人对个人的网上交易行为，目前 C2C 电子商务企业采用的运作模式是通过为买卖双方搭建拍卖平台，按比例收取交易费用，或者提供平台方便个人在上面开店铺，以会员制的方式收费。本章主要对淘宝网、易趣网这两个国内 C2C 平台案例进行分析。

二、淘宝网

（一）淘宝网的基本情况

1. 简介

淘宝网（www.taobao.com）的使命是"没有淘不到的宝贝，没有卖不出的宝贝"。

淘宝网是亚洲第一大网络零售商圈，致力于成就全球最大的个人交易网站，由阿里巴巴集团于 2003 年 5 月 10 日投资创办。淘宝网和经典的 eBay 的 C2C 模式有很大的不同，它执行的是 B2B2C，其业务跨越 C2C（个人对个人）与 B2C（商家对个人）两大部分。它的免费政策降低了买卖双方进行网上个人交易的门槛，并因此积聚了人气，取得了飞速的发展。淘宝网建立了诚信认证系统，为建立诚信体系作了大量探索，并且取得了不少成绩。其业务自成立以来，相继推出个人网上商铺、支付宝、阿里软件、雅虎直通车、阿里妈妈等产品和增值服务。另外，目前淘宝网已经拥有注册会员 3.7 亿个，占到中国网民数量的一半，覆盖了中国绝大部分网购人群；2018 年，淘宝交易额为 2.58 万亿元，占中国网购市场 80% 的份额，比 2017 年增长了 17%。2018 年 11 月 11 日，淘宝网单日交易额 2 135 亿元。目前，淘宝网已经发展成为一个以 C2C 业务为主，兼顾 B2C 业务的一个综合性网络交易平台。

淘宝网提倡诚信、活跃、快速的网络交易文化，坚持"宝可不淘，信不能弃"。在为会员打造更安全高效的网络交易平台的同时，淘宝网还为广大的网民提供网上开店和以商会友的机会。2005 年 10 月，淘宝网宣布：在未来五年，将为社会创造 100 万个工作的机会，帮助更多网民在淘宝网上就业、创业。据最新数据显示，目前已有超过 3 000 万人通过淘宝网成功就业，同时，其低门槛和交易迅速的特征，也让很多年轻人实现了创业的梦想，掀起了网上创业的热潮。

淘宝网正致力于建设"诚信、透明、责任和全球化"的新商业文明，以保护环境为己任，致力于在创建资源节约型和环境友好型社会中发挥先锋作用，不仅自觉控制对环境的污染，降低能耗，而且通过自身电子商务平台推动整个社会节能环保意识的提高。淘宝公司本身已携手中国绿化基金会、联合国环境规划署共启"2010 淘宝，全民种树减碳总动员，淘宝会员爱心林"绿色公益活动，并于 2009 年 12 月网货交易会期间，倡议全体与会人员参与"环保购树"公益活动，通过切实的行动来应对气候变化，援助西部气候贫困地区。不仅如此，淘宝网已开始着手制定企业应对气候变化的低碳战略，逐步开展系列项目，包括建立低碳物流中心、将淘宝总部打造成为低碳园区、以意识教育为起点通过网购平台影响消费者行为，如推出"低碳虎年春节"在线活动等。

淘宝于 2009 年 12 月加入气候组织，双方将在企业低碳战略、在淘宝平台推广低碳生活方式等方面开展合作。双方共同推出的低碳春节于 2010 年在淘宝网上线。

阿里巴巴集团 2011 年 6 月 16 日宣布，旗下淘宝公司将分拆为三个独立的公司，即沿袭原 C2C 业务的淘宝网（Taobao）、平台型 B2C 电子商务服务商淘宝商城（Tmall）和一站式购物搜索引擎—淘网（Etao）。

2. 淘宝网的功能架构

（1）频道。淘宝网作为超大的网上商城，商品云集，因此它将产品分类列了如下频道：淘宝集市、品牌商城、二手闲置、促销、全球购、手机数码、女人、男人、运动、居家、母婴、影视书籍、游戏、彩票、机票等。

（2）"我要买"。在"我要买"里面可以淘自己喜欢的宝贝，简单、方便。这里将所有宝贝按虚拟、数码、护肤、服饰、家居、文体、收藏和其他类别进行了详细的分类陈列展示，如图 4－1 所示。

（3）"我要卖"。"我要卖"是在淘宝上体验开设店铺，这是免费的。

① 发布方式。可以选择一口价、拍卖和团购。

② 开设店铺。发布 10 件宝贝，就可以开店了。其包括个人认证、开店铺、店铺管理。

（4）淘宝社区。淘宝社区是为所有买家卖家在网上进行交友、分享、交流、娱乐、学习、讨论的大型网上生活圈。其归类为美人时尚社区、全球购物社区、生活娱乐休闲社区、男人世界社区、运动数码游戏社区、二手收藏社区、师爷府、卖家会所、支付宝阿里妈妈等论坛社区。开设淘宝空间，在这里写博客分享购物体验，记录创业历程和推广个人品牌。

（5）我的淘宝。这是淘宝会员买卖家的信息和店铺管理。

图 4－1 淘宝网首页截图

我的资料。网上交易要注册为会员，必须填写个人信息，包括基本信息、积分管理、论坛资料、支付宝账户查询、收货地址、个人空间。

买家可以对已买到的宝贝/我的直充/我的优惠券/竞拍中的宝贝/竞拍结束的宝贝/团购的宝贝/卖家回复/留言/求购宝贝/我的收藏/我的会员卡/我的电子客票/我的彩票/我要发货等进行管理。

卖家可以管理我要卖/已卖出的宝贝/出售中的宝贝/仓库里的宝贝/橱窗推荐/买家留言/回复/免费开店/发货管理/淘宝卖家助手/消费者保障计划/活动报名专区等。

信用管理。网上交易信用机制至关重要。设置有评价管理、投诉/举报管理、我要举报栏目来管理信用问题。

(6) 特色专区和聚宝盆。在这里是惊喜活动发布的专区，有支付宝专区、1元专区、9元专区、49元专区、99元专区、限时抢购、明星专区、保障专区、抵价券专区、商城VIP专区、中华绝铺、午间欢乐购（周二版）、午间欢乐购（周四版）、周末疯狂购、主题活动汇总等。另外，在聚宝盆里收藏有最热门的宝贝、最热门的店铺和最热门的博客，可寻找最受淘友热捧的宝贝和店铺，找到和自己有相同购物意向的淘友。

(7) 关于淘宝和淘宝帮助。在关于淘宝里了解淘宝，有淘宝简介、淘宝动态、媒体报道、淘宝故事、客户服务、合作伙伴、诚征英才等。淘宝设立专门的帮助网站来帮助淘客解决各种问题，设置栏目新手上路、特色区、淘宝大学、诚信专区、淘宝规则等。

淘宝网规模宏大，栏目齐全，功能完善，社区格调温馨诙谐。

(二) 淘宝网的商业模式

1. 战略目标

淘宝网的使命是"没有淘不到的宝贝，没有卖不出的宝贝"。淘宝网的目标是打造全球首选网络零售商圈。

2. 目标用户

淘宝网是一个以C2C业务为主，兼顾B2C业务的综合性网络交易平台，目前主要面向整个中国的个体群众，也会逐步面向全世界的在网上买卖商品的人群。只要会上网，会在网上支付，都可以在淘宝网上买卖东西。所以淘宝网面向的是广大消费者。

3. 产品和服务

1) 产品

淘宝网产品的提供者有商家、个人，有各种各样的商品。无论是商家还是个人都可以在这里提供所想出售的商品。淘宝的商品数目在近几年内有了明显的增加，从汽车、计算机到服饰、家居用品，分类齐全，连网络游戏装备交易区也在其内。

淘宝网在设置频道方面不断完善，不仅设有数码通信、游戏等传统频道，更成为第一个开设男人、女人频道的C2C网站。2005年1月20日，淘宝网在中国香港推出"香港街"服务，实现中国香港和内地市场的对接。数十家香港店铺第一批落户淘宝网，所售产品涉及化妆品、服饰、电子数码等。内地用户可以足不出户即享受到香港的购物乐趣，香港买家也可以通过淘宝网直接同内地的消费者进行网上交易。为确保"香港街"产品的质量，淘宝网香港分部的人员还亲自到"香港街"的实体店铺进行考察。

2）会员服务

会员第一是淘宝网奉行的宗旨。淘宝网非常重视对会员的服务。淘宝网站上专门开设了培训新手的"淘宝大学"，包括卖家篇、买家篇和综合篇，提供了诸如开通网上银行、选择合适物流方式以及如何选择数码相机等信息。淘宝网还设有会员论坛，为会员在线答疑解惑。

3）诚信服务

身份认证：为了维护电子商务市场的安全和稳定发展，淘宝网规定淘宝卖家在成为淘宝注册会员后，必须通过淘宝的身份认证方可在淘宝网交易或出售商品。淘宝身份认证分为个人认证和商家认证两类，以便提高个人认证的准确性和交易的安全性。

支付宝：支付宝是淘宝网安全网络交易的核心保障。在交易过程中，支付宝作为诚信中立的第三方机构，充分保障货款安全及买卖双方利益。

网络警察：为了给建设安全诚信的网络交易平台提供一个坚实后盾，淘宝网于2005年起在原有工作基础上，专门成立了网络安全部。这个部门特意聘请了原公安系统具有多年刑事侦查经验的高手负责，由富有网络技术和反网络诈骗经验的人员组成。

淘宝网设立的网络交易十分安全。一旦发现存在网络交易欺诈等不诚信的犯罪行为，便会立即与各地公安网监部门一起进行严厉打击，决不姑息。

4）C2C 与 B2C 服务

提供个人卖家在淘宝网上的开店服务。其有普通店铺和旺铺两种。淘宝旺铺是淘宝开辟的一项增值服务和功能，是一种更加个性豪华的店铺界面，旨在帮助卖家为更好地经营店铺而提高人气，卖家可付费申请加入旺铺。

淘宝商城：淘宝商城是淘宝最新开启的 B2C 服务，服务的主要对象为大型卖家和部分品牌卖家或者授权卖家，主要服务对象包含摩托罗拉、耐克、阿迪达斯等世界知名品牌的代理商和经销商，将淘宝的品牌价值和品牌意识提高到了新的水平，也进一步稳固了因质量问题和信誉问题而动摇的市场，并且在一定程度上让利给广大的买家，促进了淘宝的多样发展。

同时，淘宝商城在淘宝网战略中也逐渐成长为淘宝网重要的一环，成了淘宝网的主要服务之一；同时，淘宝商城作为淘宝网主打的服务品牌也越来越受到广大买家的关注和支持，在新一轮的网上购物博弈中，淘宝网凭借淘宝商城打破了之前淘宝商城的低迷态势，正式走出了自己的 B2C 之路。

5）SNS 服务

淘江湖：淘宝新近开发的 SNS 平台，依托此平台淘宝开展了新一轮的 C2C 新模式的尝试，将网络的 SNS 互动和网上购物结合起来，比传统的 C2C 更加灵活，而且通过一些新鲜的游戏也使得淘宝的人气快速地聚集。淘江湖中的淘帮派、淘心得更是将淘宝购物和 SNS 互动彻底地结合到了一起，让广大淘友既能享受 SNS 的快捷，又能感受淘宝的乐趣。在淘江湖里你可以找到这些宝藏：相册、投票等多种好玩有意义的插件。这是淘宝卖家做生意累了休息娱乐的好去处，也是淘宝买家集购物、娱乐于一体的好地方。

如果你想加入淘江湖，必须找到有权限的江湖先锋队员邀请你进入淘江湖。如果你有权限，你也可以邀请你身边的亲朋好友一起来畅游淘江湖的无限精彩。而现在只要是淘宝会员输入真实姓名即可加入淘江湖。

淘宝网将开展电子商务交友平台,当你在淘江湖交友平台申请账号邀请你的朋友进入淘江湖时,就会有越来越多的人开始了解并且接受网上购物,"口碑营销"便变成了"行为营销"。

淘心得:淘宝最新引进的 SNS 形式的导购中心,将口碑和营销结合在一起,在促进了淘友之间交流的同时也让淘宝的每一样商品都有展示的机会,其中的产品 PK 台和品牌心得更是促进了淘宝卖家和淘宝买家互相之间的交流,使得购物的同时能够将自己的一些心得体会分享出来让其他的买家还有卖家知道,这是 C2C 的一种 SNS 形式的体现,同时淘宝对心得进行的分类整理,也使广大淘友的交流更加规范化。

淘宝打听:淘宝打听是由淘宝网打造的互动式知识问答分享平台,是由淘宝网集合的购物问题提问中心,提供类似百度知道的问题提问和解决淘宝购物等相关问题的一个新平台。凭借多年积累的网上购物 B2B 平台的人气和新近 SNS 平台的热潮,淘宝推出了自己的购物提问平台,此平台针对淘宝会员开放,提供了一个供买家和卖家在购物之余解答购物疑问、解决购物难题的平台,平台提供最佳答案、其他回答、相关打听,以及权威导购知识,形成主要以传播导购知识和解决购物问题为主、解决生活问题为辅的一个特色问答系统。

我的淘宝:"我的淘宝"拥有成熟的网购群体用户达 3.7 亿个,每天登录用户超过 800 万个。"我的淘宝"作为平台产品,为买家创造逛淘宝购物的环境。更重要的是"帮我挑""分享会",基于好友关系来传播。每天有超过 500 万个买家消费者在新版的"我的淘宝"同朋友进行互动;每天有超过 200 万件商品被分享到新浪微博、人人网、开心网等。

(三)淘宝网的营利模式

目前淘宝网的收入结构包括了广告、增值服务、交易提成、合作分成(这是未来要培育的收费方向),其中广告、增值服务占据了收入的绝对份额,而这些收入,都是由流量来支撑的,如表 4-1 所示。

表 4-1 淘宝网的营利模式

淘宝收费项目	收费标准	年收费金额/元
旺铺	可以提升宝贝浏览量,更好地留住买家;宝贝图片更大,店铺更漂亮;旺铺卖家免费获赠 30M 图片空间。 消保用户一个月 30 元,普通用户 50 元	30×12=360
消费者保障计划	提交 1 000 元的保证金,退订服务可以全额退款	1 000(无利息存款)
图片空间	旺铺用户可以免费获得 30 MB 的图片空间,一个宝贝可以上传最多 10 张大图,其他收费标准: 30MB 3 元/月 50MB 5 元/月 100MB 10 元/月 300MB 30 元/月 500MB 50 元/月 1GB 100 元/月	10×12=120

续表

淘宝收费项目	收费标准	年收费金额/元
淘宝直通车	卖家推广工具，自己设置竞价词、竞价金额、竞价词和类目竞价（最低0.1元），可设置日消费上限。按点击量收费	1 000×12＝12 000（少则一月1 000多元，多则一月几万元）
淘宝客推广	淘宝和阿里妈妈合作的产物，卖家对宝贝设置佣金百分比，淘客推广成交后按比例付出佣金	（金额无法统计）
超级卖霸	将卖家产品集中在一起，以专题/活动的形式进行集中展示，并整合淘宝优质广告资源进行强力推广，实时跟踪整个活动的点击/流量/产品成交等数据，方便卖家实时分析效果，确保投入产出最大化。按点击量收费	
钻石展位	专为有更高推广需求的卖家量身定制的产品。精选了淘宝最优质的展示位置，通过竞价排序，按照展现计费。性价比高更适于店铺、品牌的推广。按点击量收费	
搭配套餐	将几种商品组合在一起设置成套餐来销售，通过促销套餐可以让买家一次性购买更多的商品。15元/季	15×4＝60
满就送	满就送积分；满就送礼物；满就减现金；满就免邮。24元/季	24×4＝96
量子恒道店铺统计	提供店铺流量统计、分析服务。10元/月，25元/季	25×4＝100
好店铺统计服务	提供全面、精确的统计数据，帮助卖家快速提升业绩。10元/月，25元/季	25×4＝100

（1）广告收入：淘宝网在它的网站内设有广告，在其上面做生意的人需要通过广告让别人知道自己的产品，这就需要网站为其做广告来宣传。

（2）中介收入：淘宝网作为一个中介，为买卖双方提供信息，可以从成交中提取一定的费用。

（3）B2C业务淘宝商城收费。

（4）增值服务：如淘宝旺铺、直通车。

（5）核心竞争力：淘宝网的核心竞争力是多年来积攒众多用户和人气以及C2C的暂时免费策略使其获得的近乎垄断的C2C市场份额，就像腾讯在IM的市场份额一样。强大的用户人群是他们的核心竞争力，淘宝网的收入来源主要是赞助商的广告。另外还有一个就是支付宝。淘宝网延伸出的支付宝实际就像一个银行，淘宝的买卖货款都要在支付宝里中转，但上千万个卖家同时从支付宝里提现是不可能的，所以支付宝的钱相当于马云公司的一个流动资金来源，公司可以用这里的钱做很多事情，比如发展新产品等。

(四)淘宝网的经营模式

1. 免费策略——突破屏障,迅速蹿红

淘宝网实行免费政策。淘宝网所有的服务均免费,卖家开店免费、交易免费……实行产品登录免费制度,让用户真正在网上交易中获得利益,这样才能培养更多忠实的网络交易者,把"蛋糕"做大。先是通过免费的方式吸引大量的用户使用,然后再推出"个人诚信通"来获取收入,这就是先养鸡后取卵的模式。同时,尽管是免费服务,但同样致力于通过呼叫中心为会员提供一流的客户服务。淘宝网还给商家提供免费的产品展示空间、免费电子邮件,并提供大量即时的免费供求信息,吸引无数买卖家来尝试新鲜事物,为淘宝网吸引了无数的买卖家。免费降低了网民在网上进行个人间交易的门槛,积聚了更多的用户。阿里旺旺、支付宝也是免费的。即时通信软件阿里旺旺使联系或留言给买卖家都十分方便。支付宝为买家提供支付保障,使买家在购买时更没有后顾之忧。

2. 支付宝——保证诚信,免除后顾之忧

为了解除客户在网络信息安全方面的后顾之忧,淘宝网最早推出了"支付宝"系统。买家在网站上购买了商品并付费,这笔钱首先到支付宝。当买家收到商品并感到满意时,再通过网络授权支付宝付款给卖家,支付宝从中收取少额费用。这样就尽可能降低了C2C交易的风险,因而赢得了用户的青睐。同时,支付宝也为买家汇款后担心收不到货、货不对板等问题,解决了后顾之忧。实际上,为了保障交易安全,淘宝网设立了多重安全防线:全国首推卖家开店要先通过公安部门验证身份证信息,并有手机和信用卡认证;每个卖家都有信用评价体系,如果卖家有欺诈行为,信用就会很低。

从其大力推广的诚信认证系统以及"支付宝"中,不难看到原先阿里巴巴"诚信通"品牌的影子和影响。在淘宝网的买卖双方交易之前,买家都可以仔细查看对方的信用记录,也可以通过其他买家对该卖家的评价内容判断交易是否诚实守信、商品是否货真价实等。信用评价将为买家提供极有价值的参照,为网上购物提供安全保障。

3. 阿里旺旺——买卖沟通,畅通无阻

淘宝网推出的阿里旺旺,是类似于QQ、MSN的工具。它可以使买方和卖方在线直接交流,甚至能通过聊天成为朋友,从而提高了买卖双方对于淘宝网这个C2C平台的忠诚度,更使得买家放心,提高了安全系数,同时也大大提高了商品的成交量。

4. 不断创新

收购口碑网推出分类信息,大力拓展品牌商城,将团购做成一个频道,将交易的视野扩向全球,推出"全球购"频道、B2C网上商城,建设SNS社区等。淘宝网发展的每一步都显示了其在创新上的勇气。很难说这些尝试给淘宝网带来的直接收益有多大,但是淘宝网因此明白了什么可以做、什么可以不做。依靠不断的尝试,淘宝网维护着自己的领先地位。

(五)淘宝网的技术模式

淘宝网,是一个在线商品数量突破一亿元,日均成交额超过两亿元,注册用户接近8 000万个大型电子商务网站,是亚洲最大的购物网站。对于淘宝网这样大规模的一个网站,其技术是非常关键的。淘宝网的技术模式除了自己开发外,也广泛使用了开源软件构建系统。采用开源一是降低成本,二是可以看到软件的源码,研究了解软件内部的工作过程、原理。这对于应用设计、开发、查错、优化都是非常有帮助的。

1. 网站管理系统

淘宝网采用多用户购物商城网站系统，其网站管理系统提供了齐全的商品分类、参数设置、订单管理、会员管理等功能，以方便会员开设网店，并便于店主进行在线网店管理。

2. 操作系统

淘宝网的应用服务器上采用的是 Linux 操作系统。Linux 操作系统在 PC Server 上有广泛的应用。淘宝网有很多业务系统应用是基于 JEE 规范的系统。还有一些是 C 或 C++ 构建的应用，或者是 Java 构建的 Standalone 应用。

3. 数据库

在淘宝网的应用中，采用了两种关系型数据库管理系统：一个是 Oracle 公司的 Oracle 10g；另外一个是 Sun MySQL 的 MySQL。Oracle 是一款优秀的、被广泛采用的商业数据库管理软件。其有很强大的功能和安全性，可以处理相对海量的数据。而 MySQL 是一款非常优秀的开源数据库管理软件，非常适合用多台 PC Server 组成多点的存储节点阵列（这里所指的不是 MySQL 自身提供的集群功能），每单位的数据存储成本也非常低廉。用多台 PC Server 安装 MySQL 组成一个存储节点阵列，通过 MySQL 自身的 Replication 或者应用自身的处理，可以很好地保证容错（允许部分节点失效），保证应用的健壮性和可靠性。

一个互联网应用，除了服务器的操作系统、Web Server 软件、应用服务器软件、数据库软件外，还会涉及一些其他的系统，比如一些中间件系统、文件存储系统、搜索、分布式框架、缓存系统等。考虑到淘宝网自己的需求和大并发量的压力，这些系统都选择了自主开发。

4. 开发框架

淘宝网的 Web 展现层的框架用的是集团内部自主开发的一套 Web 框架。这个框架能够解决一些其他 Web 框架不能解决的、在淘宝网的应用中又会出现并需要解决的问题。在淘宝网的多个应用中，也采用了一些开源的框架，比如 Spring、Ibatis、Jbpm、Hessian、Mina 等。这些开源软件的采用为构建应用系统提供了很大的帮助。

淘宝网提供的安全技术如网络警察支付宝等都值得让买卖双方放心。它是为个人和个人之间开展服务的网站。淘宝网的网站技术模式定位于系统运行的持续稳定性和安全性两方面，淘宝网作为信息中介服务平台，它的系统要求是严格的。淘宝网的通信系统采用互联网和通信网，在服务器的构建上要保证交易信息的安全传递，保证数据库服务器的绝对安全，防止网络黑客的闯入破坏。淘宝网在身份验证和安全监控上也有很大的作用。在系统应用软件方面，淘宝网采用了网上信用管理系统、身份认证和安全管理系统、网络监控管理系统和网络安全管理系统等，以最大限度地保证网站安全、数据安全、交易安全。

5. 淘宝公司的推荐物流

淘宝公司仅仅为方便用户交易作出推荐物流，并非是用户和物流公司间运输关系中的主体。用户选择推荐的物流公司，将被视为用户自行与物流公司达成一个运输合同，所选物流公司是该合同的承运方，运输过程中发生的费用由用户和物流公司自行结算。物流公司在取得货物后会自动在支付宝系统中更新交易状态为"卖家已发货，等待买家收货"。物流公司在买家签收后会通知支付宝买家已经签收。买家有义务在签收之后，在支付宝系统完成"确认收货"或者"申请退款"，否则支付宝公司将视为买家收到货物并同意支付卖家货款。

（六）淘宝网的管理模式

1. 企业文化

淘宝网倡导诚信、活泼、高效的网络交易文化。在为淘宝会员打造更安全高效的商品交易平台的同时，也全心营造和倡导了互帮互助、轻松活泼的家庭式文化氛围，让每位在淘宝网交易的人，交易更迅速高效，并在交易的同时，交到更多朋友，让淘宝网成为越来越多网民网上创业和以商会友的第一选择。

2. 支付管理

随着电子商务的不断发展，网络安全越来越受到人们的关注。支付问题、信用问题，一直是困扰电子商务发展的核心难题。为了解决这两个难题，淘宝公司打造了一个"支付宝服务"技术平台。支付宝服务自 2003 年 10 月在淘宝网推出以来，短短的一年时间，便迅速成为会员网上交易不可缺少的支付方式，深受淘宝会员喜爱。

2005 年 2 月，阿里巴巴公司升级网络交易支付工具，支付宝正式上线。作为国内先进的网上支付平台，支付宝体系的实质是以支付宝为信用中介，在买家确认收到商品前，由支付宝替买卖双方暂时保管货款的一种增值服务。

3. 信用管理

淘宝网注重诚信安全方面的建设，引入了实名认证制，并区分了个人用户与商家用户认证，两种认证需要提交的资料不一样，个人用户认证只需提供身份证明，商家认证则还需提供营业执照，且一个人不能同时申请两种认证。从这方面可以看出淘宝公司在规范商家方面所作出的努力。

淘宝公司同样引入了信用评价体系，淘宝信用评价体系由心、钻石、皇冠三部分构成，并随等级提升，目的是为诚信交易提供参考，并在此保障买家利益，督促卖家诚信交易。2009 年，淘宝信用评价系统升级：自 2009 年 9 月 24 日起，淘宝网所有店铺违规、产生纠纷的退款及受到的处罚，将被完全公布在评价页面。这将成为除评价以外，买家对卖家诚信度判断的最重要标准。点击还可查看该卖家以往所得到的信用评价。

淘宝公司要求卖家如实描述商品，推出消费者保障服务，切实保障消费者利益。

（七）淘宝网的资本模式

淘宝网（www.taobao.com）的资本，主要来自阿里巴巴的投资。

2003 年 5 月 10 日，阿里巴巴集团斥资 4.5 亿元成立淘宝网，以免费模式向当时中国 C2C 老大 eBay 易趣发起挑战。

2005 年 10 月，阿里巴巴集团宣布对淘宝网追加 10 亿元投资。

2008 年 7 月，阿里巴巴集团对淘宝网再度追加 20 亿元投资，而实际上阿里巴巴集团追加了 50 亿元投资，此举被业内普遍认为是以攻代守，来对抗百度、腾讯拍拍、TOM 易趣等的又一有力举措。

（八）总结与建议

淘宝网倡导诚信、活泼、高效的网络交易文化。淘宝网在为会员打造更安全高效的商品交易平台的同时，也全心营造和倡导了互帮互助、轻松活泼的家庭式文化氛围，让每位在淘宝网进行交易的人，交易更迅速高效，并在交易的同时，交到更多朋友，为淘宝网带来大量的用户和人气。

淘宝网作为典型的网络经济模式和世界上最成功的 C2C 商业网站之一，它的很多做法都开创了网络经济类型和应用模式的先河。依靠不断的尝试和创新，淘宝网得以维护自己的领先地位。

毋庸置疑，淘宝网在 C2C 领域的领先地位暂时还无人能够撼动。然而，淘宝网也不得不承受这份领先带来的沉重压力。领先的一个代价就是巨大的资金投入。淘宝网面临的资金压力越来越明显。在悄无声息之中，淘宝网对于入驻品牌/商城的用户开始收取服务费，而在政策和资源上对于该部分商户的倾斜，以及不自觉间对于小商户的忽视，使得免费的淘宝网已经名存实亡。很显然，免费的淘宝网已经不能承担巨大的资金压力之重。淘宝网应不断发掘创收来源，解决盈利问题。

淘宝网虽然有一些不足，值得去完善，但总的来说，还是成功的，值得人们去研究学习。

淘宝网的优缺点：

1) 速度

淘宝网页面打开速度快、较稳定。无论用 IE、Firefox、QQ 浏览器或是 The World，还是最新的 Google Chrome，第一感觉是无须等待，访问页面、论坛和其他常用功能如上传等速度都较满意。

2) 注册/登录

注册用户简单快速，必填项只有用户名、密码、邮箱，省却了很多烦琐的手续；同时提供安全登录通道，保障了用户信息的安全性，能有效防止木马病毒窃取密码。

3) UI 设计

个人不太苟同淘宝网的 UI 设计，整体感觉想要展示的信息量太多，社区的、促销的、资讯的统统都要推荐，再加上广告位，以至于显得乱，但因其购物流程很顺畅，思路清晰，逻辑性强，且大多数用户的购物习惯是"搜索＋分类＋促销"，因此，在其强大的搜索功能下，页面表现形式显得就不是那么重要了。

4) 功能设计

淘宝网曾对主页头部的功能区域作了调整，进行了很好的归纳，通过"我要买"和"我要卖"区分了买家和卖家，通过"我的淘宝"直接进入个人账户。但感觉稍不满意的是，原来的"收藏夹"入口被挪到了"我的淘宝"里，也就是说不能从主页直接进入收藏夹，必须先进入"我的淘宝"，才有"收藏夹"的入口。这一点个人感觉比较不方便。

更多的高级功能设置在"我的淘宝"中，功能很全面，操作方便，页面左右的信息内容划分合理，重点的布局也很恰当。

买家通过"我的淘宝"能很方便地进入社区和博客。淘宝的论坛有相当高的人气，经常会有一些有意思的活动来刺激社区的互动；博客界面则很简单，没有什么花哨的定制功能，功能性不强，个人感觉还是更喜欢新浪博客。另外，淘宝的博客与论坛之间缺乏关联，互动性不强，娱乐性也不太够，未能够很好地刺激博主的活跃性。

5) 支付方式

淘宝目前的主要支付方式是支付宝和网银，当然也有转账、现金、货到付款等其他买卖双方自行约定的方式。支付宝是比较安全的第三方支付平台，能最大限度地保证买家的利益，但也有一定的缺陷。比如对付款后出现问题的商品没有很好的解决平台；取证困难、申请投诉流程较烦琐；客服处理时间久；等等。很多买家宁愿吃点小亏也不愿意走投诉流程。建议在支付宝以外提供更多的保障性服务，或延长退换货时间，或售后三包服务，或对于被投诉卖家有更严厉的惩罚措施，或在买家确认、申诉、退款等环节制定严格的流程机制及监督机制等。

6）导购信息

合理的导购信息能让用户对所要购买的产品进行客观的了解和比较。商品信息是买家最关注的，详细的文字说明和图片展示，包括商品价格、商品规格指标、快递费用、出价记录、用户评价等信息都是非常重要的购买参考指标。但目前仅在购买完成以后才可进行双方互评，并且多数用户只是给个评分而已，并不作评论。最好开放评论，无论是否采购均可品评，如新浪新闻的评论就是其一大特色。

"信用度"也是决定购买的另一大参考指标。虽然淘宝对于信用等级的评定以及如何判断信用值作了说明，同时也可以查到每一名买家对该卖家的评价，但还是不乏一些弄虚作假、刷信用的卖家。

7）沟通工具的控制

站内信、网页版旺旺这些沟通工具还不能有效防止骚扰，比如屏蔽或拒绝垃圾信息，对此应将刻意发广告或是虚假中奖消息等恶劣用户加入黑名单。

8）比较购物

目前淘宝网只可手动选择进行商品与商品的对比，建议同类商品的卖家与卖家之间要能进行比较，包括商品的质量和价格、用户评价、信誉等信息，同时对于同类商品的卖家可以建立排行榜之类的参考，从各种角度来综合对比评价。

一个成功的电子商务网站的核心在于：完备的网络基础设施；客户的个性化、人性化服务；提供安全的账户管理和支付平台；买卖双方的诚信机制；对于交易的监督、审核及完善的售后体系。

淘宝网作为典型的网络经济模式和世界上最成功的C2C商业网站之一，它的很多做法都开创了网络经济类型和应用模式的先河。对于淘宝网，我们要进行研究和学习，如淘宝网的人性化和中国化。

在支付功能上，淘宝网打造了最诚信和最安全的网上交易市场。淘宝网开发了支付宝功能，这个功能的出现，最大限度地符合会员的强烈要求，即共同建造网上交易诚信环境，让买家敢于尝试网上购物，让卖家能取信于买家。

随着我国网络的快速发展，我国的网民数量在不断增加，网民和企业对于电子商务的态度正在转变，网站和电子商务正成为越来越现实的营利途径。淘宝网以其先进的管理模式和技术模式，不断地带动自己发展。

三、易趣网

（一）易趣网的基本情况

易趣是全球最大的电子商务公司eBay和国内领先的门户网站、无线互联网公司TOM在线于 2006 年 12 月携手组建的一家合资公司。

1999 年 8 月，易趣在上海创立。2002 年，易趣与 eBay 结盟，更名为 eBay 易趣网，并迅速发展成国内最大的在线交易社区。易趣秉承帮助几乎任何人在任何地方能实现任何交易的宗旨，不仅为卖家提供了一个网上创业、实现自我价值的舞台，其品种繁多、价廉物美的商品资源，也给广大买家带来了全新的购物体验。

2006 年 12 月，eBay 与 TOM 在线合作，通过整合双方优势，凭借 eBay 中国子公司 eBay 易趣在电子商务领域的全球经验以及国内活跃的庞大交易社区与 TOM 在线对本地市场的深刻理解，2007 年，两家公司推出为中国市场定制的在线交易平台。新的交易平台带给国内买家和卖家更多的在线与移动商机，促进 eBay 在中国市场的纵深发展。

易趣已正式上线全美代购业务，网友无须外币银行账号，也不用懂英文，通过易趣就能够采购到 eBay 美国主站上几乎所有的商品。

易趣发布的最新运营数据显示，自启动"卖家成长计划"、推出"开店终身免费"政策以来，易趣新平台的业务数据收到了良好的效果，所有关键指标月内涨幅达 30%。

如今 eBay 已有 1.471 亿个注册用户，有来自全球 29 个国家的卖家，每天都有涉及几千个分类的几百万件商品销售，成为世界上最大的电子集市。

全美代购业务是易趣在帮助卖家成长之后，针对买家推出的全新业务，因为一个优秀的 C2C 电子商务平台不仅需要高人气的卖家，更需要高人气的买家。其功能结构如图 4－2 所示。

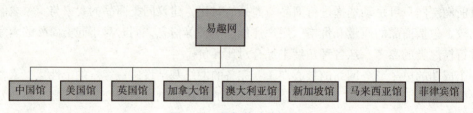

图 4－2　易趣的功能结构

热门关键字：手表　iPhone　凉鞋　收藏品　Nike　Gucci　数码相机　iPod　黑莓　太阳镜　手提包　诺基亚　笔记本　索尼　连衣裙　韩版　休闲包　运动鞋

易趣网的主要栏目包括我的易趣、自助代购、社区、帮助这四大块，每个栏目下面又有二级栏目、三级栏目，如图 4－3 所示。

图 4－3　网站部分截图

（二）易趣网的商业模式

1. 战略目标

全球集市，尽享海外代购乐趣，为中国用户提供最佳销售和购买体验。

2. 目标客户

易趣是一种网络经济模式，其客户包括卖家和买家双方面的会员。从买家角度看，它的目标客户定位在对网购及环球购相对热衷的年轻一族；而从卖家角度看，它的目标又定位于希望在网店中赚钱营利的个人和中小型企业。

3. 收入来源

易趣的收入来自网页 Banner 广告收入、网上直销收入、易趣代购费等。

目前，卖家在易趣开店已经可以享受免费政策。

4. 开设企业增值服务

现有增值服务内容：网上支付、物流配送等。

1）网上支付

目前易趣代购支持以下三种支付方式：安付通余额支付；网上银行支付；邮局汇款。

2）物流配送

易趣全球购物流配送由第三方物流公司承担。提供单包直发和合包整发两种物流方式，用户可根据不同物流周期和费用选择合适物流方式。

（1）单包直发：直接从国外单包运送到买家手中，正常情况下代购周期在 7～12 个工作日。

（2）合包整发：集中一批包裹运送到国内物流中心，再进行分包发送，正常情况下代购周期为 14～22 个工作日。

代购商品重量按 1 斤①起重，未满 1 斤按 1 斤计算，实际重量与预估重量相差满 1 斤，超出部分按照国际运费多退少补。国际物流运费的退款将在订单结束 7 天后退到用户安付通账户。

5. 核心竞争力

易趣代购是易趣公司提供的官方代购。其中美国馆不仅有美国品牌，如 Coach、Clinique、Benefit 等，还代购美国一些品牌官网的商品，比如 Macy's、Amazon.com 等著名的综合网站。

易趣在代购方面比较有优势，主要体现在以下两点：

（1）eBay 上所有的商品都可以通过易趣来购买，但由于商品界面是英文，页面自带的翻译工具会给人一些啼笑皆非的译文。

（2）易趣有官方品质保障。如前文所说，淘宝网上卖家千千万，但淘宝网只提供网购平台，卖家的经营和服务与淘宝网无关，而易趣平台没有这样做，也就是说，所有售前、售中、售后服务均由易趣提供。因此相对来说，易趣的海外代购更有保障。

易趣推出"全球集市"是希望通过这项服务为国内网购用户打造不出"国门"便实现全球购物的便捷。在易趣"全球集市"，用户可以非常方便地挑选到各国各具特色的商品，

---

① 1 斤 = 500 克。

这得益于易趣独有的 eBay 全球集市、PayPal 海外商户的资源。在易趣"全球集市"上线初期将汇聚美国、英国、加拿大、澳大利亚、新加坡、菲律宾、印度、马来西亚等国家近 500 万件在线商品数量、30 000 个商品分类。随着时间的推移,易趣将陆续推出其他 17 个欧洲等国家或地区的特色商品,届时在线海外商品数将达到 1 000 万件。易趣"全球集市"将即时展示各国最新上架商品、热卖商品,国内用户通过易趣"全球集市"除了能便捷购买到海外优质商品外,还能随时了解海外畅销商品、时尚流行趋势。

通过与美国 eBay 的无缝对接,易趣将 eBay 资源与自身业务进行整合,令其代购业务具有易趣特色。这些特色包括:

(1) 易趣通过专业的采购团队而非个人帮助用户代购,其性质已从第三方中介转化为专业的代购网站。

易趣拥有专业的采购团队,并采取先由海外商家发货到易趣美国物流中心,然后由易趣海外团队进行检查和重新包装,再为客户发货的配送方式。当商品出现问题时,客户可与易趣的专业客服团队联系以进行退换货。

(2) 易趣代购的产品主要来自美国 eBay 网站,而非美国实体市场。

易趣的代购团队主要帮助用户在美国 eBay 网站上代购商品。网友进入易趣的代购专区,就能直观地看到 eBay 美国主站上丰富的中文商品信息,并能够看到卖家的信用度。另外,消费者还可以直接到美国 eBay 网站浏览,再通过易趣进行购买。

(三) 易趣网的经营模式

1. 建立电子商务零售供应链

eBay 易趣将与零售电子商务网站结成联盟,整合供应链,结成战略联盟。eBay 易趣已正式启动和麦当劳的战略合作关系。双方将利用在线交易平台与餐厅零售方面的优势,实现资源互补,建立整合营销渠道。一系列促销和竞拍活动将同时在麦当劳全国 750 多家餐厅和 eBay 易趣网站上正式开始。

2. 发展竞价广告,把流量变收入

根据与盛大网络的战略合作协议,eBay 易趣将在盛大网络游戏平台上投放广告。另外,盛大将选择 eBay 易趣作为其游戏玩家的指定电子商务交易平台。

3. 开设企业增值服务

现有增值服务内容:网上支付、物流配送和短信息服务。其中,网上支付的表现在于易趣与招商银行、首信 Chinapay、广州银联、中国银行、中国农业银行、中国建设银行和中国工商银行等合作,提供网上支付服务。物流配送方面,eBay 易趣与 5291.com、快马速递、齐讯速递等物流企业等合作,提供面向个人用户的物流解决方案,目前有易付通和易趣推荐速递两种形式。eBay 易趣短信息服务有 eBay 易趣与中国移动合作共建的 eBay 易趣短信息服务系统,通过订阅短消息,用户可以享受交易提醒、成交通知、买家留言传送等即时功能。

4. 与传统的零售业形成战略联盟

国内第三大家电连锁巨头与知名的在线交易网站携手易趣网,一起开拓新的零售渠道与商业空间。永乐与 eBay 易趣在上海签署了相关战略合作协议。根据合作协议,易趣网、永乐在 eBay 易趣网上开设销售永乐商品的网上商店,但双方最初合作销售的商品还仅限于 G 网手机,计划逐步在网上销售数码、IT 产品、生活电器及大型家电产品。eBay 易趣"品牌

旗舰专区"正式上线。这是国内第一个由品牌商自行经营或直接授权销售的网络旗舰专区。70 家国内外知名品牌首批进驻该专区，品牌代理商或经销商负责供货、递送、售后服务等，入驻品牌旗舰专区的商家都承诺将按照国家相关规定对所出售产品实行"三包"，这标志着 eBay 易趣近半年来采取的"品牌战略"已产生了发散效应，并初步完成了"全方位电子商务网站"的布局。

5. 易趣网的经营特点

1）核心牌局

易趣网把"易趣"定义为"交易的乐趣""乐趣的交换""容易获得乐趣"等。其宣称上网竞拍不仅可以获得实惠和便利，更重要的是可以获得一种乐趣，是一种愉快的体验。拍的是实惠、玩的是乐趣，这一定位把普通的网上拍卖引入人性化的层次。

2）免费会员

曾有一段时间，网民要成为国内一些拍卖网站的会员需要交纳 100 元保证金。无疑，这种措施当然可以有效地避免网上拍卖过程中的欺诈活动，但这也"有效"地阻止了一部分诚实网民上网参加拍卖活动。作为一种新的拍卖方式，网民主要有两方面的忧虑：一是这一拍卖方式是否可信；二是这一网站是否可信。免费会员认证则有效地克服了上述难题，它保证了网上拍卖的信用度，成功地实现了会员的扩大。

3）争取学生

大学生是国内网民的重要群体，也是极其重要的潜在市场，因而大学校园历来为网站的必争之地。对易趣网来说更重要的是：大学生活中的闲置物品交易非常活跃，各种校园海报、公告和 BBS 留言板上的物品转让、售卖信息十分丰富。每年新生入校之时与老生毕业前夕，二手货跳蚤市场的书籍、计算机类学习和生活用品颇受学生欢迎，校方也很支持这种促进流通、物尽其用的交易方式。在拓展校园市场方面，易趣又打出一记漂亮的组合拳。

（1）改善上网条件。2000 年易趣正式开通校园服务器，该服务器安装在上海交通大学华东校园网主干线上，运用先进的 ADSL 技术与上海热线连通，速度与容量足以满足来自全国各大高校的访问需求。在校大学生将告别校园网络堵车的烦恼，轻松点击鼠标便可快捷上易趣。

（2）加大宣传力度。随着校园网的开通，"易趣世纪校园行"活动也拉开了帷幕。易趣公司的主要领导在上海、北京、广州和成都等地高校做巡回演讲，揭开电子商务的神秘面纱，交流异国留学的生活经验。

（3）发展校园代表。易趣已在网上招聘全国各大高校的易趣校园代表，以提高大学生的参与程度，协助易趣开展各项活动。校园代表将为大学生的网上拍卖活动提供服务，协助易趣开展工作，提供反馈意见，并得到相应的报酬与奖励。

4）善于运用公关关系

进行推广营销、提高企业形象。例如：2004 年 8 月 16 日，张娜拉、蔡琳、安七炫等 14 位当红韩国偶像巨星的 17 件私人物品在 eBay 易趣上进行为期一周的慈善拍卖。这次拍卖活动是迄今为止韩国当红明星私人物品首次进行有组织、跨地区的拍卖，从明星参与人数到拍品数量，都是规模空前的。2005 年 5 月 23 日，周杰伦携其首次参与外形设计的新款 Aria J Ⅲ MP3 播放器亲赴上海为"J Ⅲ 网上店"揭幕，宣布 J Ⅲ 正式落户 eBay 易趣，除了 10 部限量晶钻版 Aria J Ⅲ MP3 播放器外，周杰伦还拿出亲自签名的私人物品 T 恤、帽子和卡片收纳本进行拍卖。此次拍卖所得款项全部捐献给了上海市盲童学校。2006年7月,"莱卡"加油好男儿的六位"好男"在eBay易趣网上寻找造型师,由eBay易趣的超级大卖家搭配"好男"的服装造型。8月,"好男"前三名在eBay易趣网上开展"爱心约会"的拍卖活动,所有款项全部捐赠给了慈善机构。

(四) 易趣网的技术模式

易趣是中国著名的电子商务公司,于1999年由邵亦波和谭海音合作创办,经过多年的发展,现已拥有1.471亿个注册用户,累计登录展示商品超570万件,累计成交额超过20亿元人民币。易趣以竞价、一口价及定价形式,为个人及大、小商家提供了低成本高流量的销售渠道,为买家提供价廉物美的各式商品,包括计算机、手机、服饰、房产等。目前,易趣网上交易活跃,每10秒便有新登商品,每5秒便有人出价,每20秒便有商品成交。其用户可以通过在线交易平台以竞价和定价形式买卖各式各样的商品,其中包括服装、古玩字画、计算机和房地产等。

易趣的客户服务队伍每天24个小时监控网站上新登商品,解答用户问题,记录用户建议,并跟踪成交情况以保证交易顺利进行;iTEL(网络+电话)的全程电话导购服务为用户提供了一对一的顾问咨询;定期组织召开网友活动,培养了感情,加强了沟通;个人交易物品速递服务、易付通服务,为成交提供了便利,更极大方便了异地交易的双方;会员认证制度及信用评价体系进一步完善了易趣的服务质量,提高了网上交易信用度和成交率。

1. 交流工具

易趣提供给用户的附带品是"易趣助理",而淘宝提供的则是"阿里旺旺"。很显然这两款软件是截然不同的,"易趣助理"的功能是为卖家提供更方便的上货服务,而"淘宝旺旺"则将其功能放在了即时交流的平台上,这对买卖双方来说,都是互利的。或许有人会说,这样容易使买卖双方达成规避费用的协议,可对交易网站来说是致命的武器。大家不要忘了,淘宝尚在初期阶段,其麾下大多数卖家都是没几个"心心"的,卖家想冲心,必然不会逃避任何合理的费用,且淘宝现在处于优惠、免费的政策期间,如果有一天淘宝的高级卖家与易趣能相提并论了,那它的Beta版本的"阿里旺旺"就会有相应的更改措施了。

2. 安全性

1) 易趣网的电子商务通用模型

易趣提出了完整的电子商务应用的通用模型UCM(Universal E – Commerce Model,以下简称UCM模型)。UCM模型通过对电子商务应用中的一般特点与功能的抽象和定义,解决面向不同电子商务应用层次的通用性问题,为用户提供功能完善、高效率、低成本的建设电子商务应用网站的整体解决方案。在UCM模型中,电子商务应用被划分为商品检索、商品采购、订单支付、客户服务和系统管理五大模块。

UCM模型的特点:

(1) 支持多种形式的商品发布。

(2) 支持商品的价格和交叉促销方式。

(3) 购物车采用Cookie技术,最大限度地提高商品采购的速度。

(4) 个性化的采购订单模板,方便客户进行购物组合比较,并实现常规购物的快速选购。

(5) 购物车内置的价格计算模型可以根据商家的价格体系灵活定制。
(6) 支持多种国内外主流信用卡的在线支付。
(7) 完善的客户服务和客户关系管理。
(8) 系统管理采用集成管理平台，支持多用户管理。

2）安全保证及服务

为了保证拍卖网的顺利、快速运行，公司购买大容量的小型机、服务器，实行自主管理、自主保护的方法。在系统安全问题上，公司购买并架设了先进的防火墙，在整个公司内部服务器、计算机网络与外部建立了一道屏蔽，防止外部的非法入侵，在保证系统安全的同时，保护用户的合法权益。同时，保证对服务器、网络定期杀毒，排除一切会产生隐患的可能。

2005年投资成立了"中国客户服务中心"，中心引入eBay在美国最为先进的客户服务手段及服务平台，包括电话服务、邮件服务和"livechat"在线实时答疑。

3）注册过程

从注册来看，易趣需要用户有一个电子信箱，等注册完毕后，网站会发一封信到用户的注册信箱中，按照上面的步骤，就可以轻松实现注册的全过程了。不过，注册完毕之后，还有一个认证的过程。这是决定用户是否能获得网上交易权利的重要环节。在易趣中，没有通过认证注册的会员只能享受购买部分物品的权利。通过认证的过程为：在首页下部有选项"点击这里迅速成为星级用户"。在这里可以通过手机即时通过认证，而之后交易的费用也将从用户的电话费中扣除。如果用身份证和信用卡等级，则需要在首页顶部"诚信与安全"链接里的"交易和安全"栏里找到"实名制认证申请"，继而填写身份证号码或者信用卡号。这个认证过程需要1~7个工作日。

3. 打造诚信和安全的网上交易市场

最初，易趣可提供包括手机、E-mail、信用卡、身份证、地址等五种会员认证方式。此后，易趣又推出了"安付通"服务。2004年10月底，eBay易趣推出了"安付通"网络安全交易保障服务。"安付通"的设计兼顾了买卖双方的利益，同时推出的"安付通保障基金"也将最大限度地给予交易双方安全性保障，降低双方成交风险。2005年6月9日，eBay易趣宣布其诚信支付工具"安付通"完成重大升级，同时，"安付通基金"开始对使用"安付通"的买卖双方实行全额赔付，此前该基金只对卖家设上限进行赔付。2005年7月11日，贝宝（PayPal China）中国网站正式开通，用户能通过贝宝更方便、更快捷、更安全地进行网上支付。这将大力促进eBay易趣用户的交易。所有eBay易趣卖家在登录商品时被要求选择安付通或贝宝作为付款方式之一。此举使eBay易趣率先实现"百分百安全购物"，以此来增强消费者对网络购物的信心，进一步扩大主流消费群。

易趣在信用方面做得很好。易趣建立了一套独特的个人信用评定体系。买家和卖家可以对双方交易的过程和结果在网上发表意见；易趣会以此意见为参考，通过自己的数据库进行分析测评，得出卖家的交易诚信度的得分。钻石级用户诚信度高，交易笔数大，在交易中获得的收益就较多。易趣甚至承诺，对交易过程中因信用风险导致的交易损失，将给予高达3 000元的风险补偿金。易趣通过技术手段将传统商业固化到网络上，形成了独特的电子商务氛围。易趣从一个网络交易的信息发布平台转变为交易中介平台。

（五）易趣网的管理模式

1. 以人为本的人力资源管理

易趣工作人员的平均年龄是 26 岁，30 岁以下的员工占了 75％，80％以上的员工是本科（包括本科）以上学历。

易趣采用扁平化组织模式，决策层贴近执行层有利于高层直接与员工沟通，实现信息的垂直流动，同时简化和变革了管理。eBay 对于易趣的收购，将会引进国外更加先进的管理理念，更好地进行管理决策。

易趣对于奖惩制度，除了较高的现金薪水外，还提供了股票期权。

2. 高质量的"中国客户服务中心"

2005 年 1 月，eBay 易趣投资成立了"中国客户服务中心"，中心引入了 eBay 在美国最为先进的客户服务手段及服务平台，到 2005 年年底，客户服务中心已拥有近 400 名专业的服务人员，为中国内地、港澳台地区用户提供服务。易趣的客户服务队伍每天 24 小时监控网站上新登物品，解答用户问题，记录用户建议，并跟踪成交情况以保证交易顺利进行；iTEL（网络＋电话）的全程电话导购服务为用户提供了一对一的顾问咨询；定期组织召开网友活动，培养了感情，加强了沟通；个人交易物品速递服务、易付通服务，为成交提供了便利，更极大方便了异地交易的双方；会员认证制度及信用评价体系进一步完善了易趣的服务质量，提高了网上交易的信用度和成交率。

（六）易趣网的资本模式

1999 年 8 月 18 日，易趣网成立。成立之初，公司在上海一个两居室的民居内办公。两位创始人为邵亦波和谭海音。

易趣通过资本市场融资来扩大资本规模。首先 2002 年 3 月，全球最大的电子商务网站美国的 eBay 公司注资 3 000 万美元，购买易趣 30％ 的股份，接着又增资 1.5 亿美元收购易趣美国公司剩余股份。

2005 年 1 月 20 日，全球最大的电子商务公司 eBay 公司宣布 2005 年在中国市场投资 1 亿美元，该笔投资将应用于诚信及安全的建设。

易趣的扩张是资本运作的结晶，易趣用其最擅长的"资本运作方式"来实现他的战略目标，并购了国内竞标网站中原标局、上海网上手机销售商"手机新天地"（5291.com）以及国内面向需方的求购网站虎嘉网（whogot.com），使易趣的规模进一步扩张，建立了服务品牌，实现了地区性扩张，进入了以合作、并购为主要方式的多元化扩张阶段，通过拓展业务内容、服务方式、交易形式等提升服务水平。

四、结论与建议

网络拍卖作为一种平民化的网络经济在中国还很不成熟，受到了例如不规范化的规则、不够完善的支付手段、各种各样的交货方式等的制约。

易趣取得飞速发展的主要原因，在于其个人物品竞拍网站的明确定位，并始终提供宽敞的交易平台和优质高效的服务。与一些拍卖双方既可以是商家也可以是个人的拍卖网站相比，易趣把服务对象准确定位在个人物品的网上竞标。易趣没有直接的"拍卖方"，而是提供平台让用户自己拍卖，自己交易。在这里每个人都可以免费创建自己的网上店铺，尝尝自己当老板的滋味。同时，易趣的客户服务部门会及时发布成交信息，以跟踪了解成交状况等方式进行鼓励，促成网上成交。

易趣的成功首先是因为其独特的信用评价体系；其次是因为易趣平台完善。它为大到企业，小至下岗工人的个人创业者都提供了广阔的平台，建立了低成本的销售渠道，让个人、商家及企业直接向消费者出售商品。第三，联合支付、物流等合作伙伴，为买卖双方提供了更完美的交易体验。方便、快捷的网上交易，正越来越受到人们特别是年轻人的喜爱。第四，网站页面设计的简洁与易用。文件上下传输速度比较快，色调选用也非常注意人体工程学，长时间注视屏幕工作也不会产生疲劳的感觉。第五，及时更新拍卖商品信息、快速回应拍卖问题。以竞价、一口价及定价形式，为个人及大、小商家提供了低成本高流量的销售渠道，为买家提供价廉物美的各式商品，包括计算机、手机、服饰、房产等。目前，易趣上交易活跃，每 10 秒便有新登商品，每 5 秒便有人出价，每 20 秒便有商品成交。

（1）易趣还应当在未来的发展中建立更为人性化的搜索功能，方便用户。

（2）建立更加安全完善的信用制度、完善服务模式，给用户提供专业的、全面的、满意的服务。

（3）将国际运费及关税税率明确化，使产品价格信息更加透明。

（4）尽快引进更多商品品类，扩大用户群范围。

（5）当某类产品海外代购不具备价格优势时，应利用国内无法买到的新奇产品吸引用户，对新奇产品重点推荐。

（6）对未来海外代购可能引起的生产商对这种近似串货行为的抵制做好充分的准备。

本章小结

C2C 电子商务模式是一种个人对个人的网上交易行为，目前 C2C 电子商务企业采用的运作模式是通过为买卖双方搭建拍卖平台，按比例收取交易费用，或者提供平台方便个人在上面开店铺，以会员制的方式收费。本章主要对淘宝网、易趣网这两个国内 C2C 平台案例进行了分析。

本章习题

1. 淘宝网和易趣网属于哪一种电子商务交易模式？
2. 淘宝网和易趣网交易模式成功的关键何在？
3. 淘宝网和易趣网的营利模式是什么？
4. 结合案例说明 C2C 的特点是什么。
5. 请归纳出三种以上 C2C 交易中可能出现的网络诈骗类型。

第五章

C2B 平台案例

一、内容提要

C2B 是电子商务模式的一种,即消费者对企业(Customer – to – Business)。C2B 模式的核心,是通过聚合分散分布但数量庞大的用户形成一个强大的采购集团,以此来改变 B2C 模式中用户一对一出价的弱势地位,使之享受到以大批发商的价格买单件商品的利益。本章主要对国内美团网、大众点评网、拉手网三个 C2B 平台案例进行了分析。

二、美团网案例分析

(一) 美团网概述

1. 基本情况

美团网由王兴创办,于 2010 年 3 月 4 日推出。美团网每天都会推出一单精品消费,包括餐厅、酒吧、KTV、SPA、美发店等,网友能够以低廉的价格进行团购并获得优惠券。每天团购一次,为消费者发现最值得信赖的商家,让消费者享受超低折扣的优质服务,给商家提供最大收益的互联网推广。美团网在整个运作过程中,对于商家没有任何风险,消费者如果对合作商家的产品感兴趣,可登录美团网通过支付宝或者银联卡付钱下单,之后消费者会收到美团网发送的短信密码消费券,消费者凭短信密码可直接到商家消费,商家可凭消费者的消费券和美团网结算。

2. 美团网成立的背景及发展大事记

创始人介绍:王兴,校内网(已经更名为人人网)、海内网、饭否网创始人。1997 年被保送到清华大学电子工程系无线电专业,毕业后拿到全额奖学金赴美求学,就读于美国特拉华大学,是第一位获得 MIT 计算机学博士学位的中国学者。

2003 年的圣诞节,王兴带着明确的创业计划回到国内。和同伴一起,做过几个 SNS (Social Networking Service) 网站后,终于在 2005 年秋发布了校内网。其在 SNS 领域耕耘多年,校内网也算是"三年乃得"了。

2007 年 11 月 16 日,校内网创始人王兴创办的社交网站海内网上线。这也是王兴继校内网和饭否网之后创办的第三个社交网站。校内网是一个真人网络,提供个人空间、迷你博客、相册、群组、电台、校友录、买卖好友以及电影评论等服务。

背景：2010年新春以来，中国互联网领域突然掀起一股"团购网"创业热潮，如八十团、美团网、爱赴团、聚划算、米团网、窝窝团、80团（5280T）、团宝网、天天团购网、可可网、七七团、KK团等。而在这股热浪中，真正处风口浪尖的，非美团网的创始人王兴莫属，他继饭否网被关闭之后再度崛起，尤引业界关注。

美团大事记：

√2010年3月4日，王兴推出美团网。

√2010年5月4日，美团网上海站上线。

√2010年5月6日，美团网武汉站上线。

√2010年7月26日，美团网西安站上线。

√2010年8月2日，美团网广州站上线。

√2010年10月19日，美团网无锡站上线。

√2010年10月22日，美团网南京站上线。截至2010年12月底，其他二三线城市相继开站的有成都、邯郸、淮北、赣州等100多个城市。

√2012年1月20日，推出电影票线上预订服务。

√2013年2月12日，推出酒店预订及餐饮外卖服务。

√2014年4月13日，推出旅游门票预订服务。

√2015年，美团网与大众点评网进行战略性交易，更好地扩展到店餐饮及生活服务品质。

√2016年，推出面向商家的服务，如聚合支付系统及供应链解决方案。

√2017年，推出生鲜超市业务，进一步扩展即时配送服务至生鲜及其他非餐饮外卖类别。

√2017年，平台交易笔数超过58亿笔。

√2017年，年度交易金额达到3 570亿元人民币。

√2017年，为3.1亿个交易用户及440万个活跃商家提供了服务。

√2017年，国内酒店间夜量超过2亿个。

√2018年，美团点评单日外卖交易笔数超过2 100万笔。

√2018年，收购共享单车品牌摩拜单车，进一步增加向消费者提供的服务组合。

√2018年，美团点评发布"大众点评黑珍珠餐厅指南"，包括国内22个城市、海外5个代表大都市、326个顶级餐厅名单。

√2018年9月，美团点评（股票代码：3690.HK）正式在港交所挂牌上市。

√2018年10月，战略聚焦Food + Platform并对组织体系进行升级。

3. 美团网价值观

作为国内成立最早、综合实力最强的团购网站，美团网首先在价值观上就与Groupon不同，美团网遵循的是"消费者第一、商家第二"，而Groupon的价值观却是"商家第一、消费者第二"。

美团网使命：为消费者发现最值得信赖的商家，让消费者享受超低折扣的优质服务，给商家提供最大收益的互联网推广。

美团网愿景：帮大家吃得更好、生活得更好。

美团点评作为一家吃、喝、行、游、购、娱一站式的平台，要创造的价值不仅是帮大家吃得更好，还要为人们的生活创造更多的价值，使大家日常生活的方方面面变得更好。

其具体分为以下两个方面：

（1）吃得更好（Eat Better）。

吃得更好是所有人的需求，因此美团点评终极目标是希望消费者吃得好一点。这不仅在广度上去涵盖亿万人的需求，也致力于长久地帮大家吃得更美味、更便捷、更健康。因此餐饮是我们的重中之重，美团点评将做深做透做大餐饮的战略布局，从营销、配送、IT系统、供应链等多角度全方位服务餐饮行业。

（2）生活得更好（Live Better）。

消费者需要吃饭，需要看电影，需要旅游，需要住酒店，需要理发，需要各种各样的生活服务。美团点评将在更多的消费场景中为消费者和商户创造价值，实现企业使命：帮大家吃得更好、生活得更好。

美团网价值观：我们相信有一些简单朴素的理念，吸引着和我们相似的人，共同完成一件件平凡而伟大的事情，这就是我们的价值观。

（二）美团网商业模式分析

1. 战略目标

（1）为商家找到最合适的消费者，给商家提供最大收益的互联网推广。

（2）每天团购一次，为消费者发现最值得信赖的商家，让消费者享受超低折扣的优质服务。

（3）追求低成本、高效率。

（4）口碑营销：在社会化媒体时代，每个消费者都是你的代言人。

2. 目标市场

专注本地服务而非卖商品。

目标客户主要有两类：一类是消费者。他们大都是一些习惯于网络购物、有猎奇心态的年轻人，而且很容易为折扣所吸引；另一类是商家。商家一般具有以下特点：

（1）所提供的产品边际成本较低，当购买的人达到一定的量之后，商家往往并不会因为提供了较低的折扣而亏损。

（2）产品往往以服务类为主，贩卖服务省去了实体货物可能带来的物流、存储等成本，更多时候是由网站向商家提供订购者名单。

（3）消费者产生二次消费，对部分商家而言，提供的团购服务本身可能是亏损的，其寄希望于消费者的二次消费行为。

（4）产品单价普遍不高。

3. 产品和服务

消费者：美团每天帮您推荐多种优质的本地生活服务。

商家：为商家找到最合适的消费者，给商家提供最大收益的互联网推广。

服务：客户至上。七天内未消费，无条件退款；消费不满意，美团买单；美团券过期未消费，一键退款。

4. 营利模式

1) 营利空间

本地化生活服务是消费者的天然需求，消费者的吃喝玩乐需求基本都是在本地圈子完成的。消费者在满足这个需求的时候，倾向于以更优惠的价格享受更好的服务，这是经济社会中个体的一种本能反应。团购恰好满足了消费者的这种天然需求和本能诉求，所以团购网有很大的营利空间。

2) 收入模式

（1）佣金模式。佣金模式应当是现在大多数团购网站的主要营利模式，同时也是现在美团网最主要的营利模式。其主要是通过出售团购商品，直接赚取中间的差价；或者是通过出售商品进行高百分比的抽成；或者通过协议帮商家做折扣促销，按照协议金额形成收入。

（2）广告费模式。不可避免地，广告收入将是美团网未来收入的一部分。基于美团网的高流量、多会员的情况，美团网广告的功能也得到了极大的凸显。对于商家来说，这是一个非常好的广告平台。甚至商家更愿意将美团网作为自己的一家店来看，在美团网上做广告相当于把客人直接请到店里面来，直接与产品面对面。这对于商家来说无疑是最好的效果。

（3）服务费模式。接受服务本身也是一种消费。美团网所提供的应该是大量的优惠信息服务，以及合适的产品推荐。目前美团网的会员是免费的，但是不排除未来对会员收费的可能，即通过差异化的服务来收取用户的费用。申请会员级别越高，所能得到的信息就越多，甚至信息可能实现个性化的订制，而且给予更多的优惠。收取会员费本身就是一笔非常庞大的收入，可能会是美团网的一股强大的资金动力。

3) 定价模式

集体竞价。集体竞价就是卖主对产品或服务提出初始报价，在一定期限内，根据提出购买需求的买主数量大小，给予一定幅度的价格折扣，竞价期限到期时就是最终的价格，集体竞价实际上就是大量买主对卖主的集体谈判。目前非常流行的团购网采用的就是集体竞价的价格形成机制。

5. 核心竞争力

1) 关键资源

运营团队和官网。官网的价值含量很低，可以通过直接复制来获取其他团购网站的内容。运营团队分为两部分，分别是线上团队与线下团队。线上团队负责网站开发以及日常的运营维护，线下团队负责线下商家的拓展。

2) 竞争力

（1）客户至上的服务。美团网 CEO 王兴认为，团购网站的竞争优势和客户忠诚度一定是建立在服务这一核心价值之上的，"美团网的核心竞争力就是给消费者提供更好的服务。我们挑选最好的商家、最好的服务、最优的价格，并且使购买非常方便。美团网和商家最好的共赢之道就是服务好消费者"。

（2）人是团购网站的核心。"我们相信一个好的公司一定是能够培养人的公司，它能够培养人，它有造血能力，才能把这个事情做得长久。美团是一个轻资产公司，唯一的核心资产就是人。能不能留住好的人，把他们培养得更好，这是核心竞争力。"王兴表示。

3) 竞争优势

（1）美团网是国内第一家团购网站，也是国内第一批拿到团购资质的网站，比较专业。

王兴虽然坦言美团网是学习外国的团购网站运营模式，但是其毕竟是中国第一家团购网站，经验和用户依赖度高，这也是先入为主的优势。

（2）品牌知名度。美团网是国内第一家团购网站，带动并引领了中国团购行业的发展；美团网拥有数百万个注册用户并且保持持续高速增长；美团网创始人王兴曾成功创建过人人网（校内网）、饭否网等热门网站，在互联网界有着很高的知名度和美誉度。

（3）运营经验丰富。美团网有着强大的商务洽谈团队，经过长时间的积累，有着丰富的商业合作谈判经验。美团网现已在国内众多城市设立分站，且在各地保持领先地位，对本地消费者有着深入的了解，不同城市的本地团队积累了大量的本土经验和优秀做法。

（4）美团网所挑选的商品特色鲜明。美团网每天推出一单精品消费，包括餐厅、酒吧、KTV、SPA、美发店、瑜伽馆、吃喝玩乐、服装鞋帽、家居、建材、数码、美容、汽车、房产等精选特色产品。

（5）100%物流掌控。个人认为这是团购网站的一个大亮点，可以说颠覆了传统B2C与C2C的物流规则。一般我们购买商品都是由卖家负责物流，当然一般情况下我们也要承担一定的物流费用。而美团网的物流方式是，客户付款后将收到一个唯一的美团网验证码，然后带着验证码到相应城市购买，这样可以节省快递的时间与费用，而且令人感到心里更踏实。

（三）美团网经营模式分析

1. 对消费者采取的 4s 经营策略

（1）增加满意程度。除了店家提供的图片与文字介绍外，美团网还从其他网站整合了该商家的客户消费体验，使消费者对商品了解更全面，以增加满意程度。优惠的折扣价格，可使消费者得到更多的实惠。

（2）提供售后服务保障。美团网线下团队选择和评估商家品质的环节，设了八层审核，层层筛选。为了更好地服务用户，美团网还投入千万元进行呼叫中心建设，能在 72 小时内解决 99% 的售后问题。美团网同时率先推出"七天内未消费，无条件退款""消费不满意，美团就免单""过期未消费，一键退款"等一系列消费者保障计划，构成了完善的"团购无忧"消费者保障体系，为用户提供最贴心的权益保障，免除消费者团购的后顾之忧，让消费者轻松团购，放心消费。

（3）高效速度。其有 100% 的物流掌控。美团网的物流方式是消费者付款后将收到唯一的美团网的序列号码和密码，然后带着序列号码和密码到相应的地方消费，可以大大节省快递的时间与费用，使消费者感到踏实，更容易接受。

（4）诚意。美团网率先在业内施行了"过期包退"措施，其曾将美团网会员过期未消费的 1 072 万元款项返还给会员，以行动说话，表达诚意。美团网将会成立"诚信监督委员会"，并对"诚信监督委员会"全面开放后台数据，"诚信监督委员会"可以在任何时间随机抽选任何一单查看后台各项数据，以检查美团网购买人数数据的真实性。

2. 对厂家采取的经营策略

（1）美团网为中小企业提供产品开放平台，有利于商家的品牌宣传。

（2）美团网有较大的议价能力。

（3）利益分成采用收取佣金的方式。

（4）在商家的结款问题上，团购业内普遍的结款方式是人工月结方式，而美团网规定只要消费人数达到团购人数的15%或半个月的时间便与商家结算，缩短了商家的回款时间。

3. 市场开拓

1）产品策略

美团网以服务类产品为主，实物商品为少数。其成本低，获利空间大。因为服务类产品在一定的数量销售后，新增的数量几乎是没有成本的，更容易形成低价团购。美团移动客户端的推出则顺应了互联网的发展潮流。

2）价格策略

让人无法抵挡的折扣策略，每天都有不一样的新鲜感。

3）渠道策略

采用直营策略。

（1）找到综合素质相对更高、更有激情的人在初期领导美团网的城市团队。节省美团网在初期阶段需要花费的时间，增加美团网团队在初期的稳定性。

（2）通过加盟招商的方式来找城市代理，给予高额毛利提成。

4）美团网社会化媒体营销——口碑营销策略

（1）美团网花了大量时间做好服务品质，确保服务质量。

（2）在此基础上，美团网还采取了一些措施，一方面降低传播难度，另一方面增强传播动力，将口碑传播的效果发挥到了极致。例如：在网页的功能设计上，美团网就有很多分享的链接，用户可以通过微博、开心网、人人网，或是MSN一键把消息分发出去，这就降低了传播的难度。美团网一开始就推行的10元钱返利邀请措施，更是大大增强了用户的传播动力。

（3）采用美团网主账号和城市账号矩阵式的运营，将美团网的产品和口碑迅速传达给目标受众，并得到广泛传播。同时，美团网在微博方面充分利用评论、私信等功能，及时了解消费者的需求或投诉，迅速沟通并给予快速解决。

4. 市场竞争

（1）美团网在花钱上注重成本控制及精细化运营。在2011年年初那场烧钱的疯狂大战中，美团网并未盲目出手，至今也都没有做过线下广告，所有传播都是通过互联网和口碑来完成的。

（2）面对传统门户的竞争，美团网利用其庞大覆盖多城市的线下队伍，跟本地服务的商家对接，围绕客户的需求和美团网的核心优势去发展。传统门户网站缺乏靠谱的覆盖多城市的线下队伍，美团网利用这种优势提高其竞争能力。

（3）与阿里巴巴合作。阿里巴巴在品牌、管理运营以及对线下中小企业市场的拓展等方面，会给美团网以极大帮助，使美团网的竞争力增强。阿里巴巴希望用资金支持美团网为消费者和本地中小商家提供更好的服务。

（四）美团网技术模式

1. IT系统提升效率

"用科技手段来改变本地服务业"是王兴当初进入团购这个行业时的想法，所以技术和服务是美团网自始至终都坚持的。

因此，围绕着"本地"这一中心，美团网不断尝试开发各种IT系统来满足商家和消费者的各样需求，通过科技与人的结合来达到服务水平的提升。譬如，美团网的"自助结款系统"，能够在最短的周期付款给商家，在解决了商家资金链的后端需求的同时显著提升了美团员工的效率。尽管美团网目前只有 2 000 多名员工，仅为一些排名前十的团购网站员工数的一半，但美团网的销售数据和消费者满意度等指标远好于其他网站。

（1）完善的 SEO 优化。

（2）腾讯 QQ、支付宝、新浪微博、百度、360、开心网、团 800 及手机支付等美团网合作网站。

（3）用网银付款、支付宝付款、美团账号余额直接付款。

2. 网站建设技术

《MT 团购网站系统 1.0 版本》是 SOHOAI 拥有知识产权自主开发的基于 Web 应用的 B/S 架构的限时团购网站建设解决方案（美团网和 groupon.com 建设解决方案）建站软件。它可以让用户以高效、快速的成本构建个性化、专业、强大功能的限时团购网站。从技术层面来看，本系统采用目前软件开发 IT 业界较为流行的微软 Microsoft 公司 Visual Studio 的 NET（C#）开发平台和 SQL Server 数据库开发技术架构。从功能层面来看，前台首页每天显示一个服务类商品的限时——限最低成团人数的团购活动，具有邮件订阅、好友邀请、人人网（原校内网）、开心网、新浪微博、MNS/QQ 分享、短信发送、购买凭证券在线打印、下载等功能。其中为了迎合中国的国情或者说扩大限时、限最低成团人数每次只能发布一个商品的缺陷，前台可以针对某个品牌的多种商品进行团购活动发布。这也是美团团购网站系统的一大亮点。

3. 客户服务中心

客户服务中心的主要工作有两个：咨询和售后服务。

美团的承诺：美团网自 2010 年 3 月 4 日上线以来，一直努力为美团网会员提供"本地精品消费指南"服务。为了更好地服务美团网会员，美团网推出"团购无忧"消费者保障计划，包括"七天内未消费无条件退款""消费不满意，美团就免单""美团券过期未消费，无条件退款"等，为消费者提供贴心的权益保障，免除消费者团购的后顾之忧。

1）售后服务保障

美团网始终遵循消费者第一、商家第二、美团第三的原则，自成立之初就非常重视诚信经营，迄今已有一整套体系为消费者提供好价格、好商品和好服务。

（1）美团网是国内第一家在消费者消费后，让消费者对消费进行评价的团购网站，以便于我们能够及时地发现消费中存在的问题。

（2）美团网是国内第一家在消费者美团券过期前会多次给消费者发短信提醒的团购网站。

（3）美团网是国内第一家建大型客服中心的团购网站。销售额快速增长，客服电话是否能接通成为消费体验中非常重要的一个要素。

（4）美团网是第一家推出团购券过期包退的团购网站，并在美团网成立一周年时一次性退款上千万元。在此之前，团购券过期后就不能用了，消费者预付的钱也无法取回，极大地影响了消费者对团购网站的信任。为了解决这个问题，美团网率先推出过期包退，把这笔不该拿的钱退给消费者。过期包退是美团网全球首创，连团购网站鼻祖 Groupon 至今也没实现。

（5）美团网推出了"团购无忧"的售后服务计划。其内容包括购买七天后未消费无条件退款、消费不满意美团就免单、过期未消费一键退款。

2）美团网移动客户端

美团团购客户端是美团网精心打造提供浏览、支付、消费凭借等一体化服务的移动应用程序，如图 5-1 所示。美团团购客户端浏览顺畅、操作简单，并且针对移动终端做了一系列专享功能和体验。

图 5-1　美团客户端

随着近些年的发展，美团网旗下的 APP 进一步扩充，主要有：美团、美团外卖、大众点评（2015 年与其合并）、美团闪购、美团单车（2018 年收购摩拜单车）、美团跑腿、小象生鲜、榛果名宿、美团打车以及猫眼，如图 5-2 所示。

美团
生活服务线上交易平台

平台以客户为中心，为消费者提供美食、旅游、酒店、外卖、电影等吃喝玩乐全都有的一站式生活服务。美团为消费者推荐多种优质且物超所值的本地生活服务，同时致力于帮助消费者发现好玩、新鲜的生活方式。

大众点评
生活信息线上搜索平台

大众点评是中国领先的生活信息在线探索平台。立足"发现品质生活"的品牌定位，大众点评覆盖吃喝玩乐生活全场景，致力于为消费者提供大量关于线上商户的详细、真实及透明信息，包括深入评论、推荐、详细评分、照片与视频，帮大家吃得更好，生活更好。

美团外卖
提供即时配送服务

全球领先的餐饮外卖服务提供商。2019年4月，美团外卖日完成订单量突破2500万单。2018年，美团外卖的年度交易金额为人民币2828亿元，美团外卖收入达381.4亿元，日活跃配送骑手数量超60万。

美团闪购
30分钟到货的生活卖场

美团闪购是美团点评旗下的本地即时购物平台，为用户提供基于位置的零售和即时配送服务。用户通过手机下单即可快速买到周边各类商家提供的丰富商品，涵盖超市便利、生鲜果蔬、鲜花绿植、服装鞋帽、母婴用品和健康护理等众多品类。

美团单车
美团点评旗下单车业务

其前身为摩拜单车（mobike），于2015年1月成立，创建了全球首个智能共享单车模式，自主研发的专利智能锁集成了 GPS 和通讯模块，使用了新一代物联网技术，通过智能手机 App 让用户随时随地可以定位并使用最近的共享单车，骑行到达目的地后，就近停放在路边合适的区域，关锁即实现电子付费结算。2018年4月，美团点评正式收购摩拜单车，为用户提供全场景消费体验。

图 5-2　美团网旗下的 APP

美团跑腿
同城速达服务平台

美团跑腿是利用美团点评成熟的即时配送网络,为消费者提供高效、低成本的同城速达服务平台。

美团打车
提供试点网约车服务

美团打车是美团旗下的网约车平台,于2017年2月正式上线,并开始在南京试点运行,2018年3月,美团打车进入上海。经过两年多的试点探索,2019年4月26日,美团打车上线"聚合模式",通过接入首汽约车、曹操出行、神州专车等主流出行服务商,用户可以在美团一键呼叫多个不同平台的车辆,享受不同品类的打车服务。

猫眼
一网打尽好电影

由美团孵化的中国领先的互联网娱乐服务平台,业务涵盖在线娱乐票务服务、娱乐内容服务、娱乐电商服务和广告服务等。

小象生鲜
美团旗下集生鲜食品、餐饮、电商和即时配送于一体的线上线下一体化生鲜超市

小象生鲜以"越快越新鲜"为品牌口号,通过提供优质便利的生鲜食品和服务,帮助消费者吃得更好,并促进生鲜食品产业链升级。2018年5月小象生鲜品牌全新升级,截至目前,小象生鲜在北京有两家门店,分别是望京博泰店和方庄店。

榛果民宿
美团旗下的民宿短租预订品牌

榛果民宿为用户提供住宿分享服务,精准满足年轻一代个性化、多样化住宿需求,让年轻人"住的不一样"。榛果壳结实,果肉香甜,寓意榛果民宿希望给用户提供更加安全、美好的住宿体验。

图 5-2　美团网旗下的 APP(续)

目前支持的平台:Android(适用于 8.0 及以上版本,IOS 11.4)/iPhone/iPad 版。

3) 美团团购网站系统的控制管理模块

美团团购网站系统管理员后台具有人性化的邮件发送参数配置、邮件模板管理、邀请返利金额配置、短信接口配置、短信模板管理、每日团购活动发布信息管理等必需的控制管理模块,能迅速地帮助有热情、有志向投入运营限时团购网站(美团网和 groupon.com 类团购网站)的客户建立属于自己的限时团购网站。

4. 技术创新

美团网创造了为消费者服务的很多"领先":领先推出用户消费后评价系统,对消费者短信跟踪要求其对服务作出评价;领先建立大型呼叫中心,采用 Avaya 全套设备,配备 300 个坐席;领先推出团购券到期短信提醒,不独吞未消费商品;领先推出过期包退,这一举动刚开始被认为是扰乱行业,而后又变成了团购服务的标配,被其他团购网站借鉴;领先向公

众开放后台数据,承诺行业数据从不作假。这些"领先"给美团网带来了意义非凡的回报。

美团网技术部门做了很多 IT 系统来帮助商家提高服务效率。比如,在给商家结款上,此前,商家都得经过漫长的等待才能拿到钱,而美团网通过自主开发的一套计算机自动化程序,设置自动付款,解决了商家资金链的后端需求,让美团网成为付款领先的团购网站。据第三方数据机构 DCCI 互联网数据中心此前发布的《2011 上半年中国网络团购用户调查报告》显示,美团网是消费者满意度领先的团购网站之一。

此为技术驱动而非人海战术,"我们在所有可能改变的地方尽可能用计算机自动化实现。"王兴说。美团网坚持施行技术驱动,通过科技与人的结合来达到效率的提升。目前排名前十的大型团购网站,员工数基本都在四五千人,有的网站员工数更是超过了 5 000 人,而美团网员工数只有 2 000 多人(2010)(2019 年员工 50 000 人;2013 年 8 000 人。来自百度)。虽然员工数只有其他网站的一半,但美团网的业绩和消费者满意度等指标远好于其他网站。

(五) 美团网管理模式

1. 经营管理

1)对消费者的保护:功能介绍

(1)随时查看今日团购。

(2)地图模式浏览,查看身边团购。

(3)团购排序:可以按距离、人气、价格等排序,查找更方便。

(4)手机支付快速秒杀:手机付款安全快捷,动动手指就能团购。

(5)我的订单管理:出示手机中的密码即可消费。

(6)人性化提醒:提醒快到期美团券,消费更安心。

(7)退款功能。

(8)分类筛选:查找方便。

2)对商家的控制:售前审核流程

美团网与任何商家合作,要都经过美团网专门组建的品控团队进行严格的八层审核把关,审核没通过的商家一律不能和美团网合作,以确保消费者权益受到最大化的保障,层层为消费者着想。其八层审核为:

(1)网上调研。

(2)实地调研商家,之后谈销售方案签合同。

(3)城市经理审核合同及相关材料。

(4)总部品控审核合同及相关材料。

(5)现场商家采访。

(6)总部品控审核采访内容,把材料交给编辑写文案。

(7)责任编辑审核文案。

(8)总部品控终审。

2. 系统管理

(1)会员注册系统。美团网需要注册会员才能进入,这有效减少了同类网站的模仿和一些垃圾信息,也能使用户很好地管理自己的信息。

(2)美团网网上买卖系统。

(3) 美团网团购实现系统。

3. 团队管理

美团网的团队构成大体可以分为两部分，分别是线上团队与线下团队。线上团队负责网站开发以及日常的运营维护，线下团队负责线下商家的拓展。对于在多个城市开展团购活动的团购网站而言，一般情况下，线上团队可共用。这是一个对线下资源依赖性远高于线上资源的行业，所以从某种意义上讲，此模式并非一个非常互联网的模式，需要一大批"扫街"的队伍。我们可以看到美团网相对简洁的线上界面呈现，却拥有庞大的线下销售人员进行商家的广告营销；在客户热情地参与团购活动的背后，却不断地在追踪客户的各种信息进行客户行为分析以更好地提供营销策划方案；同时快速地进行区域扩张，甚至通过收购加快扩张速度。这是因为客户行为数据分析量越大，越精细，越能提供精准的营销方案，越能获得商家的青睐。

（六）美团网资本模式分析

初始融资：A 轮、B 轮。

背景：美团网成立于 2010 年 3 月 4 日，5—10 月相继在上海、武汉、西安、广州、无锡、南京上线。

第一次融资：在美团网初步发展阶段，美团网于 2010 年 10 月已获得红杉资本超 2 000 万美元融资。

用途：第一轮融资的具体用途是在城市扩张、线上线下推广以及技术研发方面。

影响：扩大美团的经营规模，提高美团的综合竞争力。

背景：2011 年春，国内团购网站开始出现急剧扩张、烧钱火拼广告的现象，同时各地雨后春笋般地涌现出了众多地方中小团购网站。然而，这种火热仅仅维持了不到两个季度，随着风投资金的缩紧，绝大多数的团购网站只是昙花一现。

第二次融资：2011 年 7 月 13 日，阿里巴巴领投美团网 5 000 万美元。北极光、华登国际及红杉资本等三家风险投资机构跟投。

用途：第二轮融资的主要用途是服务的优化、技术产品的创新、人才的培养等方面，或一切可以培育本地消费电子商务市场的地方，以帮助美团进一步发展。

影响：美团网最早预测到团购冬天的到来，提早完成 B 轮 5 000 万美元的融资，在夏天时已为过冬准备了充足的资金及人力储备；当寒潮将大批不注重消费者体验、依靠烧钱提前透支身体的劣质团购网站淘汰时，美团网生存了下来，并成为团购老大。

美团网的融资历史如表 5-1 所示。

表 5-1　美团网的融资历史

		腾讯	
		红杉资本	
		新加坡政府投资	
D 轮	2017-10-19	加拿大养老金投资公司	40 亿美元
		挚信资本老虎基金	
		Coatue	
		中国-阿联酋投资合作基金	

续表

C 轮	2014-05-01	红杉资本 阿里资本 泛大西洋资本	3 亿美元
B 轮	2011-07-01	红杉资本 北极光 阿里资本 华登国际	5 000 万美元
A 轮	2010-09-01	红杉资本	1 000 万美元

(七) 问题和建议

1. 美团网的问题

1) 经营管理问题

(1) 主要是地方站与总站之间的资金分配不协调。

(2) 管理松懈，制度不完善。

2) 创新能力不足

2. 发展建议

(1) 本地化（区域化）。服务业，只有区域化才有活力。要加强区域化对分站的管理，我国的经济发展不平衡，区域化明显，各地区分站有一定的相似点，应该利用区位优势加强管理，节约管理费用，提高服务效率。

(2) 加大创新力度。网上团购这个领域，被地方门户占领着，地方门户学美团网一定会成为趋势，以至模式活动化。将美团网模式作为网站的一个具有诱惑力的活动，这是个好主意。如果地方门户"山寨"到精髓，估计正版美团网将难以立足。

(3) 行业化。聚焦行业是解决用户精准性的唯一途径，不精准的用户积累，很难被行业客户认可。

(4) 2012 年以来团购市场明显分化，淘汰加速。美团网应坚持以为用户带来价值为生存下去的基础，稳扎稳打，才不被市场淘汰。在进行分站建设的过程中不应一味地追求数量，而要分析各地的经济状况。

三、大众点评网

(一) 大众点评网的基本情况

大众点评网（www.dianping.com）于 2003 年 4 月在上海成立，是中国最大的本地搜索和城市消费门户网站，也是国内最典型的 Web 2.0 网站之一，由国际顶尖风险基金投资，如图 5-3 所示。该网站覆盖上海、北京、广州等全国 30 多个主要城市，首创并领导了消费者点评模式，以餐饮为切入点，全面覆盖购物、休闲娱乐、生活服务、活动优惠等城市消费领域。大众点评网是全球最早建立的独立第三方消费点评网站，同时，大众点评网亦为中小商户提供一站式精准营销解决方案,包括电子优惠券、关键词推广、团购等。另外,继网站之后,大众点评已经成功在移动互联网布局这一模式,大众点评移动客户端已经成为本地生活必备工具。据悉,美国最大的点评网站 Yelp 2004 年才成立。

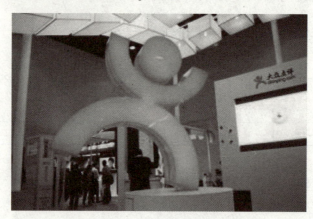

图 5-3 大众点评网

作为点评类网站先行者的大众点评网,其创办带有偶然的成分。2003 年年初,在海外学习工作多年的张涛(大众点评网 CEO)回国创业。作为酷爱美食的上海人,张涛发现,虽然各种餐馆琳琅满目,但选择起来非常困难,因为没有相关评论信息来源,很难判断各餐馆的优劣,而在欧美,都有点评饮食的书籍定期出版。张涛说:"中国是个美食之国,但缺乏一个比较好、比较受消费者认可的美食评鉴品牌,法国有《米其林餐厅指南》,美国有《查氏餐馆评鉴》,我们希望建立一个品牌,通过这个品牌,把更优秀的餐厅介绍给广大消费者,也让广大消费者了解更多这方面的信息。"

大众点评网的价值网络是以大众点评网网站为核心的,涉及使用大众点评网服务的用户、与大众点评网合作的企业以及提供内容、搜索信息的合作伙伴。

大众点评网经过多年的发展逐渐走向成熟,其发展脉络如下:

从 2003 年成立至今,大众点评网共经历了四轮融资。2006 年,中国融资市场复苏,大众点评网获得了红杉资本的首轮 100 万美元投资,这也是红杉中国成立之初投资的早期项目之一。

2014 年 2 月,腾讯宣布与大众点评网战略合作,持后者 20% 的股份。

2014 年 12 月 27 日,福布斯中文网从投资圈获悉,大众点评网即将完成新一轮融资,本轮融资规模逾 8 亿美元。

2015 年 10 月 8 日,大众点评网与美团网联合发布声明,宣布达成战略合作协议并成立新公司。新公司成为中国 O2O 领域的领先平台。

合并后双方人员架构保持不变,保留各自的品牌和业务独立运营。新公司将实施 Co-CEO 制度,美团 CEO 王兴和大众点评网 CEO 张涛将同时担任联席 CEO 和联席董事长,重大决策将在联席 CEO 和董事会层面完成,新公司估值超 150 亿美元,此次交易得到阿里巴巴、腾讯、红杉资本等股东的大力支持,华兴资本担任本次交易双方的独家财务顾问。

2016 年 7 月 18 日,生活服务电商平台美团—大众点评(简称"新美大")宣布,获得华润旗下华润创业联合基金战略投资,双方建立全面战略合作关系。

2018年7月,大众点评网新增"一键停用第三方全部社交关系"功能,用户选择该功能后,即可一键停止关注微信好友,并取消微信好友对自己的关注。

(二)大众点评网的商业模式

1. 战略定位

(1)大众点评网的定位为城市生活消费指南网站。随着网络的普及,以及电子商务的高速发展,消费人群中网购以及网上预订机票、酒店、餐馆、音乐会的比比皆是,网络媒介平台以它方便快捷的传播模式已经迅速为人们所认同和接受。通过收集整理国内主要城市的餐馆信息,建立数据库,向公众提供信息搜索服务,并鼓励会员对其去过的餐馆进行评论。

(2)主要服务方式:餐馆搜索引擎、网友第三方评论、增值信息发布。网友第三方评论一方面是网站提供的特色服务,能吸引网友人气,另一方面其产生的信息也是网站持续运营的信息动力。

2. 目标用户

目标用户年龄主要分布在25~40岁,以城市白领为主,月均收入在3 500元以上,拥有较强的自主消费能力,多是喜欢餐饮的美食家,女性占总数的60%,有很强的引领消费能力。他们是想通过浏览他人的经历、经验来涉足未知生活领域的人群。

3. 产品和服务

大众点评网是点评模式,提供的是点评的平台。大众点评网上所有信息采集与更新都由有实际消费体验的网民上传提供,网站方面只需做一些信息筛选、整理等工作。其信息包括:餐馆信息(包括餐馆基本信息和会员点评信息)、餐馆搜索引擎、各种餐馆排行榜等增值信息和会员活跃度排行、BBS论坛等。

4. 营利模式

一个企业的收入和利润来源就是它的营利能力。众所周知,切实的营利能力是判断一个网站运营成功与否最重要的标准之一,通过对其收益情况的分析可知,大众点评网其实采取了以下模式:

1)佣金收入

具备影响力后,大众点评网在用户与餐馆之间搭建起消费平台,佣金模式得以实现。大众点评网通过积分卡(会员卡)实现佣金的收取:第一步,签约餐馆,达成合作意向。第二步,持卡消费。用户注册后,可以免费申请积分卡,用户凭积分卡到签约餐馆用餐可享优惠并获积分,积分可折算现金、礼品或折扣。第三步,收取佣金。大众点评网按照持卡用户的实际消费额的一定比例,向餐馆收取佣金,以积分形式返还给会员一部分后,剩下部分就是网站收入。大众点评网收取的佣金率为实际消费额的2%~5%。

2)精准广告

大众点评网的立身之本在于独立性与公正性,受众通过大众点评网搜索信息主要是缘于对其传播信息的信任。因此,大众点评网出于对独立性的坚守,没有贸然引入如Banner广告等形式的传统网络广告。大众点评网的广告模式是精准广告,为商户开展关键字搜索、电子优惠券、客户关系管理等多种营销推广。大众点评网的关键字搜索类似于Google和百度,输入关键字,会有相关的商家信息出现。在此类搜索热词附近,大众点评网推出竞价排名,并向消费者明确指出这是广告。这类广告模式,并没有给用户的体验效果带来

直接的负面影响,反而成为满足用户需求的针对性信息,拓宽了网站的营收渠道。其收入来源分为三类:

(1) 餐馆搜索引擎的广告收入。

(2) 网站广告收入:现在推出的有网站横幅广告、如 Google 版的右侧链接广告、"新店开张"专栏文字链接广告和电子刊物广告链接等四种。

(3)《餐馆指南》系列手册的广告收入。

3) 会员制

与商户签订合作协议。任何人都可以注册成为大众点评网的会员,免费申请积分卡。会员凭积分卡到餐馆用餐可享优惠并获积分,可折算现金、礼品或折扣。大众点评网凭借其渠道平台的优势,向餐馆收取佣金,以积分形式返还给会员一部分后,剩下部分就是网站收入。

4) 线下服务

大众点评网把网友评论结集出版为《餐馆指南》,目前分为北京、上海、杭州、南京四个版本,每本售价为 19.8 元。每本营利 5 元,仅上海的发行量就达到 10 万本。

5) 无线增值

大众点评网作为 CP 与一家大 SP 合作,为用户提供手机搜索内容,比如用户发送短信"小肥羊、徐家汇",就可以获得餐馆地图、订餐电话、网友点评等信息,如图 5-4 所示。

5. 核心竞争力

大众点评网作为第三方点评网站,所传播的信息主要是网民对于商家产品服务体验式的评论,最重要的主流点评内容聚焦在餐饮业。相比之下,传统网站提供的生活服务类信息,多是由编辑、记者精心编排,针对性较强,并且有建议、生活贴士等延伸信息。大众点评网内容没有编者人为策划的痕迹,全面性、权威性不及传统网站。大众点评网的竞争优势是核心会员,与同类网站相比大众点评网的竞争力就是这批核心会员,这是他们的最大财富,从某种程

图 5-4　手机版
大众点评网

度上来说,这批核心会员相当于大众点评网的员工,义务为大众点评网提供丰富内容。这可以说是大众点评网的核心能力。

(三) 大众点评网的经营模式

1. 经营理念

大众点评网以公正客观的宗旨建站,以贴近会员、注重用户体验的理念运营,以踏实、追求实效的风格发展,已取得了初步的成功,并正努力赢得更大的胜利! 除运营网站外,大众点评网还涉及出版、手机增值服务、餐饮业务合作等领域。与传统的门户网站相比,大众参与是点评类网站的一大特点,信息主要来源于用户点评,这是其低成本运营的根本。大众点评网一直致力于城市消费体验的沟通和聚合。其首创并领导的第三方评论模式已成为互联网的一个新热点。在这里,几乎所有的信息都来源于大众,服务于大众;在这里,每个人都可以自由发表对商家的评论,好则誉之,差则贬之;在这里,每个人都可以向大家分享自己的消费心得,同时分享大家集体的智慧。

大众点评移动客户端是通过移动互联网,结合地理位置以及网友的个性化消费需求,为网友随时随地提供餐饮、购物、休闲娱乐及生活服务等领域的商户信息、消费优惠以及发布消费评价的互动平台,大众点评移动客户端已成为人们本地生活的必备工具。

2. 事件性营销策略

事件性营销是点评类网站初创期推广效果最理想的方法。所谓事件性营销,是指借助或策划某一个焦点事件,通过网友的互动、关注,并借助网络迅速传播出去,以引起更为广泛的关注,扩大影响力。事件性营销的最高境界是持久、隐蔽和"润物细无声"。大众点评网利用数起"餐厅起诉网友恶意漫骂"事件,基本达到了推广自身的目的。

2003年6月,大众点评网的注册用户分别对上海孔家花园、鸿运楼酒楼等餐馆发表了带有侮辱性质的点评,引发了数起名誉侵权诉讼。作为第二被告的大众点评网选择高调应诉。鉴于此案为国内首例第三方评议名誉侵权案,缺乏具体的法律条文,且一审判决后相关方提请上诉,案件经历了漫长的诉讼期,直至2006年6月诉讼才得以终结。在整个诉讼期间,沪上媒体对此给予了充分报道,中央电视台《今日说法》栏目还特别就此案制作了一期节目《陌生人的责骂》。虽然最后的判决是大众点评网败诉,但"连续30天在网站上发布道歉声明,并赔偿相应经济损失1 340元"的代价,对于所起到的宣传效果,显然微不足道。而经此诉讼,大众点评网的知名度得到了提升,随之而来的是网站的人气和流量得到提升。据网站负责商务拓展的副总裁龙伟介绍,大众点评网自创立至2006年年初,网站的注册会员人数快速增长,截至2006年年初,注册会员超过100万个。

3. 市场推广策略

第三方餐饮服务网目前的市场成熟度地区差异较大,主要的用户群体基本上集中在北京、上海、深圳等一些经济较发达的一线重点城市。从其发展情况来看,大众点评网的上述推广模式还是比较成功的。大众点评网主要的推广策略有:病毒式传播方式,即网站以鼓励会员向朋友推荐的方式来进行病毒式传播推广;网站合作,即通过餐馆搜索引擎、频道CP等方式,跟别的网站合作,来达到推广的目的;搜索引擎,即网站在Google、百度等主要搜索引擎上都进行登录;出版《餐馆指南》系列手册。

4. 团购营销

从2010年开始,大众点评网开始加入如火如荼的团购大战。在张涛看来,团购并非一种独立的商业模式,更像是一种工具和产品,是用来解决本地商户的部分营销需求的。此外,从长期来看,团购并不能满足本地商户所有的营销需求,在不同的阶段,商户需要不同形式的精准营销工具,例如电子优惠券、关键字搜索等。所以团购不是独立的商业模式,而是一种工具和产品,用来解决本地商户的部分营销需求。

前几年,大众点评网给人的印象是有些老化了、慢吞吞,但这两年,团购与移动互联网兴起让大众点评网找到了新的感觉。从2018年6月10日推出团购第一单,截至2018年11月30日,共计130单团购。统计数据显示,50%在团购下线前全部卖光,80%团购消费者表示愿意再次消费,由此足见其良好的营销效果。

(四)大众点评网的技术模式

大众点评网从2003年创建以来,已经经历了16个年头,在技术方面从最初构建时期的简单的、低成本的方案,到发展阶段不断"痛苦"的转型演变,到目前比较复杂的技术架构,大众点评网的技术团队一直在关注业界新技术,力求提高可用性、降低成本、优化用户体验,并针对"点评"这一第三方参与的特点,摸索出一些特有的解决方案。

1. Ajax、Tags 技术

大众点评网采用了 Ajax 技术、Tags(标签)等技术。使用 Ajax 技术是因为 Web 2.0 网站用户交互越来越多,这项技术就是让用户在提交评论的时候感觉更加舒服;而标签之所以重要,则是因为用户提交越来越多的信息需要分类,用户可以使用标签按照自己的分类方式归类。

2. 互动点评模式技术

从知识生产的角度看,Web 1.0 的任务,是将以前没有放在网上的人类知识,通过商业的力量,放到网上去。Web 2.0 的任务是,将这些知识,通过每个用户浏览求知的力量,协作工作,把知识有机地组织起来,在这个过程中继续将知识深化,并产生新的思想火花;从内容产生者角度看,Web 1.0 是以商业公司为主把内容往网上搬,而 Web 2.0 则是以用户为主,以简便随意方式,通过 Blog/podcasting 方式把新内容往网上搬;从交互性看,Web 1.0 是以网站对用户为主;Web 2.0 则是以 P2P 为主。

3. 网络点评诚信技术系统

在线生活服务行业内容在不断扩展,而各个行业消费特点不同,行业市场结构不同,再加之消费趋势不断变化等,这些因素对于网站技术系统的研究工作要求更高;与此同时,利益驱动下的各种灰色中介公司不断出现,不断针对点评网站机制、技术算法开展专向研究,使得网站要不断加快自己技术系统的更新速度。2010 年 8 月 2 日,大众点评网进行了三年间最大一次网络点评诚信技术系统升级,这次系统升级针对的是整个网站所收录的所有生活服务商户,而不是某一个或一类商户。

这套以"商户客观指数""会员信誉度"为核心的诚信技术系统,希望通过不断地完善技术算法,排除人为因素,更加严谨、科学地进行网络点评平台的管理,从而打造更加合理、纯净的网络平台,力求保证第三方点评平台的独立客观性,提高网络点评的可参考性。对于这套网络点评诚信技术系统,大众点评网酝酿已久。自 2003 年年初建网络点评平台以来,其集结的无数个人主观感受的网络点评内容便成为还原消费行为客观事实轮廓的基础,这也是大众点评权威的基础。一直以来,如何保证网络平台的独立、客观性,给消费者提供有效的消费参考,是大众点评网不断努力的目标。几年来,大众点评网逐步形成了十分严格的编辑规范,即先利用一套先进的技术手段进行过滤,然后再根据规则进行各个环节的人工查验。

(五)大众点评网的管理模式

1. 用户管理

用户管理一直被张涛称为"难事"。其困难在于:怎么在不破坏用户体验的前提下管理好用户?比如,别的网站可能要求用户登录后才能查询具体商户信息,但张涛不愿让这样的细节阻碍用户使用,登录必须由用户自愿完成。

再来看大众点评的用户评价系统。产品与运营副总裁姜跃平负责构建大众点评网的系统。他说:"我们在维护内容客观独立性方面肯定不能做到 100%,但能控制在一个可控的范围内。"这可是个踩钢丝的工作,过于严格会打消用户的积极性,过于宽容又容易水军泛

滥，其他类似的网站甚至会出现竞争对手的水军互掐。此外，他还得兼顾商户的积极性，毕竟商户才是大众点评网的收入贡献者。大众点评网建立了两套内容价值模型，参考十几种因素按不同权重对点评进行考量。一般基于商户，将点评分为默认点评和一般点评。此外，他们也使用简单的 IP 甄别方法来剔除水军帖。大众点评网对评价质量的要求甚至称得上苛刻。除了辨别违规、恶意竞争帖子，姜跃平甚至希望能给论坛"清水"，尤其是那些由真实用户撰写但内容"水"一些的、无病呻吟的帖子。

2. 创新管理

大众点评网还强势推出了城市通商户营销分析管理系统，协助餐饮商户提升管理与营销效率。商户可以通过系统强大的客户数据及市场数据分析功能，了解消费者的消费喜好，把握行业内最新动态，及时与消费者互动沟通，从而全面提升客户关注度及满意度。

3. 大众点评网的资本模式

大众点评网为城市白领提供为本地生活服务发表评论、分享信息的平台。其官方数据显示，截至 2011 年第一季度，大众点评网已覆盖全国 2 000 多个城市，商户数量超过 100 万个，每月活跃用户数超过 3 000 万个，点评数近 2 000 万条，每月总浏览量超过四亿人次。曾有透露，大众点评网 2008 年就实现盈利，此后每年的收入均以超过 200% 的速度增长，2010 年完成销售额近两亿元。目前，大众点评网的估值近 10 亿美元。

2011 年 4 月 26 日，大众点评网正式对外宣布，完成新一轮融资，规模超一亿美元，整个公司的估值近 10 亿美元，此轮投资方包括挚信资本、红杉资本、启明创投、光速创投四家。据大众点评网的说法，此次其一亿多美元的融资规模是目前中国团购行业中最大的一笔融资。截至目前，大众点评网共进行了三轮私募融资。最早是在 2006 年 1 月，投资方为红杉资本，当时的投资额"并不算多"；2007 年 5 月，大众点评网又引入新的投资方 Google；而当时，Google 负责大众点评网这个项目的人正是其大中华区投资并购总监宓群，如今他是光速创投的董事总经理。

张涛称，此次融资的资金将主要用于如下几个方面：其一，新城市的拓展，2011 年，大众点评网在全国二三十家重点城市落地；其二，用于团购业务的发展和竞争，2011 年大众点评网投入近三亿元进行市场推广；其三，进一步布局移动互联网，用于大众点评网手机客户端中手机签到等新业务的开展；其四，用于未来的一些商业并购。

截至 2015 年，大众点评网与美团网合并其融资大事记如下：

√ 2006 年，红杉资本的首轮 100 万美元投资。
√ 2007 年，Google 投资 400 万美元。
√ 2011 年 4 月，挚信资本、红杉资本、启明创投和光速创投联合投资 1 亿美元。
√ 2012 年，第四轮融资 6 000 万美元。
√ 2014 年，腾讯 4 亿美元战略投资大众点评，获得 20% 股份。
√ 2015 年，获得包括腾讯、淡马锡控股、万达集团和复星集团的 8.5 亿美元融资。

（六）结论与建议

大众点评网的普通消费者评论，都是来自民间最基层的、实实在在的个人消费者，其可信度自然会更高。消费者在里面畅所欲言，好的、坏的、特色的、不足的。事实证明，大众点评网这样的做法是非常成功的。对此，我们可以简单地归结为以下几点：

首先大众点评网的定位很精准。大众点评网的定位为城市生活消费指南网站。随着网络的普及，以及电子商务的高速发展，消费人群中网购以及网上预订机票、酒店、餐厅、音乐会的比比皆是，网络媒介平台以它方便快捷的传播模式已经迅速为人们所认同和接受。在有大众点评网之前，消费者在有了一些消费体验之后，会对自己的消费体验有所传播，但他所能影响的圈子有限，只能通过口耳相传，影响到身边的一小部分人群，波及范围窄且周期长。而当大众点评网给出这个平台之后，消费者则巧妙而及时地将客户的消费体验从小范围传播转变为对整个城市相关消费人群的影响，从而达到更大程度的宣传效果和影响力。此外，大众点评网还致力于加强与商家的多方合作，不断推出各种附加的便捷服务，以满足消费者需求。这些都促成了大众点评网如今的成功。

作为第三方点评网站，大众点评网无疑是其中最成功的网站之一，但是仍然有其不尽完美之处。总结起来，大众点评网可以尝试在以下问题上进行改善。

1. 信息黏着度不足

大众点评网的"渠道为王"战略尽管获取了巨大的成功，但仍然有其不尽完美之处。大众点评网"渠道战略"的隐忧在于信息黏着度。关于黏着度对于网站的价值，已经被人们广泛认可，但是目前还没有精确的定义。笔者认为，黏着度具体来说是指用户对某一网站的依赖度、忠诚度。大众点评网如何增强用户黏着度，笔者认为可以从三个方面入手：第一是提高资讯服务的质量，大众点评网可以在提供的餐饮评价信息上做更为细致的分类工作，更加考虑受众的需求，使他们的检索更为方便快捷；也可以借鉴传统网站的操作手法，根据时令季节推出相应饮食专题，比如秋季进补、健康保养等延伸信息，使受众关于餐饮的信息需求尽可能都得到满足；第二是提供更多种类的服务，大众点评网应当尽可能多地利用其已有的影响力，关注受众在化妆品、汽车等领域的消费信息需求，尽可能长久、多主题地聚焦他们的注意力；第三是有计划地组织一系列激发受众参与发布信息的活动，这样既可以使网站本身的内容得以充实，也可以培养受众的媒体忠诚度，使他们潜移默化地长期使用推广网站。

2. 专注还是扩展问题

在消费领域上是否应该有所聚焦，这是一个两难的问题，因为无论怎样选择都意味着很高的风险。如果集中在某些领域，比如传统的餐饮娱乐，可能会丧失市场，这对一个以上市为目标的公司来说是很不愿意看到的，而扩张到更大的范围，就要投入相当大的资源，并在相关领域进行充分的研习，而且一定要在产品方面作出调整。我的观点还是要专注，虽然这在某种程度上限制了规模，但餐饮娱乐已经是块不小的蛋糕了，随便养活几个上市公司不成问题。而且对于任何一家公司来说，专注都是一个优势。

3. 地域覆盖程度不够深

大众点评网的地域范围应该说已经不小了，这一点符合它的战略。但在做大的时候一定不要摊薄，至少在一些重点地区要挖掘纵深，这方面目前点评网做得还比较弱。我们可以预见，未来点评网面临的不仅是口碑网这样的同级别竞争对手，也会在区域内遭遇"地头蛇"，他们熟悉本地市场、有人脉、时效性强，并且没有特别大的胃口，因此很可能蚕食整体市场（这一点倒是和携程的境遇很相像）。至于是否会出现这样的肉搏战，就要看点评网现阶段的策略了，如果仅仅是开了一个城市之后就任其自生自灭，完全依赖用户，那一定会给其他网站可乘之机。至于是自己亲自操刀还是寻求合作就看点评网的风格和实力了。

四、拉手网

(一) 拉手网概述

拉手网 (www.Lashou.com),由吴波创建于 2010 年 3 月 18 日,是中国内地最大的团购网站之一,开通服务城市超过 500 个,是全球首家团购+签到相结合的团购网站。

拉手网会每天推出一款超低价精品团购,使参加团购的用户以极具诱惑力的折扣价格享受优质服务。拉手网推出的这些超低价精品团购,有着强烈的地域性。拉手网凭借其强大的市场拓广团队,在中国内地一线城市如北京、上海、广州、深圳,以及 500 多个二、三线城市,不断网络与发掘优质的、符合当地品位的餐饮娱乐商家。

目前拉手网开通的站点有拉手网北京站、拉手网上海站、拉手网天津站、拉手网广州站、拉手网武汉站、拉手网成都站、拉手网重庆站、拉手网深圳站、拉手网沈阳站、拉手网杭州站、拉手网南京站、拉手网西安站、拉手网济南站、拉手网郑州站、拉手网大连站等 500 多个,更多的拉手网站点正在建设中,希望将来有机会为更多的用户服务。

拉手网在用户服务体系上的创新和坚持,为其赢得了丰厚的市场回报。自 2011 年 7 月以来,在拉手网、窝窝团、美团网等多家团购网站的销售额均突破亿元量级后,"亿元俱乐部"中一直未有一家团购企业的营收额超过两亿元。而拉手网 2011 年 11 月销售额已近三亿元,这是中国首家月销售额过两亿元的团购网站。据第三方公开数据显示,拉手网在 2011 年以 16.3 亿元的销售额稳居行业第一。其业务覆盖全国 500 多个城市,注册用户多达 2 200 万人。就在 2012 年 3 月,工信部发布的《2012 年 C-BPI 行业第一品牌榜》显示,拉手网以 458.6 分的成绩荣登团购网站类第一品牌。

2014 年由于种种原因,拉手网的管理层大量离职,原高管团队核心成员,包括财务 VP、投放 VP 等,均已随刚刚离职不久的原 CEO 周峰一同离去,高层只剩 2014 年在任 CEO 邱立平一人。

与此同时,2014 年起,拉手网的业绩大幅下滑,市场占有率下降得非常厉害,其竞争对手美团网凭借 55% 的份额占据半壁江山;其次是大众点评网占 22.1%;随后是百度糯米网占 13%。

2014 年 8 月,濒临弹尽粮绝的拉手网一度有望获得新一轮融资,可此后完全没了下文。2018 年 7 月,拉手网大幅裁员,辞退福利微薄,网传拉手网已经倒闭。

(二) 拉手网商业模式

1. 战略目标

(1) 做领先、最优质的团购网站。
(2) 坚持以用户需求为导向,致力持续提供多样化、高品质的团购产品和服务。
(3) 精细化运营,实现企业全站化营利。
(4) 企业发展到一定阶段后,完善企业财务问题,争取在海外上市。

2. 目标客户

拉手网的消费群体主要集中在中国内地,而在内地主要消费者来自北京、上海、广州、深圳等大城市，其他中小城市消费者数量令人担忧。

从用户的年龄、教育程度、性别、地点、婚否等方面统计，其消费群体的主要特点是：年轻人和中年人是主要消费群体；大部分消费者教育程度高；男女消费平衡；上班族消费多；无子女消费群体多于有子女家庭消费群体。拉手网的主要目标人群集中于办公室白领、学生两大群体，这是两个年轻时尚的群体，他们更易于接受网络并善于使用网络，但是受口碑和品牌影响很大。

3. 产品和服务

1）开通 12315 绿色通道

两年来，拉手网从模式创新、业务创新到服务创新，一直积极探索团购发展方向，不断为提升用户体验、提高行业的服务门槛而努力，多次为团购行业发展开拓新的方向、树立新的标杆。

"在拉手网，用户永远第一。"拉手网创始人兼 CEO 吴波表示，"团购的本质是服务，为消费者提供好的服务，让他们放心、满意，始终是我们的目标。规范化、品牌化一定是团购发展的主要方向。"

正是基于这样的经营理念，拉手网一直把用户的利益放在首位。拉手网率先响应政府政策，在上海、北京、重庆等各地工商局的指导下，全国联网 13 个城市开通 12315 绿色通道，快速解决消费者纠纷，进一步引领团购行业服务水平提升。同时，拉手网设立消费者保障部，搭建了一套独特、高效的金字塔服务体系，切实保证消费者权益，成为业内服务典范。这种以消费者为重的做法引起了同行的广泛追捧，包括糯米网、窝窝团等团购网站陆续开始效仿拉手网开通 12315 绿色通道的做法。

2）手机应用平台开发

拉手网是中国最大的 3G 手机应用平台开发商，成功地打造了拉手音乐、拉手离线地图、拉手新闻订阅、拉手开心生活、拉手转换王等一线 iPhone 软件产品。

（1）拉手音乐。

拉手音乐，是拉手公司全力打造的一款搜索下载歌曲、听音乐的免费音乐软件。拉手音乐的最大特点是：大家可以直接通过 WiFi 或 3G/GPRS 搜索网络歌曲并下载到本机，不用连接计算机，方便实用。

功能详解：不连接计算机，通过 WiFi 或 3G/GPRS 下载网络歌曲；支持离线添加歌曲，上线后自动下载；音乐播放；简单编辑自己的歌单，方便快捷地添加歌曲进歌单；歌单先后播放的功能。

（2）拉手离线地图。

拉手离线地图是专为节省流量费而设计的免费软件。

①对于 WiFi 的用户，可以在有网的时候下载好地图，以备出门在外没有网络的时候使用。

②GPRS 和 3G 的用户可以一次性下载地图，终身使用，以后不再需要联网损耗流量。

拉手离线地图的最大特点是：不需要连接网络，依然可以搜索到身边的生活服务信息。用户可以在有网时下载好所需要城市的地图和标注，这样在没有网络的时候，依然可以查找到身边的大厦、餐馆、银行、加油站……

用户甚至可以只下载所需城市的标注，离线时便能直接搜索身边的商户信息。

更可以不下载任何地图和标注，在线将所需要的标注和驾车导航收藏，离线直接查看使用，即节省流量，又方便出行。拉手离线地图支持在 iPhone 上直接将网友上传的地图下载到本机，不需要连接电脑。

拉手离线地图的详细功能：下载离线地图和标注；离线搜索身边生活服务信息；收藏标注和驾车导航以备没有网络的时候使用；随时定位自己的当前位置；发布微博与朋友们交流；查看商户的位置、联系方式等详细信息，可以直接打电话给商家；碰手交换名片。拉手离线地图还支持把 PC 端下载的地图直接放置在 iPhone 中。

（3）拉手全球新闻。

用户在这里可以查看到世界上任何要关注的信息，无论它来自各大主流新闻媒体、Blog、论坛，还是行业网站或各地方媒介（Google、百度、新浪、搜狐、腾讯、网易、MSN、CNN、CNBETA、天涯等）。只要是用户关心的，都能通过拉手全球新闻进行查看。

拉手全球新闻能够帮助用户：

①查看全世界的任何新闻：让用户站在信息的最前沿。

②筛选用户最关注的新闻：在无数的新闻信息当中，筛选出用户最关注的新闻进行查看。

③个性化专项新闻：如果用户是某人的粉丝，只要输入 TA 的姓名，就能收到关于 TA 的一切信息。

拉手全球新闻支持的功能有：

①支持全文阅读和摘要阅读两种阅读模式。

②支持图片查看。

③随时随地添加订阅来源：不再需要计算机，在 iPhone 上就可以自定义添加任意订阅源。

④分类管理：在 iPhone 上自主管理自己的分类。

⑤三种文字字号切换的阅读模式：字号切换，使阅读变得更方便自如。

⑥选择下载条目数，专为节省流量而设计。

⑦下载更多新闻：让你的信息源源不断。

3）拉手转换王

实时的汇率更新使之最准确、快速；强大的转换功能使之成为易用的转换软件；独特的界面展示方式使得拉手转换王美观、简单。

拉手转换王支持转换的内容有：货币、金银油、重量、体积、长度、面积、温度、速度、时间、角度、计算机、能量、动能、功率、压力、排版。

拉手货币计量转换新增功能：增加了手动刷新汇率的功能；增加了手动选择更新城市，不同城市的朋友们可以得到所在城市的最新油价。

4）创新服务塑造品牌个性

拉手网早前悄然上线"点评返利""今晚团酒店""拉手商旅卡"等众多紧贴用户需求的创新举措。

自成立以来，拉手网从未停止创新脚步，从"一日多团"到"午餐秒杀"的 LBS 应用；从"频道分类"到"站内搜索"的垂直细化；从"团购三包"、呼叫中心到"自建体验店"

的服务升级；从无线业务"拉手团购"到"点评返利"的社会化应用，其用差异化的服务走出了一条独具特色的品牌营销之路。

可见，不论是微创新还是大到改变市场格局，拉手网始终走在行业前沿。拉手网创始人兼 CEO 吴波曾在多个场合公开表示，电商最本质的核心就是服务，拉手网永远走在用户之前，并以用户需求为目的不断推陈出新，用持续变化的用户需求作为拉手网前进的动力。拉手网也将这一准则始终作为企业发展的根本出发点。

业内人士认为，"在团购寒冬下，差异化竞争将成为市场的主流，尤其在经历千团大战洗礼后，团购市场正在经历由价格战向以服务为核心的价值战转变，服务能力的高低成为团购企业赢得市场的关键因素"。

5）拉手承诺

（1）七天无条件退款。

用户购买拉手网团购产品付款成功后的七天之内，若尚未消费，无论由于何种原因，均可提出退款请求，符合退款条件即可实现无理由退款。

（2）退款方式。

①原路退回（2~15 个工作日完成）。

②退至拉手账户（立即完成）。全额退款至用户的拉手账户中，用户可在下次团购时直接充抵现金使用。

③通过网络银行或支付平台进行支付的费用将直接返还到用户的原账户中；使用拉手返利支付的部分将直接返还到用户的拉手账户中，用户可以在消费详单内进行查询。

（3）过期未使用自动退款。

①自动退款无任何手续费。

②拉手券过期七天后，对所有未消费用户的拉手券进行自动退款，为用户充值到拉手账户中，可在下次消费时直接充抵现金使用。

③自动退款后会有短信通知。

4. 核心竞争力

注重用户价值全面领跑团购。

凡客诚品董事长兼 CEO 陈年对外表示，用户体验造就电子商务的品牌。这代表了所有电商创业者的心声。吴波也曾公开表示，做公司就是做出公司价值，但首先是对用户有价值，给用户提供方便，让用户能够买到便宜的吃的东西。

拉手网作为国内最大的团购企业，始终坚持以用户需求为导向，并在不断变化的用户需求中寻找新的突破口。只有当企业的服务价值是竞争对手所未能创造和提供的，才能够通过服务营销创造、维系客户忠诚度和好口碑。拉手网的核心竞争力就是服务与创新。

团购作为 O2O 模式的代表，成为线上用户和线下商户的重要平台，团购作为虚拟的线上交易更加倚重用户体验，用户体验的好坏直接关系着团购企业的生死，拉手网能在短短两年内获得千万个用户的青睐，与拉手网时刻关注用户体验并不断完善、创新产品有着直接的关系。

5. 营利模式

拉手网的营利核心在于收取商户高达30%~50%的交易佣金，回款周期为两个月，即网上团购活动结束当天结算1/3，一个月后结算1/3，两个月后结算剩余的1/3，如此能迅速回笼资金，变现利润以边营利边疯狂扩张。

人多折扣大，商家都会提出这样的"团体优惠"概念，在行业淡季，很多商家愿意通过折扣来笼络客人。由于此想法，才诞生了拉手网的最先的营利模式，它在七个月内盈亏平衡的关键原因，也许就在于它立足于城市的本地化消费信息挖掘，充分调动了当地消费者的需求，也满足了商户的需要。

由于拉手网站上卖的大多并不是商品而是服务，如餐馆、SPA、课程，大部分成本是固定的，变动成本都是时间成本，所以即使没有人光顾，每天的成本也是源源不断的。

拉手网的营利模式有以下六类：

（1）商品代销。通过代销与第三方合作模式，直接获得商品销售返利。就代销而言，会面临物流快递、库存积压的成本风险。因此，与第三方B2C电子商务企业的合作是最为典型的，可规避以上的风险，更灵活地调整与拓展自身的产品类别。

（2）分站加盟授权。加盟形势对于无论是实体店还是团购都是很好的运营模式，当网站发展到一定程度，具有一定影响力时，获得加盟费的同时也扩大了自身规模的影响力，无形中已经在为用户的项目招商。一般而言，大多数的团购网站均采用直销模式，即需要进军跨区域市场时，采取建立分站，以收购当地有影响力的相关网站或者直接经营。

（3）活动回扣。拉手网作为商家与买家的中间桥梁，组织有共同需求的买家向商家集体采购，事后商家向网站支付利润回报，即大家生活中常见的"回扣"形式。现在拉手网有千人团购会甚至有万人团购会，这种大规模的采购所产生的利润回报之大我们可想而知。

（4）会员制度。目前很多商家会推出"会员"制度，如我们所知的超市、商场、书店，甚至是银行。而"IP会员"拉手网则通过会员卡在团购企业所掌握的商户资源中进行折扣消费。

（5）商户服务费。这是网络团购企业对所有的商户及新开发商户的一个长期合作及维护的综合服务，通过对商户收取年费而提供广告支持、营销推广、用户需求调查、满意度调查等多项服务。

（6）广告费。人们都知道团购类网站最大的特色就是有区域性，它的受众群体一般都是具备消费、购买能力，欲购买的人群，商户通过支付固定的广告费给拉手网，不仅能够提升知名度，还可以获得更多的客户。

（三）拉手网经营模式

拉手网的经营模式主要有以下三种：

（1）一日多团。不同于团购的独到之处是吸引更多不同需求的用户。

（2）社区团购。所谓社区团购，是指一定数量的消费者通过社区或社会中的一些提供社区团购的组织机构，以低折扣购买同一种商品。与网络团购相比，社区团购需要在社区或其他特定地点设立服务部，消费者可在服务部交付钱款，当商品出现问题时获得售后保障等。同时，团购组织机构也可以通过服务部收集居民购买需求，联系合适商家提供商品。进行社区团购时客户直接将款项交予组织机构，并获得凭证，这相对于网上付款，更加安全。

（3）个性团购。拉手网推出了升级后的 LBS 服务项目，也就是会自动定位的"拉手秒杀"，不只是午餐，吃、喝、玩、乐各个方面都包含在内。LBS 的升级是为用户的体验而升级的。这次升级不仅让消费者在快速"拉手"的同时，更是可以让用户随时随地享受到拉手提供的优质服务。

LBS 能够带来几点好处：首先，可以增加竞争者加入的门槛。其次，可以提升对商家的吸引力。最后，可以改善用户关系，让用户黏合在一起，从而产生更多更新的用户商业模式运作流程。

（四）拉手网技术模式

1. 网络开发技术

拉手网是中国最大的 3G 手机应用平台开发商，成功地打造了拉手音乐、拉手离线地图、拉手新闻订阅、拉手开心生活、拉手转换王等一线 iPhone 软件产品。

它是全球领先的宽带交互式电视产品供应商，在嵌入式系统、浏览器、数字视频和宽带应用等诸多方面拥有成功的开发经验，产品遍及北美、欧洲及亚洲市场，拥有超过 100 家的全球合作伙伴。

它有全球优秀的网络传感器 CPU 芯片研发中心。其为 OEM、ISP、电信公司及宽带、有线和数字卫星运营商提供基础设施软件，是在电视上实现音/视频、数据综合服务的全球领导者。其基于传感器的软件提供了一整套交互式服务、交互式电视、个性化互联网通信等。

2. 团购软件技术

团购软件技术的主要功能特点有：

①支持查看全国 500 多个城市的所有团购信息。

②支持定位技术，查看周边的团购商家。

③支持购买团购商品，看到满意的商品可立即下单并付款。

④支持 Check-in 功能，对每单成功购买的商品登记，即可获得拉手网给用户的额外返利，消费越多，返利越多。

⑤支持查看电子版拉手券，无须打印，无须短信，电子版拉手券同样也是消费凭据。

⑥支持商品配送信息的填写和编辑。

⑦支持查看物流配送状态。

⑧支持查看、编辑订单信息。

⑨支持查看拉手账户余额。

⑩支持拉手余额支付、支付宝支付和财付通支付，接下来将接入更多支付方式。

V3.1 版本更新说明：

①对界面 UI 进行了重新设计，使用起来更加赏心悦目。

②拉手券和订单分类显示。

③周边团购采用了高德地图最新 API，使用更加流畅。
④解决了某些手机上城市不全的 Bug。
⑤增加了物流状态查询功能。
⑥软件设置中增加了列表页快速拖动条隐藏的功能。
⑦软件设置中增加了节省流量模式功能。

（五）拉手网管理模式

1. 经营管理

把有意购买低价打折物品的人们召集到一起组成一个团购队伍，当这个队伍的人数达到最低限度时，则可成功进行团购，享受最低价格购买商品。如果人数没有达到最低限度，则此次团购成败，用户也无须承担任何风险。

2. 系统管理

1）会员注册系统

消费者只有在注册成为会员后才能对团购产品及服务进行购买，提高了用户对网站的忠诚度。

2）网上购买系统

3）团购实现系统

用户进入拉手网拍下自己心仪的商品，组队成功后，网站会以短信形式提醒消费者团购成功，并通知商户团购的人数，用户可以凭短信或打印证件消费所拍商品。

3. 团队管理

拉手网的团队构成大体分为两个部分，分别是线上团队和线下团队。线上团队负责网站的开发以及日常的运营维护，线下团队负责寻找商家和进行调查。

（六）拉手网资本模式

2010 年 3 月 18 日，拉手北京站开通。

2010 年 6 月 7 日，拉手网融资 500 万美元。

2010 年 12 月 2 日，网站再获 5 000 万美元投资。

2011 年 4 月 11 日，拉手网正式完成 1.11 亿美元融资，加上此前两轮融资，拉手网已成为团购行业中融资额度最大的企业，共计 1.66 亿美元。

2011 年 10 月 29 日，拉手网向美国证券交易委员会提交了 IPO 招股书，计划在纳斯达克上市募集 1 亿美元。

原本定于 2011 年 11 月 14 日挂牌交易的拉手网传出取消 IPO 的消息，这使其成为全球第二家上市团购网站的时间点无限期延后。

五、结论与建议

2012 年一季度，中国网络团购行业洗牌加剧，大批中小团购企业出现"倒闭潮"。团购导航网站团 800 最新数据显示，截至 2012 年 3 月底，国内团购网站共计 3 269 家，又有 357

家团购网站关闭或转型。经过两年多的洗礼，团购鼻祖 Groupon 股指已暴跌近一半，雄心勃勃的团购网创业者们逐渐在潜藏着泡沫的商业征战中回归理性。

随着团购网站的逐渐增多，市场混乱，在这场竞争的战斗中，并未有表现特别突出的一家或几家网站，大家都表现平平，团购网站行业秩序混乱、信用低、售后差，严重影响了这些网站的信誉。由此，笔者建议：第一，继续做专业的团购网站，并将市场逐渐细分化，使领域不断扩大化，达到每个城市有每个城市团购的程度。第二，全面发展。以团购为网站的立脚点，不断向财经、新闻、娱乐、体育、政治等各方面扩展，做成一个大的综合性网站，类似于腾讯网、淘宝网，等等。第三，保持良好的品质及信誉。如此，拉手网将会取得更好的发展，并将会更受人关注。

本章小结

本章先介绍了 C2B 平台的内涵，然后通过三个典型的 C2B 平台的案例分析，深度解析了 C2B 平台企业的发展、成长模式以及成功经验。本章的逻辑脉络如图 5-5 所示。

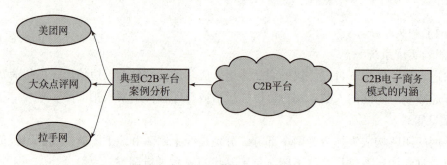

图 5-5　本章的逻辑脉络

C2B 是电子商务模式的一种，即消费者对企业（Customer-to-Business）。C2B 模式的核心，是通过聚合分散分布但数量庞大的用户形成一个强大的采购集团，以此来改变 B2C 模式中用户一对一出价的弱势地位，使之享受到以大批发商的价格买单件商品的利益。

典型的 C2B 平台企业有美团网、大众点评网、拉手网。虽然它们都同为 C2B 平台企业，但是它们的发展模式和经营理念以及商业模式都有很大不同，各有独特之处。

具体来说，美团网的 C2B 平台构建主要从五大模式上来把握，即管理模式、技术模式、资本模式、经营模式以及商业模式。其特点在于美团的口碑营销策略以及美团的营利模式，设置了与众不同的收入模式，具体如图 5-6 所示。

大众点评网与美团网类似，也是典型的 C2B 平台企业，2015 年与美团网合并，其发展过程与美团网略微不同，本章依然从五大模式（管理模式、技术模式、资本模式、经营模式以及商业模式）来谈大众点评网的发展。大众点评网的核心竞争力来源于优质、高质量且可行度极高的民间点评，能为消费者提供切实有效的消费指引；营利模式另辟蹊径，主要来源于会员费、广告与佣金，具体内容如图 5-7 所示。

拉手网也是一个典型的 C2B 平台企业，主要面向团购，其优质服务与优质有效的信息让其名噪一时。虽然如今已经衰落，但是其发展历程以及其早期的战略安排依然值得学习。

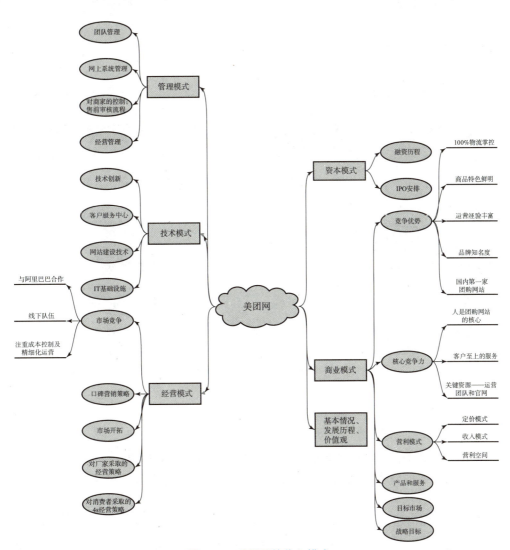

图 5-6 美团网的收入模式

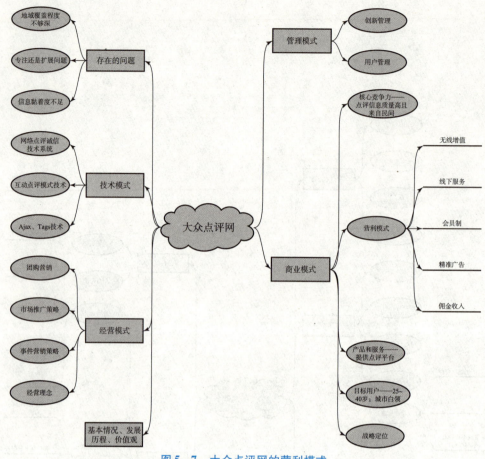

图 5-7 大众点评网的营利模式

本章习题

1. 什么是 C2B 平台?哪些企业是典型的 C2B 平台企业?请举例。
2. 美团网主要的营利模式与其核心竞争力分别是什么?为什么说美团网是 C2B 平台企业?
3. 大众点评网构建了怎样的商业模式让其在众多 C2B 平台企业中脱颖而出?
4. 为什么说拉手网是 C2B 平台企业?其营利模式是怎样的?

第六章

SNS 平台案例

一、内容提要

SNS（Social Network Service，社交网络服务），依据六度理论，以认识朋友的朋友为基础，扩展自己的人脉，并且无限扩张自己的人脉，在需要的时候，可以随时获取一点，得到该人脉的帮助。SNS 网站，就是依据六度理论建立的网站，帮用户运营朋友圈的朋友。本章主要是对 Facebook、人人网、新浪微博三个 SNS 平台案例进行分析。

二、Facebook

（一）Facebook 的基本情况

1. Facebook 的基本信息

Facebook 是一个社交网络站点，它是由马克·扎克伯格在 2004 年 2 月 4 日创办并上线的，总部位于旧金山的加利福尼亚大街。在网站的刚开始，注册用户仅局限于哈佛大学的学生，在以后的时间里注册扩展至全美的高校。最终，在全球范围内只要有一个大学后缀的电子邮箱都可以加入进来。之后更是建立起高中和公司的社会化网络。从 2006 年 9 月 11 日起，Facebook 对网站的用户完全没有任何限制，只要拥有一个邮箱便可轻松加入。www.facebook.com 是它的域名，首页如图 6-1 所示。

2010 年 3 月，Facebook 在美国的访问人数已超越 Google，成为全美访问量最大的网站。DoubleClick 的资料显示，4 月份 Facebook 用户由 2 月的 5.9 亿个增长至 8.9 亿个，页面浏览量由 2 月的 7 700 亿次增长至 9 200 亿次，每天吸引逾 3 亿个独立访问用户。用户每月访问 Facebook 约 240 亿次。

20 世纪末，PC 的普及驱动了互联网浪潮，各类 DOT COM 公司如雨后春笋，纳斯达克在 2000 年 3 月触及顶峰（图 6-2）；随后就是长达多年的低位盘整，互联网企业受到巨大冲击，其中包括 Friendster 和 MySpace 两家社交网络龙头。在余波中的 2004 年，大二学生扎克伯格在哈佛宿舍内创建了 Facebook。

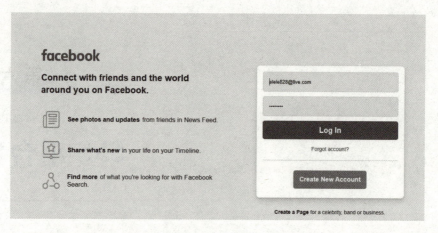

图6-1　Facebook首页

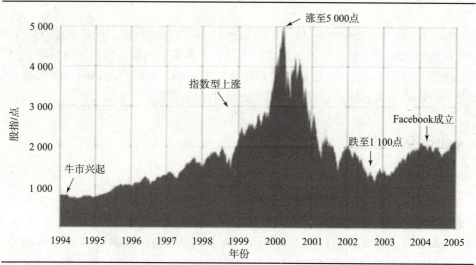

资料来源：NASDAQ，兴业证券经纪与金融研究院整理。

图6-2　1994—2005年纳斯达克指数

2004—2011年：泡沫余波未去，社交春风已来

2004—2005年，Facebook从高校到全民：Facebook于2004年成立之初仅针对哈佛大学学生开放，用户需实名注册，上传照片及个人简介组成社交地图，界面非常简洁。后来逐渐推广到斯坦福、哥伦比亚等大学。在攻占各所高校的过程中，扎克伯格推出照片识别功能，将照片与社交完美结合，由此逐步渗透到美国各年龄段用户层。

2006—2007年，Facebook从网络到平台（图6-3）：在获得第一批忠实用户后，2006年Facebook推出信息流，即用户可在主页上看到好友的所有信息动态，黏性得到进一步提高。2007年基于用户社交关系链的展示广告上线，并以应用编程接口（API）作为流量入口，开放性平台生态系统初步建立。通过API，第三方该软件开发者可以开发在Facebook网站运行的应用程序，这被称为Facebook开放平台。此外，Facebook并没有盲目跟随设计潮流在主页作大调整，而是根据用户需求推出新功能，避免用户流失风险。

资料来源：公司资料，兴业证券经济与金融研究院整理

图 6-3 Facebook 平台化

2008—2011 年，Facebook 从美国到全球：Facebook 并不满足于美国市场，而意在成为全球的社交平台，公司的全球化战略布局随即全面铺开。2009 年，Facebook 全球独立访问用户首次超过了竞争对手 MySpace，达到 1.24 亿个。这段时间内，Facebook 上线更多功能，并整合短信、E-mail 等聊天渠道，使好友聊天功能更强大，同时与 Bing 合作推出社交搜索功能。2011 年，Facebook 允许用户之间单一订阅对方公开动态，无须双向关注，用户关系结构更多元化，并将其聊天应用 Messenger 做成独立应用。另外，从广告收入的地区细分来看，公司逐步拓展北美以外地区广告业务。自 2008 年起，公司即着眼于辐射全球用户，拓展业务范围。

2012—2015 年：资本合纵连横，布局六合八荒

公司于 2012 年 5 月在纳斯达克上市，市值约为 1 047 亿美元，超过亚马逊、惠普、戴尔等行业龙头。作为当时全球最大互联网公司 IPO，公司融资额高达 160 亿美元，通过一系列大手笔并购，公司的全产品社交网络初具规模，如图 6-4 所示。

时间	公司	领域	价格
2012.04	Instagram	照片分享	7.15 亿美元
2012.04	Face.com	面部识别	1 亿美元
2012.05	Lightbox	博客应用	未披露
2014.02	WhatsApp	即时通信	190 亿美元
2014.03	Oculus VR	虚拟现实	20 亿美元
2014.06	Prvte	企业服务	数千万美元
2015.01	Wit.ai	语音识别	未披露

资料来源：IT 桔子，公司资料，兴业证券经纪与金融研究院整理

图 6-4 公司的重大投资并购（2012—2015 年）

公司借助 Instagram 由图片向视频转型：Instagram 主打图片与短视频分享，最初因精美的滤镜受到全球用户的喜爱，公司随即借助图片和视频同属的视觉感知，逐渐由图片向视频化发展转型。由于 Instagram 产品特性更受年轻人欢迎，更吸引网红和广告商实现变现，其用户数也从 2014 年年初的 2 亿个增至 2018 年 6 月的 10 亿个，目前 Instagram 目前拥有 200 万个广告主，依托信息流的变现也在稳步推进，Facebook 获得视频转型带来的阶段性胜利。

公司借助 WhatsApp 完善即时通信功能：WhatsApp 主攻打电话和发信息功能，纯粹走通信工具路线，以简洁的特点深受用户欢迎。2016 年 1 月 WhatsApp 宣布不再收取用户订阅费，将允许企业账户和用户直接沟通，与基于朋友间社交网络的 Messenger 形成优势互补，两者月活跃用户数均突破 10 亿个。根据 Bloomberg 的估计，Messenger 和 WhatsApp 分别以 350 亿美元、250 亿美元的估值位列即时通信领域第二、三位。

公司借助 Oculus 展开 VR 领域布局：Facebook 是最早布局 VR 应用的社交平台，其 VR 布局以 Oculus 为核心，覆盖硬件、视频、社交、资本、应用等领域。其中视频领域以 Facebook 360 为代表，该应用能展示来自 Facebook 平台的 VR 内容。支撑 360 度全空间的视频，公司投入研发 360 视频技术，并于 2016 年公布了公司最新研发的 Surround 360 全景相机硬件＋后期渲染拼接系统。该设备拍摄出的全景视频可在 VR 头盔及 Facebook 应用上观看。

2017—2018 年：多产品升级社交媒体，数据带来挑战

向"社交网络＋产品"战略转变。2012—2016 年，Facebook 先后收购 Instagram、WhatsApp、Oculus 等公司，以产品构建社交网络生态，即"产品＋社交网络"。2017 年，公司向"社交网络＋产品"战略转变，以社交网络为核心、贴合用户实际需求、进一步提高用户黏性，其主要包含以下几个方面：

（1）社交网络＋AR。2017 年 Facebook 发布基于手机摄像头的 AR 特效平台 Camera Effects Platform，可绘制图像作为滤镜添加至 Facebook 相机，并根据相机的取景画面添加动态效果，而用户只需一部智能手机即可制作 AR 滤镜及分享 AR 体验。

（2）社交网络＋VR。Facebook 于同年 F8 大会推出基于虚拟现实的社交应用 Facebook Spaces，该应用基于社交链，在虚拟现实情景中将真人拟为卡通形象进行交流，借助 Oculus 推出的配套硬件，用户可以快速变换使用场景、实现空中涂鸦等功能。无须计算机、手机等即可体验 VR 的 Oculus Go 更以亲民的价格得到迅速普及。

（3）社交网络＋原创剧集。Facebook 在 2017 年 6 月上线 24 档原创节目，该节目有两种表现形式：一种是类似于美剧的视频栏目（包括挪威电视剧《羞耻》、纪实剧《妮可的写意人生》、《人在纽约》等）；另一种为 5～30 分钟的短视频，这些节目将出现在 Facebook 中，每 24 小时更新一次。年轻用户并不希望与长辈同处一个社交平台，所以自制剧集和购买成片都将有利于增强用户在社交平台的黏性。

（4）社交网络＋智能音箱。与市面上常见的智能音箱不同，Facebook 的智能音箱 Portal 还配备镜头和触摸屏，以便于用户之间进行视频社交，而不是播放音乐或控制智能家居。除此之外，该设备可通过摄像头扫描房间、锁定人们的面部表情，传输到智能终端，实现远程交互、智能安防等功能。

（5）社交网络＋约会。Facebook 宣布推出相亲婚恋应用 Date，针对在 Facebook 上已建立弱联系的用户，以线下聚会方式形成强联系。Date 用户可选择资料是否对特定的活动和聊天群开放，而对于在 Facebook 上标注"已婚"或者"恋爱中"的用户则无法使用该程序。消息公布当天，婚恋应用同行 Match Group 股指就暴跌 23%，这从侧面说明市场将拥有 22 亿个月活跃用户的 Facebook 作为流量入口。

数据危机引发舆论场的波纹效应。Facebook 借助其社交属性产生的庞大流量带动新业务的发展，然而，社交属性产生的庞大数据量也为公司带来了信任危机。2018 年 3 月，《纽约时报》等媒体爆出 Cambridge Analytica 不当获取 5 000 万个 Facebook 用户的个人信息。丑闻爆发后，公司备受舆论抨击，股指大跌，市值一度蒸发数百亿美元。

Facebook 的价值网络以 Facebook 网站为核心，涉及 SNS 服务用户、广告主、应用平台开发商。

2. Facebook 的基本功能

Facebook 的主要功能：状态、涂鸦墙、应用程序、折扣、游戏、问题、群、博客、链接、视频、活动等。

涂鸦墙（The Wall）。用户可以在涂鸦墙上发布最新动态、发起提问、分享链接、上传视频和照片，或者查看朋友在墙上发布的内容。涂鸦墙就是用户文件页上的留言板，与留言版不同的是，涂鸦墙的内容会被同步到各个朋友的首页，因此可以在自己的涂鸦墙上发表一些最新状态，也可以设置为不同步给所有好友。很多用户可以在涂鸦墙上留短信息。更私密的交流则通过"消息"（Messages）进行。消息发送到用户的个人信箱，就像电子邮件，只有收信人和发信人可以看到。

开放平台上的应用程序（Application）。2007年5月24日，Facebook 推出 Facebook 开放平台。利用这个框架，第三方软件开发者可以开发与 Facebook 核心功能集成的应用程序。最流行的应用程序包括：顶级朋友，用户可以选择和显示他们最好的朋友；涂鸦板，一个图形效果的"墙"；"我喜欢"，一个社会化音乐发现和分享服务，包括音乐会信息和有关音乐知识的小游戏；甚至有象棋、拼字游戏之类的游戏。

折扣（Deals）。一些商家提供的折扣信息，现在观察主要有 San Francisco（旧金山）、San Diego（圣迭戈）、Dallas（达拉斯）、Austin（奥斯丁）、Atlanta（亚特兰大）五个城市。

建立专页（Create a page）。建立专页只对企业、政府部门、品牌、产品等具有特殊资格的对象开放。建立专页发布消息对于国外的不论是互联网企业还是传统企业都是非常普遍的，然而对于国内企业的海外推广应用还不是很广泛，或者是虽然建立了专页，但没有很好地维护和管理，没有起到应有的作用。目前入驻的国内知名企业有：腾讯、百度、搜狐、网易等。李宁的粉丝稍微多一些，有4 500个，QQ 的有1 900多个，其他的就都比较少。专页的功能和个人页大致相同，用户可以发布产品，同时粉丝对喜好的产品进行分享，用户可以搜集这些数据，并形成一个巨大的营销机会，以及诸如此类的。大家可以把微博营销和博客营销使用在这里。不过大家应该注意的是，Facebook 对于专页的建设也有一定的要求，用户不能打破这个规则，要去熟悉 Facebook 的责任和权利声明。

游戏（Games）。一些供泡在 Facebook 上的用户消遣娱乐的小游戏。

提问（Question）。对用户生活中感兴趣的问题进行提问，从而与朋友进行互动，并从中学习知识。

群（Groups）。具有相同爱好的人通过群聚在一起分享他们生活之中的事情。

博客（Blog）。发布自己的原创文章。

链接（Links）。分享用户喜欢的链接。

活动（Events）。Facebook 活动的功能帮助用户通知朋友们将发生的活动，帮助用户组织线下的社交活动。

（二）Facebook 的商业模式

1. 战略目标

Facebook 的目标是：为希望共享或访问信息的人提供一个交流平台，并围绕这个目标发展下去，提供更加完善的功能，从而以最有效的方式为全球用户服务。这不仅体现了创始人扎克伯格的愿望，更是他创建 Facebook 的目的。他希望打造人与人之间的社交网络，提供一个基础的人与人之间关系的"开放脸谱"，并通过自身的开放平台提供各种应用，未来甚至将其他所有互联网网站和应用都纳入以这个"开放脸谱"为核心的生态圈中。

2. 目标用户

Facebook 的名字来自传统的纸质"花名册",最初只作为哈佛大学学生之间的一个交流社区而存在,由于其所特有的真实性和互动性,注册范围很快扩展到了整个波士顿高校校园,继而是全美高校,然后在世界范围的高校都产生了极大的影响,现在面对的更是全球的互联网用户。

3. 产品和服务

Facebook 为用户提供的服务主要有状态、涂鸦墙、折扣、游戏、问题群、博客、链接、视频、活动、建立专页等。状态就是用户向他们的朋友和社区展示他们的最新动向信息。"墙"类似于我们常用的留言板,而视频功能则给了用户可以上传视频、通过"Facebook 移动"上传手机视频,以及用摄像镜头录像的机会,同时用户可以给视频中的朋友加"标签"。Facebook 活动的功能可以通知朋友们将发生的活动,用以组织线下的社交活动。建立专页则是为企业服务的,企业可以建立自己的专页,实现营销推广的目的。

4. 价值主张

作为一个网络社区,Facebook 所给用户提供的价值正反映了互联网最本质的诉求,提高用户的生活效率,能够为用户分析与整理信息,使得用户不至于在纷繁的信息时代迷失;使用户成为互联网的主导者,一切的权利都掌握在用户的手中,从而实现了互联网的去中心化。正是这种"让网于民"的模式得到了用户的认可,从而赢得巨大的网络流量,最终实现流量向价值的转化。同时,在当今的网络社会中,虚拟成了主题,而 Facebook 提供的是真实的社交网络,正是这种真实性给了用户安全感和亲切感,使得用户愿意并喜欢留在这样的社区。这就是 Facebook 的价值主张所在。

5. 营利模式

广告收入:包括展示型广告和互动型广告,Facebook 的巨大流量以及所拥有的详细真实用户资料,吸引了大批广告主进行投放定向展示型广告,为平台带来了巨大的收益,但随着 Facebook 在广告领域的多元化进程,互动型广告更受人们的青睐,把广告信息植入游戏或活动中,实现用户和广告产品的互动来达到更好的广告效果。这无疑拓宽了 Facebook 的广告收入来源。2011 年 6 月 21 日,数字营销公司 eMarketer 发表的预测报告称,Facebook 今年在美国的显示广告收入将从 2010 年的 12.1 亿美元增长到 21.9 亿美元。而雅虎的显示广告收入将从去年的 14.3 亿美元提高到 16.2 亿美元。2018 年,Facebook 财报披露其从中国获 50 亿美元广告收入,占营收 10%。

2018 年 Facebook 的营业收入达到 150 亿美元

2018 年 Facebook 的营业收入达到 150 亿美元。其相关财务信息披露如图 6-5 所示。

与第三方应用开发商的利益分成:Facebook 通过开放自己平台应用程序接口,自己只提供平台,由开发商提供应用程序,最终所得利益分成。这不仅降低了开发成本,更扩大了收益,这也将是 Facebook 日后最持续稳定的收入来源。

APP 开发商:Facebook 一门心思做平台,不做应用,尽量将开放的数据全部开放出去,不遗余力地培养 APP 开发商,为其创造更好的赚钱途径。

增值服务:用户购买虚拟产品和付费调查问卷,Facebook 用户可以直接付钱购买虚拟礼品(这方面每年有 3 000 万美元收入),这是很多社区比较重要的一种营利模式,例如 QQ 这方面做得也很强悍(Q 币、各种钻、会员等),而且 Facebook 的用户量巨大。

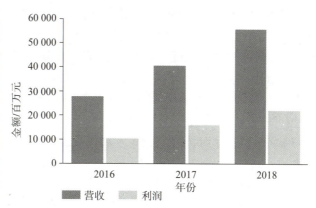

项目	金额/百万美元	年增减率/%
营业收入	40 653.0	47.1
利润	15 934.0	56.0
资产	84 524.0	—
股东权益	74 347.0	—
利润占比		
净利率		39.2
资产收益率		18.9

图6-5　Facebook的财务信息

6. 核心竞争力

核心用户群体的特殊性：Facebook的核心用户群体主要为大学生和白领，乃高学历、高收入人群，而这类人群对广告投放者的吸引力最大，是他们的主要目标群体，因而广告主永远不可能放弃这一最具价值的领域，而Facebook就有源源不断的广告收益。

分众营销的优势：在其他领域想要做到定向细分客户的广告投放是很困难的，而这一切在Facebook看来是那么的简单。独有的模式使得用户根据资料自动细分，广告信息可以渗透到一系列微社区中，充分发挥了分众营销的优势，同样迎合了用户的不同需求，为用户和广告主双方创造了最大的价值。

7. 合作伙伴网络

1）第三方应用提供商

2007年，Facebook推出开放平台应用程序接口，实现了与第三方软件开发者的合作，并达到了互利共赢。利用这个框架，第三方软件开发者可开发与Facebook核心功能集成的应用程序。目前已有超过5 000个应用程序被开发出来，包括小游戏、社会化音乐发现和分享服务、数据统计等。这些丰富的应用保证了用户的黏度和忠诚度，同时Facebook通过对这些应用程序提供商的利润分成，实现了降低成本、扩大收益，并形成了一个良性的、可持续的价值链。

2）广告商

Facebook所拥有的大量的准确详细的用户资料为广告主进行定向投放广告提供了机会，并起到了事半功倍的效果。因此，广告主更愿意在Facebook上投放广告。

（三）Facebook的经营模式

1. 把校园推广作为切入点，逐步发展至全球用户

最开始的Facebook只对哈佛大学学生开放，在学生这个特殊的群体中反映强烈，两个月就扩展至整个波士顿高校，2004年年底扩展为全美高校，随后又推出了高中版，接着面向全球的大学生用户。当机会最终成熟的时候，Facebook将目标用户定位于全球互联网用户。它正是利用了学生之间的乐于互动、交流、分享的习惯，黏住了用户，并得以迅速扩展。

2. 实名制注册

苛刻的实名制注册不可避免地会错失一部分用户，但同样更会赢得绝大部分用户的支持，人们以真实的身份登录 Facebook 是为了更方便地找到自己生活中的朋友，将现实中的人际关系移植到网络上。尽管国内的开心网、人人网在商业模式上类似于 Facebook，但由于他们都不需要实名注册，也就不能把用户角色全部锁定在一个账号上。

3. 低成本——开放平台策略

2007 年 5 月 24 日，Facebook 推出开放平台应用程序接口，与第三方软件应用提供商合作，通过利润分成，降低了开发成本、人力及时间成本，实现了互利共赢，努力为用户提供了更好的服务，打造了可持续的健康发展模式，这将是 Facebook 发展历程中的一个巨大转变，也将是 Facebook 未来的重要利润增长点。

4. 多元化服务，用户利益最大化

在服务这一块，Facebook 始终追求多元化战略，从而确保用户利益的最大化。从 Facebook 成立之初的只对哈佛学生开放到现在的面向全球互联网用户，从与苹果公司合作的"苹果学生小组"到与 iTunes 合作为用户提供免费单曲下载，从研发代号为 Titan 的电子邮箱系统到推出了属于 Facebook 专用的充值卡 Facebook Credits Card……这一切的增添和改善都是以用户为核心的，这些都在说明：Facebook 的多元化进程就是一个不断追求用户利益最大化的进程。

（四）Facebook 的技术模式

1. 整体技术架构

Facebook 使用 LAMP 作为技术构架，LAMP 就是 Linux + Apache + MySQL + PHP，一组常用来搭建动态网站或者服务器的开源软件。但 Facebook 比普通的 LAMP 大得多，因为它已纳入其他元素和更多的服务。例如：

（1）Facebook 仍使用 PHP，但它已经为它建立一个编译器，以便它可以为本地代码打开 Web 服务器，从而提高性能。

（2）Facebook 使用 Linux，但它特别为网络吞吐量做了优化。

（3）Facebook 使用 MySQL，但主要是作为一个 Key – Value 的持久性存储，Jions 和服务器逻辑操作会在 Web 服务器上操作，因为在那里更容易执行。

2. 软件架构

为了使这么多的数据量和用户有好的访问网页，Facebook 用了大量的软件来保证网站的正常工作：

1）Memcached

Memcached 是现在互联网最有名的软件之一。这是一个分布式内存缓存系统，用来作为 Web 服务器和 MySQL 服务器之间的缓存层（因为数据库访问比较慢）。多年以来，Facebook 已经提出了一些优化 Memcached 和一些周边软件的办法，如压缩 Network Stack。

2）为 PHP 设计了 HipHop

PHP 作为一种脚本语言，和本地程序相比，运行是比较缓慢的。HipHop 可以将 PHP 转换成 C ++ 代码，然后再进行编译，从而获得更好的性能。因为 Facebook 严重依赖 PHP，这使得其可以让 Web 服务器运行得更有效率。

3）Haystack

Haystack 是 Facebook 的高性能照片存储/检索系统（严格来说，是一个对象存储，因此它并不一定要存储照片）。它有许多工作要做，有超过 20 亿张上传的照片，并且每一个被保存成四种不同的分辨率，因此有超过 80 亿张照片。

4）BigPipe

BigPipe 是 Facebook 开发的一个动态的网页服务系统。Facebook 使用它来处理每个网页，以获取最佳性能。

5）Cassandra

Cassandra 是一个不会单点失败的分布式存储系统，Facebook 在搜索功能中使用它。这是为 NoSQL 运行的一个重要组成部分，并已公开源代码（它甚至成为一个 Apache 项目）。

6）Scribe

Scribe 是一个灵活的日志系统，Facebook 在它的内部大量使用。它能够处理 Facebook 数据库中的大规模日志记录，并自动处理新的日志记录类别。Facebook 有数百个日志类别。

7）Hadoop 和 Hive

Hadoop 是由一个开源的 Map–Reduce 所实现的，使得它可以进行大数据运算。Facebook 使用这个进行数据分析。Hive 就是发源于 Facebook，使 Hadoop 使用的 SQL 查询成为可能，从而使其更容易对非程序员使用。Hadoop 和 Hive 是开源的（Apache 项目），有为数众多的使用者，例如雅虎和 Twitter。

8）Thrift

Facebook 使用几种不同的语言和不同的 Services。PHP 用于前端，Erlang 用于聊天，Java 和 C++ 用于多种场所。也许还有其他语言。Thrift 是一个内部开发的跨语言的框架，联系语言，使它们可以在一起合作，从而使它们之间可以交互。这使得 Facebook 可以更容易继续保持其跨语言发展。Facebook 已经让 Thrift 开源。更多的语言支持已被添加到 Thrift 中。

9）Varnish

Varnish 是一个 HTTP 加速器，可以作为一个负载平衡器，并缓存内容，然后可以以闪电般的速度送达。Facebook 使用 Varnish 来处理照片和个人资料图片，每天处理约数十亿个的数据请求。和其他的软件一样，Varnish 也是开源的。

（五）Facebook 的管理模式

1. 企业文化

Facebook 总裁扎克伯格认为，一个语言逻辑不同、无法自由沟通的企业，思想的碰撞怎能产生火花？所以扎克伯格一直提倡一种企业内部的友好文化。

目前，Facebook 公司的很多制度并不是很正式化的，或许以后会有变化。但是，随着企业的扩大，之所以会产生许多问题，是因为那种令人舒适的关系已被打破。团队成员本可以用朋友间的方式去自由交流。工作时，你可以把想法像告诉朋友一样告诉他们，并且不必担心冒犯对方。他们可能也会用类似的方式去理解你所表达的内容，在传递思想方面，语言并不是一个很好的载体。

所以在一个成员间说着不同逻辑的语言、不能自由沟通思想的企业里，拿出 20% 的时间给员工去理解他人想法是十分必要的。扎克伯格让员工抽出 20% 的工作时间泡在一起，而不是去忙各自的业务。他让他们待在一块儿，不强迫他们非得成为朋友，但可以让他们在与同事相处时感觉更舒适，交流更顺畅。通过这样的方式，他营造了一种自由而有效的沟通文化，这是个不太成文的规定。交流顺畅了，思想得以相互碰撞，并最终促成一个又一个项目。

2. 人才管理

Facebook 已经聘请了很多互联网知名人士来帮助公司制定一个以广告为中心的长期业务模式，其中包括 Google 前副总裁 Sheryl Sandberg 等人。Facebook 也一直在寻找经验丰富的高管来管理其庞大的队伍。很多经验丰富的网络公司高管都跳槽到 Facebook，并一心辅佐扎克伯格以便把 Facebook 打造成一个互联网巨头。2006 年年底，MySpace 首席财务官 Gideon Yu 跳槽至 Facebook 担任 CFO；2007 年，Google 首席运营官 Sandberg 及社交媒体部负责人 Ethan Beard 也跳槽至 Facebook，其中 Beard 加盟 Facebook 后，出任公司业务拓展部执行官。

3. 激励创新管理模式

黑客模式是 Facebook 独创的管理模式，其不是传统意义上的黑客，也不是对传统意义上的、进行破坏和捣乱的、危害网络环境的黑客的贬低的称呼，而是一种尊称，用以解决 Facebook 的安全问题。

4. 设立网站奖励基金

设立高额网站基金，是为了激励那些有新创意的高技术的开发人员和工程师们对其做出更大贡献。

（六）Facebook 的资本模式

1. 吸收投资

自 2004 年 9 月至 2011 年 1 月，Facebook 一直都在不断地努力吸收资本。2004 年 9 月，Facebook 从 Peter Thiel 获得 50 万美元投资（占 10%），总估值 500 万美元；2005 年 5 月，从 Accel Partners 获得 1 270 万美元投资（占 12.7%），总估值 1 亿美元；2006 年 4 月，从 Greylock Partners 和 Meritech Capital Parters 等处获得 2 750 万美元投资，总估值 5.5 亿美元；2007 年 10 月，微软投资 2.4 亿美元（占 1.6%），总估值 150 亿美元；2007 年 11 月，李嘉诚注资 6 000 万美元（0.4%）；2008 年 1 月，Samwer Brothers 投资 1.5 亿美元；2008 年 3 月，李嘉诚再次注资 1.2 亿美元；2008 年 5 月，TriplePoint Capital 投资 1 亿美元；2009 年 5 月，DST 投资 2 亿美元（占 1.96%），总估值 100 亿美元；2009 年 11 月，Elevation Partners 投资 9 000 万美元（占 0.8%），总估值 90 亿美元；2010 年 1 月，Facebook 股票在二级市场被估值 140 亿美元；2010 年 6 月，Elevation Partners 追加投资 1.2 亿美元，总估值 240 亿美元；2010 年 11 月，Accel Partners 抛售手头约 17% 的股票，套现 5.16 亿美元，此时 Facebook 总估值达到 350 亿美元；2010 年 12 月，从 SharesPost 交易数据看，Facebook 估值达到 560 亿美元；2011 年 1 月，高盛和 DST 投资 5 亿美元，总估值 500 亿美元；2011 年 1 月，Facebook 股票在二级市场被估值 700 亿美元。

2012 年 2 月 2 日，Facebook 周三收盘后向美国证券交易委员会（SEC）正式递交了首次 IPO 申请，计划融资 50 亿美元。此时，这家全球最大的社交网站尚未确定上市交易所，但股票代码确定为 FB。

2012 年 5 月 18 日，Facebook 正式在美国纳斯达克证券交易所上市。

2. 对外收购

Facebook 自从在 2007 年进行首次收购后，就一直在进行收购。

2007 年 7 月 19 日，Facebook 从 Blake 和 Joe Hewitt 手中收购了网络操作系统平台 Parakey；2009 年 8 月 10 日，Facebook 斥资 5 000 万美元收购了由 Paul Buchheit、Jim Norris 和 Sanjeev Singh 共同创办的 FriendFeed，并因此获得了实时搜索领域的顶尖人才 Bret Taylor，展开与 Twitter 的竞争；2010 年 2 月 19 日，Facebook 收购马来西亚初创企业 Octazen；2010 年 3 月 2 日，Facebook 收购图片共享公司 Divvysho；2010 年 5 月 26 日，Facebook 收购初创公司 Sharegrove；2010 年 7 月 8 日，Facebook 以 250 万美元收购旅游社交网站 Nextstop；2010 年 8 月 15 日，Facebook 以 1 000 万美元收购内容服务商 Chai Labs；2010 年 7 月 19 日，Facebook 又以 1 000 万美元收购了社交网站 Hot Potato；2010 年 10 月 29 日，Facebook 以 1 000万美元收购在线文件共享网站 Drop. io；2011 年 1 月 25 日，Facebook 收购了移动广告服务公司 Rel8tion；2011 年 3 月 2 日，Facebook 收购群信息服务商 Beluga；2011 年 3 月 20 日，Facebook 又以 6 000 万 ~ 7 000 万美元收购移动应用初创企业 Snaptu；2011 年 4 月 27 日，Facebook 收购数据手机厂商 DayTum。通过一系列的收购，Facebook 不但获得了相应的先进技术，更重要的是通过收购，它网络了一大批各领域的优秀人才，为 Facebook 的快速发展奠定了坚实的人才基础。

Facebook 于当地时间 2012 年 4 月 9 日宣布，将以 10 亿美元的现金和股票收购照片共享应用服务商 Instagram 公司。免费的 Instagram 应用程序是 Instagram 公司唯一的产品，这一移动客户端应用程序于 2010 年 10 月在苹果 APP 商店中上线，加上才上线的 Android 版应用，Instagram 已有逾 3 000 万个注册用户。

2014 年 10 月 3 日，欧盟反垄断监管机构正式批准了 Facebook 收购移动消息初创企业 WhatsApp 的交易。

2014 年 7 月 20 日，Facebook 宣布收购虚拟现实头盔制造商 OculusVR 的交易正式结束。OculusVR 主要制造虚拟现实头盔 OculusRift，这一项目最初于 2012 年启动，通过 Kickstarter 争取外界融资。OculusRift 头盔仍然在测试阶段，它在每一个新版本中，都逐步添加了一些新功能。

2015 年 1 月，Facebook 收购了自然语言软件厂商 Wit. ai。

主要并购如表 6 - 1 所示。

表 6 - 1 公司的重大投资并购（2012—2015 年）

时间	公司	领域	价格
2012.04	Instagram	照片分享	7.15 亿美元
2012.04	Face.com	面部识别	1 亿美元
2012.05	Lightbox	博客应用	（未披露）
2014.02	WhatsApp	即时通信	190 亿美元
2014.03	OculusVR	虚拟现实	20 亿美元
2014.06	Prvte	企业服务	数千万美元
2015.01	Wit. ai	语音识别	

资料来源：IT 桔子，公司资料，兴业证券经济与金融研究院整理

（七）结论与建议

Facebook 的成功与其非常符合用户需求是分不开的，正是其这种发现需求、创造需求的能力使其在前几年的发展中一帆风顺，使其市值达到 829 亿美元，仅次于谷歌。现在 Facebook 作为一个人际关系管理和交流的平台，承载着人们的各种社会关系。Facebook 通过丰富的网站功能满足了不同用户、不同层面的需求和体验，使现实生活中的人际关系在网络当中得以实现。但 Facebook 也存在不少问题：

1. 成功因素

已存在的实体社区提供辅助的网络在线服务、一系列被渗透的微社区集合、通过用户群和广告商建立强大的品牌效应、创始人在大学生用户群中的可信度。

2. 隐私问题

隐私问题已经困扰 Facebook 较长的时间。2019 年年初，这一问题有恶化趋势，一些用户威胁离开 Facebook。尽管只有大约三万个用户删除了 Facebook 账号，但这一事件已经引起了更多用户的关注。Facebook 多次表示会尊重用户隐私，而新的隐私设置功能则是向这一方面迈出的第一步。Facebook 还需要采取更多措施，使用户对该网站的隐私功能感到满意。

3. 安全问题

由于越来越多的恶意软件瞄准 Facebook，所以 Facebook 应当采取更有效的安全措施。Facebook 应当引入更好的验证功能，使他人不再那么容易进入用户的个人页面。这一措施将抑制 Facebook 上恶意软件的发展速度。

4. 企业关注

Facebook 或许应当开始考虑企业市场战略。如果 Facebook 能提升网站对企业的吸引力，那么将有助于其长期发展。目前市场上已有数个针对企业的社交网络，Facebook 也应成为其中之一。

三、人人网

（一）人人网概况

1. 人人网的基本情况

人人网是千橡集团将旗下著名的校内网更名而来的，是为整个中国互联网用户提供服务的 SNS 社交网站，给不同身份的人提供了一个互动交流平台，提高了用户之间的交流效率，其通过提供发布日志、保存相册、音乐视频等站内外资源分享等功能搭建了一个功能丰富的、高效的用户交流平台。截至 2012 年 3 月 31 日，人人网大约拥有 1.7 亿个激活用户，其中每日通过移动设备访问网站的用户数占总体用户数的一半以上，已经有 1 000 多家技术合作伙伴开发第三方应用。

校内网创办于 2005 年 12 月，创办人是来自清华大学和天津大学的王兴、王慧文、赖斌强和唐阳等几位大学生。

2006 年 5 月 18 日，Renren.com 以"本地人，新发现"的思路切入"生活消费资讯"，吹响了新的战役号角。

2009年7月，千橡集团将旗下著名的校内网更名为人人网。

2011年9月27日，上市不到半年时间，人人网宣布将以8 000万美元收购56网。

2011年5月4日，人人网（NYSE：RENN）在美国纽约交易所成功上市，开盘价为19.5美元，相比发行价上涨39.28%。

2013年7月，人人网开心农场下线，这款偷菜小游戏，曾在2009年红遍大江南北，巅峰时期拥有上亿个用户。

2015年1月30日，人人网发消息称将下线站内信功能。

2015年3月27日，人人网市值缩水近80%，投资人直接让陈一舟辞职。

2018年11月14日，人人网宣布以2 000万美元代价把人人社交网络全部资产出售给北京多牛互动传媒股份有限公司。

2. 人人网的网站功能

人人网的目标在于给不同身份的人提供一个相互交流的平台，核心在于交流。其主要功能有：主导航、应用、头像、对用户操作、用户状态、访客和好友、分享、好友分布、个人信息、相册、日志、涂鸦板、加入的班级、留言板等，更有新增的人人论坛、人人活动、女人频道等。人人网细致、强大、个性化的功能是用户间进行全面沟通的保障。

3. 人人网在中国行业中的位置

艾瑞数据显示，在中国的SNS网络应用服务中，以人人网（前身校内网）为代表的SNS用户无论是平均访问次数还是停留时间、活跃度和黏性都远远高于门户网站。人人网以实名制为基础，拥有核心人群的高度覆盖，满足用户对社交、资讯、娱乐、交易多方面需求，注册用户1.7亿个。其市场份额如图6-6所示。

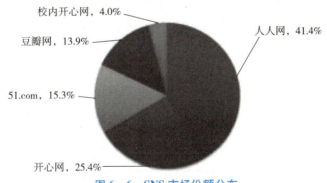

图6-6　SNS市场份额分布

（二）人人网的商业模式

1. 战略目标

用真情将用户维系在一起，通过互动、娱乐、分享等应用元素，将"情系人人"的理念发挥到极致。

2. 目标用户

人人网刚建立的时候名为校内网，它的一个重要特点是限制具有特定大学IP地址或者大学电子邮箱的用户注册，这样就保证了注册用户绝大多数都是在校大学生。后来更名为人人网之后社会上的所有网民都可以在其上注册。

3. 产品或服务

人人网的产品大致可分为核心产品、形式产品和延伸产品。

（1）核心产品。人人网通过提供发布日志、保存相册、音乐视频等站内外资源分享等功能搭建了一个功能丰富高效的用户交流互动平台。

（2）形式产品。人人网的形式产品是公共主页、个人主页以及人人网的各种功能。如公共主页是管理者利用状态、相册、日志音乐和视频等功能，展示信息并和关注者互动的一个平台，关注者可以在这个平台上留言、评论和相互交流。

（3）延伸产品。人人网的延伸产品是人人网的各种游戏、应用、礼物等，如实时提醒新鲜事、快速回复新状态、直接与好友聊天、应用游戏定时器、人人喜欢、人人报到、人人爱听、人人派对、新版公共主页等。这些产品是基于核心产品的延伸，是附带的产品。

4. 营利模式

人人网是中国目前拥有较为稳定盈利的 SNS 网络社区，其营利方式主要包括虚拟物品出售、无线服务和网络广告。

1）虚拟物品出售

人人网从 2007 年 10 月 25 日上线 Gift 礼品中心服务以来，用户可通过在线充值购买校内虚拟货币——校内宝（1 校内宝 = 1 元），使用校内宝可以在礼物中心购买能够传情达意的 Gift。人人网目前比较热门的有"鲜花物语""酒店大亨""狗狗"等，另有个人主页的 VIP 服务，虚拟物品以及主页装扮可以通过"校内豆"来进行。锁定收益，人人网与第三方按比例分成。

人人网开发第三方支付平台校内豆，是人人网通用的虚拟货币，可支付人人网上各项增值服务，已与各大银行、网银支付渠道以及第三方网络支付平台支付宝等合作，建立了完善的网上支付系统。

2）无线服务

手机校内是人人网 2008 年年初正式推出的，手机校内已经与诺基亚、维信、UCWEB 等达成合作关系，并正在探索更多方式扩大手机校内在无线领域的发展，2008 年年底校内无线版日活跃度就高达 160 万人次。

3）网络广告

覆盖了全国 2 000 余所高校、注册用户 1.6 亿个、日浏览量超过 4 亿人次的人人网的广告价值显然值得肯定。人人网的广告价值非常大，广告只要在这里完整投放，企业品牌就会曝光在千万名大学生的视野中，学生的互动和群组传递更会让其品牌加速传播。人人网与麦当劳的全面合作《麦当劳见面吧，101 个见面理由》，乐事与人人网在合作开心农场向客户传达乐事薯片 100% 概念。

人人网已经走出了页面展示广告和电机广告的窠臼，探索了包括虚拟物品派发、谷歌流量分成、虚拟物品销售等多项营利渠道。人人网后援支持网站（18to28 校内网）开通，为人人网提供涂鸦板代码、背景音乐等内容。除此之外，2009 年 12 月，人人网与淘宝网携手推出合作购物平台"人人爱购"，这可以说是 SNS 社区网站与电子商务网站结合的一次新尝试。虽然现在的"人人爱购"仍有不少值得改进的地方，但人人网能将电子商务平台发展成为一个有效的营利手段还需要更长时间的观察。就目前而言，以上三种是人人网最主要的营利手段。

4）团购

人人网与同属于千橡集团的糯米团进行合作，使得人人网用户能直接登录到糯米团的网站进行团购活动，利用人人网庞大的客户群来发展新的业务。

（三）人人网的经营模式

人人网通过用户与用户间的口口相传来达到宣传目的。例如，很多刚进高校的新生会通过学长学姐或身边已经在用人人网的同学介绍，加入注册人人网，建立与新老同学的联系，从而以自身作为一个新的出发点，再次向外传染式宣传。

1. 网络营销

1）开放式平台

2009年11月，千橡集团宣布，旗下人人网已通过"人人连接"技术实现与56网、互动百科、大众点评网等网站的数据互通，用户能够使用人人网账户登录上述合作伙伴网站。通过人人连接技术，人人网当前可以和几乎所有网站实现数据互通，用户还能够找到已经在该站点上的人人网好友，并和他们取得联络，同时还能够邀请他的其他人人网友加入该站。

反向来看，通过与众多网站的垂直连接，人人网也在这些网站上通过比较隐蔽的方式植入了广告。一键分享的小图标并不是一个方便连接这么简单，人们在浏览这些网站的同时，也看到了人人网的Logo，了解到有这样一个SNS网站的存在，看到了其普及率及影响力，也不失为一种有效的宣传手段。同时，在这些合作网站的用户中，使用过人人网站的用户在交流中很可能会给未使用过人人网的用户做出无意识宣传，虽然这种方式的可操作性比较小、产生的效果比较微弱，但也不失为一种通过垂直连接而取得的宣传效果。

2）与网络即时通信工具合作

人人网合作网络融合了传统的Blog、BBS、E-mail、即时聊天等形式，同时又添加了各种应用程序，既继承了传统网络的优势，又形成了具有自身特质的网络文化生态系统，建构了基于用户需求的综合化服务平台。现代网络传播技术的发展推进了多样化的传播形式和技术手段的融合，打造了多元互动的沟通平台，从而更好地激发了网络的功能增值。

人人网与MSN合作后，在校内头像下方，出现了MSN绑定字样，增强了即时通信效率。MSN的使用以商务为主，此举增加了白领们的关注度，使得更具消费潜力的白领阶层的市场迅速壮大。人人网依靠邮箱和即时通信软件进行了病毒式扩张，其中MSN就成为吸引白领们的一个主要渠道。

3）邮件传送方式

邮件传送方式是人人网的一种传播途径，它一方面向人人用户发出自己空间的最新动态，让用户即时登录页面去查看，增强了用户对人人网的关注度，同时也增强了与用户的互动性。另一方面，通过邮件向用户好友发送邮件，发出申请，让更多的人了解并参与其中，以熟人推荐方式，增强了品牌的信任度，使其传播呈网状发散结构向外扩张，增强了口碑传播效应。

4）名人效应

人人网推出名人主页，利用明星的影响力来吸引更多用户，达到了多个好处：明星和原来的学生用户群高度契合，有利于保持用户的黏性；能吸引高广告价值的年轻白领人群；还容易吸引媒体的眼光，有利于保持人人网的曝光率。同时，人人网也为明星们提供了一个与其受众更好交流的 SNS 新传播通道。可以说，通过名人主页，人人网与名人们实现了双赢。

2. 从"校内"改名"人人"

2009 年 8 月 4 日，千橡集团在校内网发布消息，以"为了给校内网带来一个更长远、广阔的发展前景，我们需要割舍对校内品牌的依恋之情，去积极地、勇敢地创造一个更伟大、更具延展性的新品牌，一个广大用户心目中的至爱品牌"为理由宣布，将旗下著名的校内网更名为人人网。

1）改名原因

单从名字本身来看，"人人"是个非常好的名字，它非常适合 SNS，SNS 是 Web 2.0 的基本组件之一，Web 2.0 的核心是人，SNS 的核心自然也是人，而 SNS 是靠关系建立的网络，"人人"二字便很好地诠释了这种关系。

2）增加用户来源

对于没有接触过校内网的人来说，"校内"二字很容易使他们望文生义，认为其仅仅是个学生社区或同学录。那些不是学生的用户自然不会对其产生兴趣，校内网因此失去了一大片不是学生的用户。其更名为"人人"后，带来了一大批非学生用户，例如白领、商务人士，而这些人的消费水平更高，更有助于公司的发展。

（四）人人网的技术模式

人人网不是一个应用产品，而是一个像 Windows 那样的技术平台。人人网可以在自身的平台上开发与很多应用产品类似的产品，但这不是人人网的核心市场价值。人人网是为那些没有服务器资源，但有强大的信息创造能力，需要大量免费的网络应用程序的个人及小型公司提供的新型网络操作系统。那些拥有一台或几台设备的个人或公司，一经安装人人网就可进入一个崭新的网络世界。在这里，没有服务器统治信息的概念。

1. 人人网 P2P 基础硬件

电信骨干网运营商意识到 P2P 网络威力的时候，就要着手改造他们目前基于服务器构造的基础设施。例如提供 P2P 网络可视电话机、P2P 网络路由器，甚至 P2P 网络移动电话网。这将为那些走投无路的电信运营商带来新的营利途径。

2. 技术时间的领先就是绝对优势

人人网在应用上创造了比 MSN、QQ、BT 软件更强大的功能。加之市场推广的少许投资，MSN、QQ、BT 之类的软件在产品层次上更无优势。人人网不是在这一个方向上与它们竞争，而是要创造一个包罗万象的 P2P 网络产业。技术的起始点及目标非这类相关竞争者可以相对比，除非它们也像人人网这样来创造一个新的互联网平台。

3. 人是构筑网络基础的软件，经营它不需要购买投入硬件资源和其他软件资源

QQ、MSN、盛大网络游戏、Fexion 网、新浪门户网站、Google 式搜索引擎、eBay 集中拍卖网站、集中下载内容网站等互联网公司都需要大量的硬件投资和人力运营成本。它们无一不是风险资本注入之后才得以发展的。它们的这类应用同样可以体现在人人网之上，但人人网与它们显著的区别是：人人网运营这些应用是依靠用户的机器和网络带宽，而不是依靠人人网这家公司。

（五）人人网的管理模式

1. 管理理念

以人为本、坚持以员工为本、尊重人、理解人、关心人、依靠人、发展人。

在隐私上，人人网非常重视对用户隐私权的保护，采取了相关的措施，承诺不会在未获得用户许可的情况下擅自将用户的个人资料信息出租或出售给任何第三方。

首先，用户在人人网可以设置好友确认制度；其次，用户可以对个人的主页、日志、照片设置浏览权限；再次，用户还可以通过黑名单制度，向他人屏蔽自己的消息等来保障用户作为真实个体的隐私。

2. 业务管理

以实名制注册为基础，为用户提供日志、相册、站内信、新鲜事、礼物、休闲游戏、公共主页等丰富强大的产品，满足各类用户对社交、资讯、娱乐等多方面的沟通需求。在安全的网络环境中，它可实现与朋友、家人、同事轻松快乐地保持联系与分享，提高用户之间的交流效率。它通过每个人真实的人际关系，给不同身份的人一个功能丰富、高效的用户交流互动平台。人人网通过科学的设计，对业务流程各环节进行科学的管理，使人人网功能高效丰富。

3. 人力资源管理

由于人人网是通过用户与用户间的口口相传来达到宣传目的的，所以它注重人才的培养。例如，在校园推广的时候采取的是招募"校园大使"的方法。"校园大使"的工作内容如下：

（1）中专技校校园大使：负责人人网在本学校的推广、宣传，指导用户组成人人网以及中专技校群的维护，总部提供物料和在线活动支持。

（2）中专技校省（市）主管：负责本地区中专技校所有校园大使的团队管理和人人网在所在地中专技校的宣传工作。管理层需懂得放权、知人善用。

4. 服务与客户关系管理

注重变革，积极创新，通过改名为"人人网"增加消费群体，给消费群体提供人与人的沟通分享平台，以及分享快乐、沟通快乐的服务。提供无线服务，手机人人是人人网2008年年初正式推出的，手机人人已经与诺基亚、维信、UCWEB等达成合作关系，并正在探索更多方式扩大手机校内在无线领域的发展。

（六）人人网的资本模式

（1）人人网是千橡集团旗下的知名网站，其发展资本主要由千橡集团承担。

（2）资本结构。

招股书显示，人人公司在开曼群岛注册。此次IPO完成后，人人网的CEO陈一舟将持有约2.70亿股普通股，持股比例为22.8%，为人人网第一大个人股东，拥有投票权55.9%；美国投资DCM公司联合创始人David K. Chao将持有约0.90亿股普通股，持股比例为7.6%，拥有投票权1.9%，为第二大个人股东；美国泛大西洋投资集团COO Matthew Nimetz将持有约0.41亿股普通股，持股比例为3.4%，拥有投票权0.8%；人人网COO刘健将持有约0.31亿股普通股，持股比例为2.6%，拥有投票权0.6%。人人网高管层总共持有约 4.56 亿股普通股，持股比例为 38.5%。

在机构持股方面，SB Pan Pacific 公司将持有 4.05 亿股普通股，持股比例为 34.2%，为第一大机构股东，拥有投票权 33.5%；DCM 持有约 0.88 亿股普通股，持股比例为 7.4%，拥有投票权 1.8%，为第二大机构股东。

（七）结论和建议

1. 成功经验

1）战略得当

一个网站能否发展起来，很重要的一个原因是战略和定位，人人网之所以能成功，是因为其定位于中国高校，因为高校集中，大学生数量大，同时大学生课余时间多，上网条件和时间充足，大学生对交友积极性高，所以人人网能够快速地发展起来。对于那些后来者，要成功，更需要独特的战略眼光，比如定位于商务交友的有"忙否"，定位于家庭生活交友的有"我家我秀"，定位于专业人士的有"海内"，定位于年轻人士的有"51"等。同时也有些没有明确定位，或者说定位太广泛了，导致网站模糊不明确，如一起网和蚂蚁，这样的网站比较迷茫，大多是在跟风。

2）靠先机

垂直行业 SNS 站点往往因为需要突出专业性而不愿意推出太多娱乐性功能应用，所以其前期的发展推广更多的要依靠在相关领域的人脉关系来聚拢第一批优质的专业用户，以营造专业化的站点氛围来吸引和留住新用户。同时注重站点话题的讨深度，以突出其用户群体的专业性。这类站点往往属于慢热型，用户规模扩展较慢，用户通常都是真正有专业交流需求的优质用户，因而忠诚度都很高。人人网就是在前期通过大量对在校大学生做推广来拉动人气和保证社区话题质量的，效果明显。

3）中国独特的网络环境

人人网是 Facebook 在中国的翻版，它能在国内迅速发展并且在海外上市受到股民追捧，最重要的原因是中国独特的网络环境。

2. 面临的问题

（1）由于校内网在起步时，大约是经验不够和对市场的需求及消费者的偏好没有足够的信心和把握，所以在很大程度上借鉴甚至复制了国外 Facebook 的模式、板块。这种过多的模仿最终只会给校内网的前进带来严重的阻碍，这是潜在的威胁。

（2）源于功能性，校内网产品涉及范围广泛，因而有较多的竞争对手，如 QQ、BBS、MSN、Blog 等，它们均已拥有成型的系统且强大的客户基础。同时，校内网作为新秀，要整体、协调统一地进军市场，吸引客户，所面临的外界竞争形势十分严峻。"大量的同质化竞争，显示国内的社会网站仍处于拓荒的起步阶段，目前也还难以爆发出真正的商业价值。"

3. 建议

1）不断提升用户体验

提高功能和完善技术，做好网站内容，这样做的根本目的还是留住用户。因为用户是人人网的一切根本，而且目前人人网面临着越来越大的挑战；其最主要的挑战有两个：一是竞争对手腾讯朋友社区；二是微博。所以，人人网只有通过不断研发推广新的用户体验才能留住老用户，吸引新用户。

2）进一步推广

目前中国的 SNS 平台很多，要想比其他的平台拥有更多的用户，除了在技术、内容等方面满足用户的需求外，还要做进一步的宣传工作，扩大影响力。

积极探索更多的营利模式，为开发者赚取更大的利益。现在的 SNS 社区的营利模式都比较相似，所以要找到不同于这些模式的模式来实现盈利，这样会给客户增加新奇感，同时也实现了盈利。

四、新浪微博

（一）新浪微博的基本情况

新浪微博是一个由新浪网推出、提供微型博客服务的类 Twitter 网站。用户可以通过网页、WAP 页面、手机短信、彩信发布消息或上传图片。新浪可以把微博理解为"微型博客"或者"一句话博客"。用户可以将自己看到的、听到的、想到的事情写成一句话，或发一张图片，通过计算机或者手机随时随地分享给朋友，一起分享、讨论。用户还可以关注自己的朋友，即时看到朋友们发布的信息。

公司名称：新浪微博
总部地点：北京
成立时间：2009 年 8 月 14 日
经营范围：网络信息服务
公司性质：微博
创始人：王志东

新浪微博于 2009 年 8 月 14 日开始内测。同年 9 月 25 日，新浪微博正式添加了@功能以及私信功能；此外还提供了"评论""转发"功能，供用户交流。目前优秀的微博桌面客户端有微波炉、AIR 微博（官方）、Wing 微博等。

新浪微博，是由新浪网推出的微博服务。在全球使用最多的微博的两家提供商分别为美国的 Twitter 和新浪微博。新浪微博采用了与新浪博客一样的推广策略，即邀请明星和名人加入开设微型博客，并对他们进行实名认证，认证后的用户在用户名后会加上一个字母"V"，以示与普通用户的区别，同时也可避免冒充名人微博的行为，但微博功能和普通用户是相同的。目前新浪微博邀请的重点转向了媒体工作者。

用户可以通过网页、WAP 页面和手机短信、彩信发布 140 字以内的消息或上传图片；此外，还可通过 API 用第三方软件或插件发布信息。其于 2009 年 8 月 14 日开始内测，2009 年 11 月 3 日，Sina App Engine Alpha 版上线，可通过 API 用第三方软件或插件发布信息。截至 2018 年第四季度，微博月活跃用户达 4.62 亿个，连续三年增长超过 7 000 万个。公众名人用户众多是新浪微博的一大特色，目前基本已经覆盖大部分知名文体明星、企业高管、媒体人士。

名人认证：新浪微博邀请明星和名人加入开设微型博客，并对他们进行实名认证，认证后的用户在用户名后会加上一个字母"V"，以示与普通用户的区别。认证的人物主要是各行业的明星、企业高管和重要的新闻当事人等。

企业认证：新浪为了方便企业在微博上进行宣传，会进行企业认证。与名人认证相同，经过企业认证后的用户名后也会加上一个字母"V"。不过，个人网站、粉丝团体和自发性民间团体等不能进行企业认证。

目前用户可以通过网页、WAP 网、手机短信、彩信、手机客户端［包括 NOKIA S60 系统、iPhone（iOS）、谷歌 Android 系统、Windows Phone 系统］、SWISEN、MSN 绑定等多种方式更新自己的微博。每条微博字数限制为 140 字，提供插入单张图片、视频地址、音乐功能等。

2010 年年初，新浪微博推出 API 开放平台。虎年伊始，百度百科也推出了"分享到新浪微博"的新功能。细心的朋友可以发现，在百科词条页的下方，新增了"分享到新浪微博"的按钮。

2018 年官方公布的数据显示，新浪微博每天发博数超过 1.31 亿条，有 38% 来自移动终端，其中文字发布量达 1.3 亿条、日均视频与直播发布量超过 150 万条（占 50%）。微博总数累计超过 186 亿条。它是目前国内最有影响力、最受瞩目的 SNS 平台。

（二）新浪微博商业模式

1. 战略目标

新浪微博是一款为大众提供娱乐休闲生活服务的信息分享和交流平台。

娱乐——涵盖最全面的娱乐明星与资讯。

生活——反映网民现实生活的点点滴滴。

快乐——分享发现人们身边的趣闻逸事。

2. 目标客户

根据微博用户的规模、行为习惯及心理特征，可把微博用户分成两大类，即个人用户和机构及组织。其中，个人用户又可以分成普通用户和名人（娱乐、体育等明星，企业领导人、媒体人、学者和其他业内知名人士）；而机构及组织，可分为公司、公益机构、慈善组织、政府部门及相关机构。

3. 收入和利润来源

从目前来看，新浪微博经过了几年的运营和产品的不断改进，已经渐渐打造为一个用户互动并快速传播的信息发布平台，且发布量和用户增长量都在健康地稳步增长，但未来能否走向商业化是衡量一个产品能否走向最终成功的标志。

1）利用微博平台进行口碑传播营销

这也是目前新浪微博可以做或是已经正在做的一些尝试性商业模式。总体上来说，这种模式与 SNS 甚至社区的口碑传播无大的区别。它主要表现在以下几个方面：

（1）传统植入广告的视频、小故事、段子等利用人际关系网络快速传播。

（2）企业账号发布新品，介绍抽奖活动等吸引用户关注，达到间接传播营销目的。

（3）企业账号接近用户，解决用户问题，以达到树立品牌形象的目的，DELL 在 Twitter 上就是这样做的。

2）在微博平台功能中植入广告

为了不伤害用户，微博一直不敢轻易地放入一些直接的页面广告，但估计随着用户忠诚度不断提高，它会尝试放一些植入性广告，例如带有商业符号的实物图像表情，或是放入商业模板，在其中植入一些商业性宣传内容或 Logo 元素。

3）提供微博本身的增值服务

可能会提供类似于 QQ 一样的增值服务，即用户花钱可以享受不同于一般用户的功能、外观、虚拟身份等，但考虑到目前微博的用户构成，这种增值服务暂时不太好推进。

4）开放平台之上的前向分成收费模式

新浪微博开放平台是新浪想让微博实现盈利押的宝，也是新浪想打破 Twitter 没有真正实现盈利局面的武器。

从目前来看，这个开放平台已经相当成熟完善，包括完整的 API 接口文档和七种语言的 SDK 包，同时截至现在已经有基于开放平台外部分享工具、信息同步输入工具、用户绑定工具等，及共 223 个应用，但目前这些应用大多数还是外部信息推送（包括桌面客户端或是手机客户端），第三方功能服务（例如 LBS）或是基于微博自身的小工具和应用；当然，也有一些 Social Game 在其中。而对于开放平台可实施的商业模式，应该会从以下几个方面来发力：

（1）用户有偿安装或是使用有价值的服务或游戏，例如一些 Social Game 或是 Web Game；当然，亦有可能是一些协同工作的服务应用。

（2）B2C 或 C2C 的电子商务分成模式（个人认为团购模式或是其模式的变形更容易在微博这种产品形态中实施），按单次成交进行一定比例的分成，但前提是新浪要接入一个支付平台，或最好是有自己的支付平台。

（3）基于海量用户的社交有偿服务，例如使用接入的婚介平台、使用有偿求职平台等。

5）向提供应用方收取服务费模式

同样还是利用开放平台，对一些有商业目的的应用提供商按固定时间段或是一次性收取平台服务费，即扮演综合商场的角色，你在我这里放柜台，就要给我保护费，而之前提到的分成模式更像是在我的地盘上经营获利也要给我一定比例的分成。但个人认为，如果向应用提供商收费的话，应用提供商可能更愿意接受分成模式，而不是一次性或阶段性的收取服务费模式。

6）根据用户行为投放精准页面广告或是整合新浪站内资源

新浪微博应该对中文的分词技术多下功夫，做好语义分析和词法分析，这对将来的内容分类聚合和用户行为分析都很有帮助。对内容的分类聚合和行为分析可以作为精准投放广告的基础，即当用户忠诚度达到一定程度时，可以将较精准的广告显示在用户的页面上，这不至于对用户造成很大反感；同样地，也可以整合新浪网 Web 1.0 的相关内容进行推送，给 Web 1.0 带去 PV，从而实现间接广告收入。

4. 核心竞争力

新浪微博已经发展成为中国最具影响力的超人气微博品牌，已经成长为中国第一大原创社区。其汇聚了各领域的行业精英，集中展现了深刻的人文思想和丰富的各类资讯。

作为微博网站，其核心竞争力应该是内容的提供。微博网站提供了有价值的内容，用户提供了注意力，用户的注意力又成为微博的卖点。新浪微博的核心竞争力在于给用户一个可以更近地接触名人的空间，除精英之外，也提供了一个即使是草根，也能成为百万千万草根名博的机会。

5. 竞争优势

新浪微博最大的优势，在于门户网站新浪网是一个低端用户群和高聚合力的平台。借助于这个优势，不难理解新浪最初的方法："名人微博"。其主打的名人微博，从娱乐明星到精英学者，从商界英才到体坛名家，均在新浪开博。微博是名人与大众在互联网的近距离接触，从而吸引用户，提高使用率。

其次，新浪微博的开放性也使很多草根优秀微博得到关注，名人微博宣传基本到位以后，新浪开始推广草根微博。

再次，新浪微博功能强大，支持所有基本的微博功能，而且简单易懂。特色的新浪圈子及群博，给了微博独特的交友便利。

（三）新浪微博经营模式

1. 门户网站 BSP

新浪是我国最主要的门户网站之一，以其新闻为主要卖点，拥有很多用户，作为微博托管商 BSP，只要拥有新浪的账号，无论是免费邮箱，还是其他新浪服务，均可方便地开通新浪博客，而且统一使用用户名及密码，易于记忆；有用户特色的二级域名是另一个关键条件。

新浪是对微博内容资源利用得最好的网站。新浪每天都在首页以文字高亮的形式推荐一些相关的内容，尤其是在一些突发事件或者是重要事件上。

2. 市场推广策略

（1）新浪采取了名人微博的方式，把内容做强，成功地推出了名人微博的典范。吸纳名人入驻，吸引粉丝关注，一方面，增加了用户注册人数；另一方面，增强了用户的黏度，粉丝关注名人，与名人互动，找到了接近名人的方式。

（2）新浪也开始逐渐整合优秀的微博资源，把优秀的微博链接和微博内容放置到首页上。

如果说此前的微博只是散兵游勇，新浪则将局势转变成了"全民皆博"。很多普通人在内心深处都渴望能够在同一个平台上"与名人做邻居"，而且，对于新浪来说，所有的网民都成为它潜在的内容提供者。

同时，在微博上制造各种大事件，草根千万博客、超女、快男、好男儿的新浪开博，都带动着微博的点击率。

（3）新浪的手机微博客户端。

新浪还利用微博整合无线资源，让用户通过手机直接更新微博的图片和文字。网络、电信等终端工具之间的互动已成为潮流。新浪转变了微博的概念，成功地把微博放到了一个更大的空间里，甚至影响到了中国整个媒体的生态环境。

（4）与应用开发商合作，发展应用平台。通过与合作商合作，开发了微电台、音乐播放、投票、活动、数据、微盘等。

（四）新浪微博技术模式

新浪微博架构发展的历程：新浪微博在短短一年内从零发展到 5 000 万个用户，基层架构也发展了几个版本。

第一版：解决发布规模问题。

技术特点：采用 Twitter 的消息模式，典型的 LAMP 架构，使用 Myisam 搜索引擎和 MPSS。

第二版：解决数据规模的问题。

技术特点：模块化，异步模式发表和按时间数据拆分。

第三版：解决服务化的问题。

技术特点：平台服务和应用服务分开，实现模块隔离。用户的关注关系改成多维度的索引结构。计数器改进。

（五）新浪微博管理模式

1. 内容管理

新浪微博采用信息索引方法，将用户分为有效用户和无效用户转发，降低了信息推送量。对于敏感词汇会自动屏蔽。

2. 用户管理

新浪微博根据用户自添加的标签为用户分类，用户可以按分类去寻找自己感兴趣和关注的人，这样新浪也可以很好地管理用户和粉丝。

3. 企业文化

一方面，加强企业自身企业文化建设，用企业"真心"换取社会对企业的真心；另一方面，拉近与民众的关系。

4. 管理团队

新浪为微博成立了两家独立子公司架构。其中，微梦创科网络技术有限公司成立于 2010 年 10 月 11 日，法人代表为曹国伟；北京微梦创科网络技术有限公司成立于 2010 年 8 月 9 日，法人代表为新浪副总裁、微博事业部总经理彭少彬。之前，新浪微博一直附属于新浪。脱离新浪后，它成立了自己的管理团队，且独立运营。

（六）新浪微博资本模式

新浪微博分拆业务的公司架构基础已经完成，为此他们在海内外都已经注册了独立的公司。

新浪公司在 5 月 31 日向 SEC 递交的 2010 年年报中披露，新浪已经在开曼群岛注册了新浪微博的境外协议控制公司 T. CN Corporation（新浪微博公司）。

在境内，新浪也为微博成立了两家独立子公司架构。其中，微梦创科网络技术有限公司成立于 2010 年 10 月 11 日，法人代表为曹国伟；北京微梦创科网络技术有限公司注册资本为 1 000 万元，成立日期为 2010 年 8 月 9 日，法人代表为新浪副总裁、微博事业部总经理彭少彬。此前，新浪微博一直靠总公司新浪的资金支持，成为独立公司之后，新浪微博将依靠自身的营收来支撑公司运转。当然，新浪也会出资支持。

境内外三家公司已为新浪微博搭好了境外上市所需的 VIE 结构（协议控制）。同时，在域名方面新浪微博也正显出其独立性。2011 年 4 月，他们启用新独立域名 weibo.com，并已逐步代替原有的 t.sina.com.cn。

独立架构出现之后，微博公司期权的发放也被视为新浪微博 IPO 准备的前奏。

新浪 2010 年年报披露，新浪公司在 2010 年以公允价格向管理层发放了占 T. CN

Corporation 摊薄后总股本 5.7% 的期权，这些期权在新浪微博公司上市后的四年内分批兑现。

新浪 2011 年 5 月 31 日向 SEC 递交的 2010 年年报披露，该公司在 2010 年的期权计划将向员工发放的期权共计占 T. CN Corporation 摊薄后总股本的 15.9%，其中管理层占 5.7%，这部分期权将在上市后四年内分批兑现。

2013 年 4 月，阿里巴巴战略投资微博 5.858 亿美元。《福布斯》曾发表评论称，新浪微博此番上市，将会帮助阿里巴巴越来越近的 IPO 投石问路。同年 3 月 16 日，阿里巴巴决定启动在美国的上市事宜。

2013 年 8 月 1 阿里巴巴与新浪微博推出"微博淘宝版"，几乎同时，屏蔽了微信营销应用数据接口。天猫在"双十一"给消费者发放的现金红包，依托新浪微博好友关系发放。2014 年 1 月，微博与支付宝账号全面打通，并互通二维码支付，与微信支付展开竞争。

新浪微博于 2014 年 4 月 17 日在纳斯达克挂牌上市，最终确定 IPO 发行价为 17 美元，处于此前公布的 17～19 美元发行价区间的下端。

（七）结论与建议

1. 成功因素

名人优势。这种优势是通过新浪微博的开放性等特征而形成的，其最终目的就是无论草根与名人，都可以拥有名博。

功能优势。简单易于操作并且精美的博客，吸引着许多虽然不是计算机高手，但也可以把微博设计得漂亮充实的用户。

细节，从用户体验开始。在彰显个性的"我"时代，一切应用都要从用户体验出发，新浪微博通过打造更具亲和力的界面、更实效的功能，尽可能地拉近与用户的距离。细节决定成败，哪怕是一个快捷回复的功能，都要充分体现人本思想。

自媒体时代，让话语权回归草根。无论是分享心情还是关注时事，微博赋予每个人话语权，微博天生的草根原则，充分显示出大众参与的热情和力量。

贴近生活，内容和人际关系更加真实。用户的关注、围观、评论多数都是围绕身边的人和事展开的，从评论时事到危机救助，微博人群已经从行为和思想上发生了巨变。

2. 存在的缺陷

当然，新浪微博也并不是完美无缺的。

用户体验的变异。在新浪制造的微博浪潮中，写作者（即用户）的本来意愿被强行改变。当微博引发的争论结束后，用户竟然发现，这原本不是自己的真实意愿，而是自己被卷进一场强大的旋涡之后，导致身不由己。

微博导向的误区。新浪微博的目的非常明显，就是要最大限度地提高参与度，吸引眼球。一旦极度热烈的争论结束，通过冷静分析，参与者就会发现两方面的后果非常严重：其一是言论过于激烈，甚至由言论自由演变为互相谩骂；其二是尽管讨论激烈，但得不出解决问题的方法。是辩论结果重要还是气氛重要？

微博监管不力，色情虚假广告充斥其中，给用户带来了危害。

目前还没有建立多元化成熟的营利模式。

同一时段用户登录人数多，出现拥挤、无法登录问题。

3. 建议

加强微博内容的监管，纯净微博，对于一些微博暴力事件应及时处理。提高创新能力，开发多元化产品服务，建立完善的商务模式，如支付体系、信用体系、数据挖掘体系。优化登录问题，微博使用高峰时段，用户无法登录，降低了对微博的使用效率，应加强监管。虚假广告充斥微博、垃圾广告，使用户模式转变；从单向的 Twitter 模式转型成双向的 Facebook 模式，甚至形成一个"Twitter + Facebook"的混合体。

微博发展趋势——平台是微博的未来。目前微博正处在媒体+社区向平台转化的阶段，拥有海量用户。基于现在的微博产品，我们一定可以对商户各种需求做出设计并满足，但未来产品健康发展比眼下营利更重要。时下需要各微博平台思考的是：确保在微博平台化发展的基础上，如何实现对用户生活消费需求和商户需求的满足，从而营利？

本章小结

本章首先介绍了 SNS 的内涵，SNS 即社交网络服务。SNS 网络基于六度理论，其作用主要在于最大可能地扩充自己的人脉，并通过社会网络获得帮助以及传播信息，进而获取商业利润。其次，本章主要介绍 Facebook、人人网和新浪微博三个典型的 SNS 平台，主要内容如图 6-7 所示。

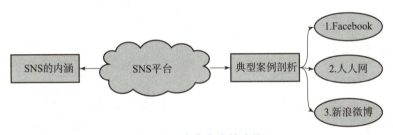

图 6-7 本章内容的脉络

Facebook 的价值网络以 Facebook 网站为核心，涉及 SNS 服务用户、广告服务、广告主、应用平台开发商。Facebook 的成功得益于其管理模式、商业模式、技术模式、资本模式以及经营模式五方面的合理安排，具体如图 6-8 所示。

人人网也是典型的 SNS 平台，作为国内社交平台，人人网另辟蹊径，专注于大学生群体，创立了独特的商业模式，构建出了相对较优的营利模式，促使其名噪一时。图 6-9 所示为人人网的商业逻辑。

相比人人网，新浪微博是国内更为成功的 SNS 平台，众多名人都进驻该平台，其商业模式与众不同。本章梳理了新浪微博的发展历程，剖析了其商业模式，尤其是其中的营利模式与核心竞争力，最终归纳了新浪微博的成功因素。本章关于新浪微博分析的具体脉络如图 6-10 所示。

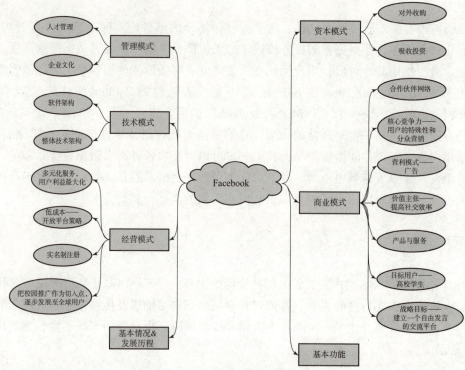

图 6-8　Facebook 的价值网络

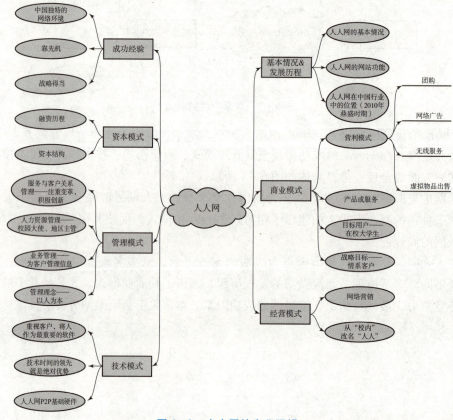

图 6-9　人人网的商业逻辑

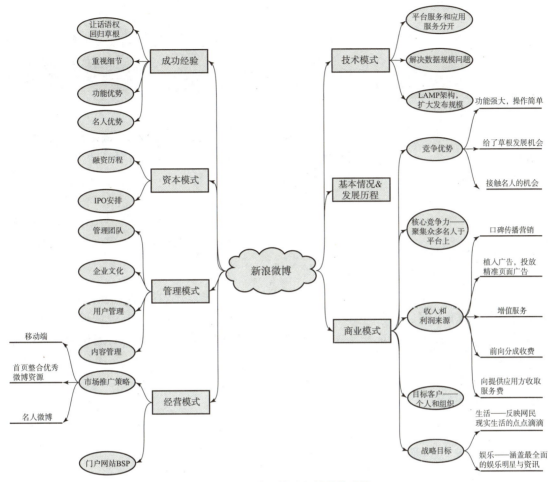

图 6-10　新浪微博分析的具体脉络

本章习题

1. 什么是 SNS？SNS 平台依据的理论基础是什么？常见的 SNS 平台有哪些？请举例说明。

2. 梳理 Facebook 的发展历程，论述为什么 Facebook 可以获得成功？

3. 简述人人网的商业模式及其营利模式。

4. 分析新浪微博的管理模式以及营利模式，浅析新浪微博的成功因素。

5. 如果你要建立一个 SNS 平台，你将如何切入？你将考虑哪几个方面的问题？如何让自己的平台更具竞争力？

第七章

网络销售案例

一、内容提要

网络销售，顾名思义，就是通过互联网把产品进行销售。比如目前我们所熟悉的各个网上购物平台如百度有啊、淘宝网、看了又看品牌网、易趣网、拍拍网等，卖家通过网络交易平台进行销售产品以便买家选购，这是一种宅经济消费趋势。本章主要对麦包包、韩都衣舍、小熊电器三个网络销售案例进行分析。

二、麦包包

（一）麦包包的基本情况

1. 公司的成立及 Logo

在新经济浪潮的影响下，中国时尚产业高速发展，但箱包领域始终缺失领军品牌。在这种大背景下，意大利百年时尚箱包集团 Visconti 将国际时尚引入中国，投资成立"麦包包"公司，全名嘉兴市麦包包皮具有限公司，其 Logo 如图 7-1 所示。其联手联想集团、美国 DCM 的资本共同推动中国时尚箱包行业的发展。麦包包总部在浙江嘉兴，麦包包的研发机构已遍及意大利威尼斯，中国的香港、广州、上海和浙江等地。

图 7-1 麦包包 Logo

2. CEO 叶海峰

叶海峰，麦包包创始人，董事长兼首席执行官，嘉兴市电子商务协会会长，被业界誉为"中国箱包第一人"。

叶海峰，中国第一批基于阿里巴巴从事对外贸易的箱包行业人士之一，十几年中见证了中国互联网浪潮的风生水起。2007 年，叶海峰创建时尚箱包销售网站——麦包包。其通过多品牌、分级营销的模式，短短三年时间就把麦包包打造为中国最知名的互联网时尚箱包品牌，成为中国箱包电子商务领域首个规模突破亿元的企业。麦包包的产品线涵盖整个箱包产业链，每年推出上万种箱包款式。2007 年获得"CCTV2 赢在中国 108 强"称号，2009 年荣获"全球十大网商"称号，2010 年荣获 APEC 颁发的"2010 中国中小企业价值榜年度十佳新锐人物"称号。

在成功覆盖国内市场的同时，叶海峰率领团队布局国际市场，2010年于日本东京建立了B2C行业的第一个海外分公司，2011年在意大利威尼斯成立以研发、设计为主的第二个海外分公司。

2013年1月，叶海峰卸任CEO担任麦包包董事长，负责整个公司的商业模式创新和品牌战略升级。2013年和知名天使投资机构"险峰华兴"合伙成立"浙江海丰至诚投资管理有限公司"，打造电子商务孵化器，投资了一批有潜力的早期电子商务公司；2013年10月，创建嘉兴麦动信息科技有限公司，打造互联网供应链。

3. 公司文化总则

品牌文化：快乐、时尚、阳光。

产品原则：时尚、正品、高性价比。

经营理念：尽一切可能为客户做好每一件事，让客户不仅感觉我们专业，更感到贴心。

服务理念：客户的担心就是我们的责任。

企业文化：有成长，有未来。

4. 客户价值

自成立以来，通过对品牌的培育和对箱包产业链的挖掘，麦包包始终坚持自己的服务宗旨，为客户提供真正的价值。

（1）提供最快速最时尚的箱包产品。

（2）提供最具品质的箱包产品。

（3）提供最有价格竞争力的箱包产品。

（4）提供体验度最佳的箱包消费过程。

5. 质量保证

麦包包始终以严谨的态度对待每个箱包产品的生产，根据公司制定的箱包检验标准严格把关，检验报告详细到每个箱包产品的每个细节，绝对不放过任何一个质量漏洞，努力将最完美的包包呈现给消费者。

6. 品牌介绍

品牌理念：快速时尚（Fast Fashion）。

麦包包旗下有很多品牌，具体如下：

（1）官方推荐品牌：浪美，飞扬空间，卡唐，DUDU，阿尔法，希夏邦马，美美maymay。

（2）日韩馆品牌：飞扬空间（Feel Young），卡唐（Katang），猫和狗（Cat&Dog），希夏邦马，FansFace，一品十尚，绯闻女孩，薇茉，比比，梵贝斯。

（3）欧美馆品牌：DUDU，浪美（LOVEMATCH），阿尔法·阿蒂斯特（Alfa Artist），哈森，STEED，米奇（Mickey），迪斯尼，玛丽猫，金圣斯，Amay，Tsang，Danny Jones，OT。

（4）中国馆品牌：戈尔本，金鱼（GOLDFISH），威王（WEIWANG），万信达，宝枫，丹豹（DANBAO），都市鸟。

7. 品牌优势

高性价比、品类齐全、品牌正品、金牌服务、每周上新、领先时尚、24小时发货、支持货到付款、七天内无条件退换货，致力于打造大中华区最具价值箱包品牌。

8. 品牌战略

用品质诠释经典，用时尚汇聚潮流。凭借卓越的经营理念、有效的品牌培育以及独特的供应链管理模式，麦包包已实现为全球客户提供包括箱包设计、生产加工、品牌推广、在线销售以及进出口贸易的一条龙服务，并已发展成为中国领先的在线箱包直销网站。麦包包旗下拥有多个品牌，分别针对不同的目标人群。未来的麦包包将走自有多品牌的大品牌战略。

（二）麦包包电子商务模式

面对互联网平台作用的巨大诱惑，挣扎于传统行业的众多企业纷纷试水电子商务，以求建立网络营销渠道。但大多数企业都不能幸免地在 B2C 大潮中铩羽而归，巨大的投入却收效甚微，什么样的电子商务模式才能在这一领域淘到金子呢？在 PPG 等行业网站崛起之后，又有一个网站给各行业的企业家们树立了榜样，这就是专营箱包业务的行业网站"麦包包"。

值得借鉴的是，麦包包并没有把互联网仅作为展示产品的平台，它把定制产品的功能加入网站中，让消费者自己选择喜爱的产品，根据产品的订单安排生产，实现了产品的零库存。麦包包注重的不仅是产品性价比，它更注重产品的款式。麦包包总裁叶海峰向记者介绍称：虽然麦包包奉行的是薄利多销的原则，但其最大的特点是别人有的产品在麦包包能更便宜地拿到，而别人没有的产品，消费者能在麦包包上轻松找到，而后者才是麦包包盈利的主要来源。

麦包包对专业有自己的诠释。年轻的麦包包充分利用了自己在箱包行业多年来的基础，从总裁到普通员工，麦包包团队的主体人员都在箱包领域打拼过多年，对这个行业的每个细节都了如指掌。更重要的是麦包包拥有自己的工厂、营销渠道、固定客户群体和品牌产品，完全实现用最低廉的价格生产出高质量的产品，并拥有竞争对手难以企及的议价能力，牢牢占据了产业链的上游阵地，让消费者真正享受到物超所值的购物乐趣。

缩短产品在生产、销售过程的周期是箱包行业的最大挑战，而多年的专业基础帮助麦包包打通了从设计到销售的整个链条，大幅缩短了产品生产周期。在浙江、上海、广州等地设立的研发物流中心，都立足于便捷的交通，使麦包包能够通过便捷的铁路、公路交通网迅速发货到全国市场。也正是这种快速的出货能力使麦包包在机遇稍纵即逝的箱包市场领先对手一大截。

统观麦包包的电子商务模式，里面始终包含一种以消费者为中心的商业理念，而在这种精神统领下建立的电子商务模式就是正在逐渐走向主流的 B2C 模式，一种全新的 B2C 模式。正是由于消费者决定工厂该生产什么、生产多少，生产厂商就不会陷入产品滞销的泥潭。这种定制模式将"惊险的一跃"提前到商品的生产环节之前，抓住了购买者的最大消费愿望，在很大程度上规避了商业风险，同时也可以获得最大的利润回报。

毋庸置疑，麦包包的成功是专业的成功，是专注用户体验的成功，是定制服务的成功。虽然普遍认为在电子商务中，面对消费市场意味着面对成本控制的巨大压力，但麦包包用行动表明，成本控制的根本在于专业的生产管理体系和顺畅的产业链，而以用户为中心的定制服务则能够带来最大的利润和最小的风险。

（三）发展历程

麦包包诞生于 2007 年 9 月，由意大利近百年历史的箱包家族集团 Visconti 提供天使基金设立而成。麦包包致力于打造箱包快速时尚新模式，为中国的消费者提供高性价比的多品牌时尚箱包产品。

麦包包在意大利水城威尼斯成立了中国首家"欧洲麦包包时尚研究中心"，并在浙江嘉兴自建箱包生产基地，完全实现从研发到制造，再到用户间的垂直消费。通过对品牌的培育和对箱包产业链的深度挖掘，麦包包正在积极地推动着中国的箱包市场理性化及规范化发展，并真正为用户创造时尚价值。

麦包包拥有多个时尚品牌，如飞扬空间、浪美、卡唐、阿尔法等；独家网络代理美国迪斯尼－米奇、香港薇茉等国际国内知名品牌产品。其网站拥有近万款箱包品种及数量，产品线涉及时尚、商务、休闲、户外运动等多个系列。

麦包包正逐步成为大中华区最具价值箱包渠道品牌。

1. 企业大事记

√ 2007年5月，意大利百年时尚箱包集团Visconti投资成立麦包包，并在水城威尼斯设立中国首家"欧洲箱包时尚研究中心"。

√ 2009年1月，联想集团/美国DCM联合投资麦包包。

√ 2010年10月12日，麦包包注资成立日本公司。

√ 2011年3月，麦包包建立"百万网购消费预赔金"，让消费者无忧购物。

√ 2012年8月，麦包包推出基于HTML5技术的手机麦包包官网。

√ 从2013年年初起，麦包包致力于改善产品、运营和服务。将核心品牌价值升级为"女性、时尚、精致主义"。核心品牌精神定义为"以美包、好包以及美好的购物体验宠爱每一位消费者"。

√ 2013年12月，公司组织结构调整，分为产品业务部和官网业务部，官网业务部包含无线业务，产品业务部负责集团商品品牌的运作和销售。

√ 2014年11月，麦包包陆续进行三线城市的深度营销，从合肥、贵阳开始，通过创意做法和资源串连达成佳绩。

2. 案例小结

麦包包从一个原本只是现实中的普通箱包行业转变成了如今消费者最喜爱的网站TOP 100强，迅速成了箱包领域的领军品牌，这一切离不开叶海峰对麦包包做出的改变，更离不开网络销售带来的成功。

由于目前全球网络市场的不断发展与竞争，各类大小企业都把麦包包看作成功者，并作为电子商务品牌成功建立的案例来进行模仿与学习。

麦包包有不断的新理念和新时尚的创新，针对消费者不同的需求，采取不同的对应策略，推出适应潮流的促销营销活动，建立起属于自身的官方网站及博客以更新动态信息，为的就是吸引更多的消费者成为麦包包的忠实"麦迷"。

麦包包还拥有一个忠实的强大的合作团体。作为麦包包的工作者，客服人员、销售人员、生产人员等无时无刻不在为这个品牌付出，时刻为消费者们服务。麦包包还再不断招聘大量人才进入团队，共同为品牌奉献力量。众所周知，好的服务才能留住消费者，这也是麦包包自始至终没有改变过的原则。

如今网络购物已进入千家万户，人们享受着足不出户的购物体验。网络销售已经普遍传播于世界各地各个行业中。麦包包将网络销售作为一系列流程的带动者，为企业着想，实现其最大化的利润收获,这是麦包包成功的原因之一。

三、韩都衣舍

(一) 韩都衣舍概况

韩都衣舍品牌创立于 2008 年,致力于为都市时尚人群提供高品质的流行服饰。作为中国"互联网快时尚"第一品牌,韩都衣舍凭借"款式多、更新快、性价比高"的产品理念深得全国消费者的喜爱和信赖。其于 2010 年获得"十大网货品牌"以及"最佳全球化实践网商"的荣誉称号,于 2011 年获得国际知名风投 IDG 的千万美金投资,2012—2013 年连续两年蝉联天猫、京东等平台女装销量第一。截至 2013 年年底,公司有 40 余个业务部门,员工人数超过 2 300 人。

韩都衣舍独创的"单品全程运营体系(IOSIP)"是传统企业利用互联网提升运营效率的一个成功案例,入选清华大学 MBA 教学案例库。

韩都衣舍(集团)旗下品牌:HSTYLE(韩风快时尚女装),AMH(韩风快时尚男装),MiniZaru(韩风快时尚童装),NANADAY(韩风甜美少女装),Soneed(韩风 OL 时尚女装),Forqueens(韩风时尚大码女装),Dequanna(韩风时尚妈妈装),niBBuns(欧美风快时尚女装),Souline(东方复古设计师女装),ZIGU(东方禅意设计师男装)等。

2014 年,韩都衣舍成功签约韩国巨星"国民女神"全智贤为品牌形象代言人。韩都衣舍认为,全智贤在《来自星星的你》中饰演的千颂伊,是韩剧史上最有灵气、最至情至性的一位女主角。21 集里她总共展示了 145 个造型,长裙短裙、风衣夹克……她有美貌长腿,有巨星架势,还有用生命去赶时髦的拼搏精神,她的造型打扮始终精妙绝伦,完全符合韩都衣舍对代言人的期待。

(二) 韩都衣舍电子商务模式

1. 公司架构

公司设有市场部、技术部、分销部、客服部、物流部、产品部(一部、二部、三部、四部、五部)、财务部、韩国部、人力资源部、行政部、培训部、生产部、质检部、摄影部、韩国支社共 19 个部门,2009 年在韩国仁川设立了分公司,目前有 8 名员工常驻韩国,协调与韩国的更进一步的有关事务。2011 年,有员工 1 100 余人。2013 年公司深入推进信息化建设,组建了超过 100 人的技术研发团队。2014 年是韩都衣舍的品质年,为了适应公司对品质的更高要求,同时最大程度地发挥现有的 240 余家优质供应商的潜能,韩都衣舍对生产中心的组织架构进行了深度优化和调整,以适应更高强度的供应链压力和需求。2015 年 12 月,韩都衣舍共有 300 多个产品小组,它们是公司的发动机,独立核算,独立经营。韩都衣舍规划在 2020 年,通过内部孵化、兼并收购、搭建时尚云平台,完成基于服饰品类的 50 个以上品牌的布局。

2. 品牌传奇

2010 年,韩都衣舍这家网店一跃成为淘宝网服饰类综合人气排名第一、会员多达 200 万个、长江以北最大的淘宝卖家,山东电子商务的领头羊。

1997年，赵迎光从山东大学韩语系毕业后，作为山东国际经济技术合作公司驻韩国支社代表，在韩国工作了10年，见证了韩国电子商务从起步到成熟的过程，并将其定位为自己职业发展的方向。

2002年，赵迎光兼职在易趣网韩国化妆品店。2005年，他转至淘宝网，到2006年年底，他还做过化妆品销售、防辐射孕妇装等多种产品。

这只是他积蓄力量的探索期。2007年9月，他迎来业务转型的关键性事件。一次，他参观一家韩国知名网店，颇受震撼。当时，这家网店日销售额高达400多万元。网店所属公司的社长告诉赵迎光三个秘诀：第一，在网上卖东西，一定要做自己的品牌，将来有机会；第二，一定要卖女装，女装这个行业是电子商务最热的行业；第三，做女装，款式要尽量多，更新要尽量快，只要做好了，一定能成功。

前人一席话，胜读十年书。深受启发的赵迎光决定"转战"服装销售，并在当年辞职回济南创业，再一次筹划开办网店。

2008年3月，韩都衣舍正式开业，仅前期装修办公室、租赁仓库等就投入60多万元。同时，他还在韩国注册了法人公司。网络销售基本无地域之分，上来就要与全国同行同台竞技。在济南，要做单纯的服装品牌，在设计、生产、行业经验、渠道上并没有什么优势。"留韩"归来的赵迎光扬长避短，决定先从韩国代购开始起步。

1）从"代购"到"研产销一体"网商更需积极转型

在商界，一成不变便意味着倒退。

创业之初，赵迎光把网店定位为做"进口韩国商品"的品牌代购生意。他从韩国寻找最时尚的服装品牌，供顾客挑选，再根据顾客的订购单从韩国进口商品。但这种业务有四大硬伤，赵迎光总结为：等待时间过长；经常容易断货缺货；无法退换货；性价比不高。

赵迎光经过长时间的思考，决定转变发展思路。2009年，他提出公司要从"商品进口专家"转变为"时尚进口专家"。第一时间引进最新时尚款式，并根据中国顾客的审美习惯，进行二次设计，然后在国内找代工企业生产，降低成本。与此同时，他开始培养自己的设计师，自主设计服装式样，并与代工企业合作，创造出自主设计、生产、销售的"研产销一体"式链条。

2010年1月，韩都衣舍正式成为淘宝网的KA长约客户。2010年，韩都衣舍独创的B2B2C和D2B2C兼容的渠道品牌策略，经过市场验证，取得了意想不到的成功。2010年8月6日，韩都衣舍品牌成功入驻"淘品牌"。

对于未来的发展，赵迎光表示，要从广度（不断增加品类）和深度（品类做精做细）两方面做好工作，让顾客有更快捷的购物流程，并有更多的挑选款式。

随着一系列创新解决方案的实施，韩都衣舍已处于国内同行业绝对领先地位。截至2011年6月，淘宝网店铺会员人数突破200万人。他还在韩国最大的电子商务平台AUCTION和GMARKET上开通销售店铺。

2）每天开发40款新品，网商更需人才竞争力

在很多人眼中，网上卖东西只需上传几张商品照片，点点鼠标发发货即可。而赵迎光则认为，与传统销售业态相比，网商更需要人才的核心竞争力。

在韩都衣舍700多名员工里，有100多名懂市场、会制作、通语言、专商品的"四位一体"复合型人才，其中，专家级员工就有40多名，每天可以开发40款新商品，每个季度新

款数量超过 5 000 款。

赵迎光说,他当初选定济南,是因为济南是山东的政治文化中心,在 IT 人才和韩语人才方面,都可以有充分的供给,韩都衣舍也同山东工艺美院等专业院校建立了长期的合作关系,可以从容选拔到大量优秀的人才。

3) 放权去做

百两金,是赵迎光的花名,取自《本草纲目》。

韩都衣舍的所有员工都以《本草纲目》中的药材为花名,所有会议室都用名山命名。百两金、甘草、黄芪、淡竹叶、厚朴是韩都衣舍的五个老字号,均为"70 后",也曾都有其他的职业。三个律师、一个做房地产的 MBA,其中既有高考状元,又有榜眼。赵迎光总是自谦自己是最差的一个,唯一的优势只是接触电子商务早。

"一个公司到底能够发展多大,取决于创始人的格局。"赵迎光明白这是一个团队作战的年代,创始团队的格局多大,到最后这个公司就会做到多大。

"找创业伙伴,我个人认为最好水平比你高,如何让比你优秀的人与你一起创业?要展开猛烈的追求。"赵迎光说追求创业伙伴就像追求漂亮的女孩子,"去追求这些比你优秀、将来对你起决定性作用的伙伴,要勇敢大度地把股份拿出来。在企业由小到大、从弱到强的过程中,需要核心团队无私的付出,太看重股份,反而会因小失大。"

用自信和股份,赵迎光追求到了韩都衣舍现在的五位元老。

在众多夫妻或个人起家的淘宝店努力控股公司时,心宽体胖的赵迎光早早采取了分权的管理。"市场变化超乎想象的快,一个人是无法应对的。"形成相对平等的核心管理团队,分管不同的业务,这样去核心化的分权管理让韩都衣舍发展超乎寻常的快。10 000 多平方米的办公区,23 个部门,700 多个员工,韩都衣舍仅仅用了两年多的时间。

五个核心成员每人分管三个左右的部门,赵迎光负责市场、IT、分销以及融资方面的事务,其他的细节完全由各个分管责任人负责。

部门有部门经理、副经理,之下有业务主管,主管下有小组组长。精细的组织管理架构下,是其最核心的"小组"单位管理办法。

"每个小组由五名员工组成,每月都有相应的额度,小组组长完全可以决定这个额度的用途。"选什么样的款、生产多少件、如何定价、何时打折促销,都由小组自己内部决定。只有特殊情况超出额度时,小组组长才需经过主管和经理的审批。而这个额度又与小组的销量直接挂钩,卖得越多,额度越大。"厉害的小组一个月可以做到 200 万元。"赵迎光骄傲地说。

与此同时,小组的销量又与小组提成直接挂钩。卖得越多、毛利越高、库存周转越快、退换货越低,小组提成就越高。

但这种以小组为单位的放权管理并非孤立,整个韩都衣舍有自己独立开发的 ERP 系统。"我们自己的 ERP 系统研发投入了上百万元,技术部门经过一年多的开发,在业务发展的同时不断完善,各个环节每一项的动作,公司相对应的各层级管理层都能看到。"赵迎光说。

(三) 发展历程

赵迎光将自己的创业历程划分为三个时期:

(1) 1998—2002 年为业务准备期(定下电子商务大方向,不断学习研究,处于纸上谈兵阶段，完全无法预料今后面临的困难）。

（2）2002—2007年为业务探索期（做了多个行业，生存下来是第一位，谈不到商业模式）。

（3）2008年至今为业务发展期（找到了适合自己的商业模式，并逐步完善，事业取得了较快的发展）。

√2002年，他在易趣网注册网店，尝试韩国服装的销售，并在当年成为易趣最早的一批钻石超级卖家。

√2005年，他在淘宝网注册，成为最早的注册会员之一，并在当年成为钻石级卖家。

√2007年8月，同韩国最大的C2C网站AUCTION签订全面合作协议，成为AUCTION在中国唯一的授权合作商。

√2009年4月，搬至目前办公室，员工人数增加至110人。同韩国SK投资的大型网站11ST签订战略合作协议。

√2009年11月，韩都衣舍新办公室启用，办公室面积扩大到1 500平方米。同公司签订合作协议的韩国品牌超过500个，在所有从事韩国代购业务的公司中，处于绝对领先地位。

√2010年，公司获得了全国"十大网货品牌""全球最佳实践网商""全球网商30强"等荣誉。公司跻身淘宝网Top 3服装品牌，综合排名名列前三，为淘宝北方区2010年典型品牌之一。

√2011年，公司继续秉承制造—零售—服务的链条，力争打造中国网络时尚第一品牌。

√2012年，韩都衣舍CEO赵迎光入选"中国服装十大风云人物"。

√2017年6月，韩都衣舍勇夺天猫女装"6·18"冠军，集团交易额突破1.28亿元，同比增长111%。

√2016年7月，韩都衣舍正式获批挂牌新三板，成为互联网服饰品牌第一股，股票代码838711。

√2017"双十一"，韩都衣舍电商集团全天交易额达到5.16亿元。

√2019年4月，《互联网周刊》和eNet研究院联合发布2019快时尚品牌排行榜，该榜单统计了150个快消品时尚品牌，其中优衣库、ZARA和韩都衣舍位列前三。

（四）案例小结

韩都衣舍是一个快时尚品牌，每天的新款达七八十种。他们最早从韩国3 000多个品牌中选取了1 000个适合25～35岁的女性品牌，作为产品更新的资源库，产品可以说是包罗万象，这一点与设计师品牌有很大差别。利用单款产品的运营模式，一款衣服从设计到销售，全部有数据把控。这种运作方式保证了从设计到生产的快速、标准化操作，同时也可以避免过量库存。

同时，韩都衣舍定位十分精准，主打韩国风，网罗"哈韩"人群。近年，随着韩剧流行，韩国明星在中国频频出镜、亮相，韩式着装被越来越多的年轻消费者认可，韩国服饰销售一直呈上涨之势。韩都衣舍的品牌定位——互联网韩风快时尚，以18～35岁的女性作为目标消费者，紧扣当下女装市场脉搏，顺应市场需求，也有效构筑起差异化竞争优势，这是和传统品牌最大的区别。

另外，韩都衣舍从2012年开始涉足多品牌运营，不再局限于韩流女装品牌。这是非常积极的探索，韩都衣舍的潮流韩风女装运营已经非常稳定，培养了一片忠诚的消费者，在此基础上推出男装品牌、童装品牌以及不同风格年龄段的女装品牌，有利于韩都衣舍品牌家族的成熟壮大，有利于全方位锁定客户群。但由于在营销推广上并没有特别有效的策略性活动，韩都衣舍其他品牌并没有被人们广泛认同。

四、小熊电器

（一）小熊电器的基本情况

小熊电器有限公司（以下简称"小熊电器"）成立于2006年，总部设在有"小家电王国"之称的广东顺德，是一家致力于精致创新小家电的研发、生产和销售为一体的专业制造销售商，多年来一直保持快速、稳定、健康的发展。公司视人才为企业的核心竞争力，拥有经验丰富的研发团队和营销团队，骨干人员具有10多年优秀小家电企业的工作经验。

新鲜酸奶风靡欧美，被国际卫生组织推荐为六大健康食品之一，素有"长寿牛奶"的美誉。小熊电器主销产品为酸奶机，上市以来得到了国内外消费者的一致认可，在行业内有"自制酸奶专家"的美誉。

小熊电器以向消费者不断推出精致、创新、健康、超值的小家电产品为己任，努力为消费者创造高品质的生活！公司坚决贯彻"精益制造、客户至上"的经营宗旨。其主要产品包括酸奶机、煮蛋器、节能型电炖盅、电蒸锅四大主要系列，另有加湿器、咖啡机、电热饭盒、多士炉等辅助系列，所有产品都是自主研发并拥有知识产权，且全部获得国家强制的CCC认证（部分产品通过CE/ROHS认证）。

小熊电器致力于厂商价值一体化建设，追求与各位合作伙伴长期、和谐、共赢地发展，努力打造精致创新小家电第一品牌。

1. 企业文化

1）公司理念

——以市场为导向，不仅关注产品的本身，而且重视物有所值。

——以国内市场为后盾，积极开拓国外市场。

——以专业、创新、同进、共赢为定位，为每一位客户服务。

——以我们坚定的信念，发扬团队精神，将小熊电器打造为有竞争力的小家电品牌。

2）品牌理念

品质决定品牌。

3）小熊电器广告语

分享健康未来！

2. 公司主要产品

1）小熊酸奶机

创新：首家采用PTC发热体发热，节能、安全。所有产品拥有自己的知识产权。拥有多项专利技术，技术远远领先同行。

品质管理是小熊电器对待产品关注的重中之重，确保销售无后顾之忧。全部产品获得国家强制的CCC认证（部分产品通过CE/ROHS认证）。

小熊酸奶机市场占有率达80%以上。产品畅销欧洲、北美、日本等发达国家或地区。

2）小熊煮蛋器

创新：首家采用手动复位温控器，避免了煮蛋器反复干烧，从而延长了机子的使用寿命；首家采用PTC发热体发热，节能、安全。所有产品拥有自己的知识产权。拥有多项专利技术，技术远远领先同行。品质管理是小熊电器对待产品关注的重中之重，确保销售无后顾之忧。全部产品获得国家强制的CCC认证。

省心省力：小熊煮蛋器根据量杯加水就可以煮出不同熟嫩程度的鸡蛋，无须看管，蛋熟自动断电；传统煮蛋需要根据个人经验掌握鸡蛋熟嫩程度，煮熟才可以关闭电源。

省时省电：小熊煮蛋器煮一次蛋约10分钟，只需0.06度电；而传统煮蛋器需要人为去控制煮的时间和熟嫩程度，很容易造成耗时耗电的现象。

人性化设计：小熊煮蛋器特有的戳孔设计使蛋在加热时不会爆裂；传统煮蛋器很容易把鸡蛋煮爆裂。

3）小熊电蒸锅

PK传统蒸锅。小熊电蒸锅制胜点：定时、预约、防干烧、无须看管。

PK电热锅（多功能锅）。小熊电蒸锅制胜点：专业蒸功能。

PK微波炉。小熊电蒸锅制胜点：专业蒸，蒸的面点口感好、不干燥。

PK电饭锅。小熊电蒸锅制胜点：速度快（功能大且有快速出蒸汽装置）；密封性好、不漏气；容积合适、两层以上。

4）小熊加湿器

小熊加湿器已经成为家用电器中不能缺少的小家电。

尽管加湿器市场的发展较快，但小熊加湿器大多以简约的形式设计，审美观逐渐改变的消费者对此更是青睐。小熊电器一直是大家比较认可的品牌，小熊JSQ-240WB空气加湿器外观采用突破式设计，更加具有时尚艺术气息，也更具观赏性。本机采用雾量可调式加湿，技术上采用最新的360°旋转式出雾加湿，这种加湿方法不但免除了白粉的困扰，而且60°的雾口出雾，使得微粒充分均匀扩散，营造最适滋润环境，水润无处不在。

小熊JSQ-240WB空气加湿器外观区别于传统产品，外观借鉴车载净化器的模式设计，看上去更加简约，而且适中的机体，放在工位或者书桌上，会是一道不错的风景。本机的出风口设计在顶部，设计自然又周到；另外，顶部内置香薰盒，在香薰盒里滴上精油，在家也能轻松做SPA，舒缓身心。

小熊JSQ-240WB空气加湿器不仅有4L的超大容量，而且使用高品质ABS材质，耐磨耐刮划，高处跌落亦能完好无损。本机内藏式提手使得加水更便捷，方便家居使用，比较实用。

（二）小熊电器的电子商务模式

2012年4月，一则"喝老酸奶等于吃进去一双破皮鞋"的微博，将酸奶产品的销售拖入了谷底，消费者对老酸奶的品质产生了质疑。仿佛一夜间，人们更主动地去关注并了解酸奶机，使酸奶机在网络上忽然走红。

淘宝数据显示，在众多酸奶机产品中，小熊电器酸奶机的销量几乎占领了市场绝大部分的份额。2012年4月13日，小熊电器酸奶机成交金额上百万元，一款单品酸奶机月销售超过15 000台。

2006年创办的小熊电器，通过结合电子商务，得以迅速发展，并在家电市场的缝隙中找到一席之地。2009年，小熊电器在淘宝网上开设了旗舰店；2010年，小熊电器直接销售收入猛增到1.5亿元，网络分销终端营业额突破3亿元；2011年，小熊电器继续保持150%的市场增速。2013年11月11日，迎来首个代发货的"双十一"，精密部署，细致分工，单日销售突破1 400万元。2016年销售费用较2015年度增加4 162.99万元，增幅为40.12%，主因是品牌宣传费增加1 568.04万元，这笔费用主要用在对影视剧与综艺节目的广告投放上。2017年3月，小熊电器首次亮相AWE家博展，旗下酵素机一举斩获AWE艾普兰产品奖。2018年6月，小熊电器在证监会网站预披露了招股说明书（申报稿），拟在深交所中小板上市。小熊电器拟公开发行不超过3 000万股，计划募资10.79亿元用于投资创意小家电、智能小家电和生产建设项目、研发中心建设及信息化建设。

酸奶机销量不断刷新纪录，已成为新酸奶时代的领头军。目前小熊电器在网上已经推出酸奶机、煮蛋器、电炖盅、电蒸锅、多士炉等十余个品类的产品。其中酸奶机、煮蛋器、电蒸锅在淘宝网的销量均排第一。

在品牌林立、竞争相对激烈的小家电行业，新进企业如何占领一席之地？对缺乏品牌与渠道的新进企业来说，要在传统渠道以及强势的大品牌中杀出一条血路并非易事，小熊电器是如何做到的呢？

1. 线上授权创造新市场

在竞争激烈的小家电行业，要想立身扬名并不是一件容易的事情。在传统渠道发展并不如意，品牌打造屡陷困境的时候，小熊电器选择了一个新的市场——电子商务市场。

果不其然，由于产品极具个性、时尚又有新意，一经推广，就受到了网购一族的热捧，这极大激发了小熊电器"将电子商务进行到底"的雄心壮志。2006年，小熊电器全年的销售额达到600万元。基于电子商务平台，小熊电器可谓发展惊人，销售量保持每年100%以上的增长速度。

以一款酸奶机起家的小熊电器，如何在整个产品线上依然保持赖以成功的竞争优势？2008年，一个意外的契机突然出现在小熊电器面前。牛奶行业三聚氰胺事件的爆发，使消费者格外注重食品尤其是奶制品的安全，小熊电器借势展开了对DIY酸奶的大力宣传，迅速引爆了酸奶机的热销风潮。同时，淘宝为了推进电子商务的发展，主动选择了两个小家电品牌进行推广，小熊酸奶机趁着热销之风跻身其中，不少新进入淘宝创业者选择小熊电器作为起点。这可遇不可求的零成本营销，使小熊代理商一下子增加到200家。

没有被模仿的产品不能算作热销品。几乎是在小熊酸奶机引爆市场的同时，一群"米熊""大熊""哈哈熊"等产品闻风而动，甚至有一个厂家从包装到商标都跟小熊一模一样。鉴于此，2009年，小熊电器以官方名义入驻淘宝商城，利用创新手法整合线上渠道。小熊电器在其官网上设置正品防伪码查询，从源头上杜绝假货市场。在淘宝网上，小熊电器是第一家进行网络分销授权的家电厂商，对于小熊官方制定的经销商提供"线上授权防伪证书"。

导入广告、新品展示、了解客户，是小熊电器对于旗舰店的功能定位。这种线上授权模式一改往日传统企业对进军电子商务后担心大规模"山寨"产品出现扰乱市场秩序的不规范现象,也为其他进军电子商务市场的传统企业提供了借鉴和参考。

另一方面,小熊电器迅速转向新品研发,开始从单一产品向产品线布局转变。单一的产品,即使再热销,也难以支撑一个优质的品牌。

依靠个性化、相对窄众的产品,小熊电器不仅避开了大品牌的竞争,还找到了属于自己的缝隙市场。复制酸奶机的成功运作经验,小熊电器将个性化、便捷化、时尚化的生活小家电作为整体的产品定位,开发出一系列新奇实用的产品。煮蛋器、咖啡机、电蒸锅、电炖盅、冰激淋机、多士炉、电热饭盒……每一款产品的推出,都切中消费者生活中的微小需求,将本来劳累的柴米油盐的繁俗变得简单而有情调,创造出一片全新的市场。这不仅完成了小熊的产品布局,甩开了模仿者,更直接为卖家的网店带来了人气。

电子商务让小熊电器创造了奇迹,也让小熊电器具备了比传统营销更快的反应机制。在继续发展成熟电子商务渠道的同时,小熊电器开始进入实体市场,先后进入了沃尔玛、吉之岛、万佳、家乐福等商超渠道,这也使小熊电器完成了网络与传统渠道的双线布局。通过电子商务将线上、线下的渠道及经销商逐步融合,达到传统模式与电子商务模式全面整合营销的效果。

2. 线上线下融合之策

在电子商务时代,如何让线上和线下渠道和平有序,各行其道?显然,电子商务提升了小熊品牌的知名度与个性化产品认知度,也打破了小熊电器进入传统渠道的门槛。然而,随着传统渠道的成功,快速奔跑的小熊电器同样不可避免地遭遇了线上线下渠道的冲突,出现了严重的窜货现象以及渠道间的激烈矛盾。显然,最为紧迫的问题则是如何破解这种致命的冲突。

小熊电器的策略是:变控制为疏导。重新设计外包装,从色彩和款式上进行区分——线上个性化,线下大众化;制定最低销售价,避免价格战,一旦发现低价销售,便由淘宝出面,对其进行罚款或下架;收取代理商保证金,签订代理协议时便注明,若发生串货等违规行为,将没收保证金;引进条码系统,对每件产品进行跟踪,产品是哪个客户卖出去的,卖了多少钱,一目了然;保持传统渠道商进货时的价格优势,并给以额外返点。

通过价格杠杆以及让传统渠道商得到额外的返点,尽量地让客户各自有各自的发展与收益,小熊电器使得线上线下渠道慢慢得以平衡,慢慢也会更深入,比如线上线下的价格差异会越来越小,线上对线下的冲击就会越来越小;同时对线上线下的产品款式进行区隔,避免直接竞争,以保证代理商的整体利益。同时,小熊电器会给做商超的客户更多支持,给他们更多的推广费用以及价格上的让利;把线上的价格稍微拉高一些;鼓励有条件的代理商去做线上销售;同时将其管理区域下所有网上卖家的销售量,都算进这个传统代理商的销售额,对其进行返点等。

很多传统企业在处理网络渠道与传统渠道的矛盾时,大多局限于控制与平衡,拿一方的利益补贴另一方,小熊的原则却是,尽可能地为两方创造和做大各自不同的市场。这样一来,两者间的矛盾和利益冲突便得以有效平衡。

3. 借力新媒体提升营销战略

一只憨态十足的"妙想熊"一夜间蹿红网络。

"萌翻了!"有网友留言。

这只小熊出自目前在网上热播的三段广告视频。

三段视频中,"妙想熊"总是用大家意想不到的方式对待那些看似好玩却不靠谱的电器——神奇瘦脸机、疯狂点菜机以及无敌吵架机,从而激发出消费者对"不靠谱电器零容忍"的态度。视频诙谐幽默,引起众多网友的热议并转发。不到一周,三段视频在新浪微博中的转发均超过两万次。

"妙想熊"蹿红,带来的是小熊电器曝光频率的激增。小熊电器以"妙想熊"的形象,走进更多人的视野。小熊电器的娱乐营销初尝甜头。相对于很多正儿八经的广告,这种具娱乐性的视频更容易被消费者接受。一个品牌售卖商品固然是必要的,但如果与此同时可以给自己的消费者创造一些快乐,何乐而不为呢?

第一周,"妙想熊"除在微博上到处"流窜"之外,还重点盘桓在女性热门论坛及MSN社区上。

第二周,"晒妙想赢电器"活动启动,小熊电器号召网民"发明"出心中最奇思妙想的电器,并送出小熊的热门产品。网民反应热烈,积极参与互动,大家参与"创造"的电器千奇百怪,妙思无限。

正在此时,微博上出现了"杜甫很忙"热帖,小熊电器借机适时推出妙想熊版的"杜甫很忙"——"喝酸奶,忙着""吃蛋蛋,忙着""喝炖汤,忙着",就势展示了其旗下的酸奶机、煮蛋器及炖汤锅。紧接着,小熊电器一波大型的促销活动"妙想六周年"在淘宝商城展开,首先推出的是"熊出没注意",而且,以"妙想熊"为核心的推广、促销活动接二连三地推出。小熊电器正欲借助新媒体传播特点及互联网人群消费心理探索一条差异化发展路径,品尝"轻产品""轻营销"带来的收成。

小熊电器通过充满情感渲染的网络营销,"最幸福的事是吃亲爱的做的营养早餐""忙碌了一个上午,有TA给我做美食,'蒸'的很幸福"……小熊电器用一种"懒人主义"简单生活来满足都市小女人浪漫情怀,卖的不仅是产品,更是一种时尚温馨的生活方式。

一系列的布局,使小熊电器的销量迅速排在同类产品首位。从一台酸奶机开始,小熊电器登上了市场第一创意生活小家电品牌的王座。

不过,在高速发展的同时,其未来的不确定性更多的来自电子商务的大环境。虽然之前小熊电器的定位是窄众市场、缝隙市场,和大品牌没有直接竞争,但有些品类如煮蛋器在竞争下已经慢慢变成大众产品,目前有很多跟进者,家电大品牌商也开始在线上推出相关品类的产品,这会对小熊电器的市场空间造成一定程度的挤压;而且,小熊电器随着规模的膨胀,必将面临组织架构、管理体制等方面的挑战。如何进一步深化小熊品牌?小熊电器未来之路依然漫长。

(三) 发展历程

√ 2006年3月16日,成立佛山市小熊电器有限公司。2006年,开始陆续进入重庆新世纪、昆明百大、广州吉之岛、大连大商、山东利群等终端卖场。

√ 2008年,建立"线上授权经销"的创新商业模式。

√ 2009年,小熊电器淘宝商城旗舰店正式开通。

√ 2010年,公司扩大规模,搬进新厂房,并更名为广东小熊电器有限公司,这标志着公司进入一个新的发展阶段。

√ 2011年11月,公司二期厂房投入使用,年产量超过500万台。

√ 2012年3月底，公司于喜来登酒店举行了"妙想启动未来""辉煌6载，感恩有您"的六周年庆典，李总于台上跟在场接近1 000名的经销商、供应商等各路朋友介绍公司的发展历程。

√ 2013年4月，公司携手顺德工业设计协会，举办"小熊电器妙想生活——2013年创新顺德工业设计大赛"，小熊电器妙想计划的第二步也在有序进行。

√ 2013年11月11日，迎来首个代发货的"双十一"，精密部署、细致分工，单日销售突破1 400万元。

√ 2016年销售费用较2015年度增加4 162.99万元，增幅为40.12%，主因是品牌宣传费增加1 568.04万元，这笔费用主要用在对影视剧与综艺节目的广告投放上。

√ 2017年3月，小熊电器首次亮相AWE家博展，旗下酵素机一举斩获AWE艾普兰产品奖。

√ 2018年6月，小熊电器在证监会网站预披露了招股说明书（申报稿），拟在深交所中小板上市。小熊电器拟公开发行不超过3 000万股，计划募资10.79亿元用于投资创意小家电、智能小家电和生产建设项目、研发中心建设及信息化建设。

（四）案例小结

打开小熊电器官网和其在天猫的官方旗舰店，小熊电器的产品琳琅满目，而它们共同的特点就是贴近生活，充满想象力。

在日常生活中，煮蛋器成为年轻白领的喜爱，电炖盅满足了对传统炖品的需求，电热饭盒成为办公室必备产品，而爆米花机、豆芽机、米酒机等不断上演"魔法厨房"。难以想象，这些"小产品"能带来多少商业传奇？数据显示：2011年，小熊电器销售额首次突破2亿元，电商渠道份额攀升至60%。2013年，该公司业绩再次刷新为3亿元，电商份额扩大至80%。

应该说，小熊电器既符合了传统制造的特点，又切合了电商消费的需求。个性化的、相对窄众的产品，是未来电子商务的机会之一，这样不仅避开了传统家电大品牌的竞争，还找到了缝隙市场、小众市场。有一个细节在叙述着小熊电器步入亿元级企业之后的微妙改变：先前"分享健康未来"的企业品牌标语改成了"快乐生活，家有小熊"，再后来改成了现在的"妙想生活"时尚概念。

小熊电器的成功可以归结为两个方面：一方面是专门针对电子商务推出适合网络销售的个性化创意小家电如酸奶机、煮蛋器，专钻市场缝隙；另一方面是通过授权模式，变控制为疏导，对网络经销商进行了有效的引导与监管，并通过线上线下产品区隔、鼓励线下代理商开展线下业务等措施，解决了线上线下渠道的冲突问题。

本章小结

本章对麦包包、韩都衣舍、小熊电器三个网络销售案例，从公司发展历程、电子商务模式等角度进行了剖析。统观"麦包包"的电子商务模式，里面始终包含一种以消费者为中心的商业理念，"麦包包"的成功是专业的成功，是专注用户体验的成功，是定制服务的成功。韩都衣舍认为"放权去做"为王道，以小组为单位的放权管理，小组的销量又与小组提成直接挂钩，卖得越多、毛利越高、库存周转越快、退换货越低，小组提成就越高。在传统渠道发展并不如意、品牌打造屡陷困境的时候，小熊电器选择了一个新的市场——电子商务市场，其在知名度提升的同时，融合线上线下，实行线上个性化、线下大众化策略。

本章习题

1. 通过学习以上三个网络销售案例的解析，在电子商务的销售渠道方面，你有什么看法？
2. 对比三个案例，你认为它们三者的销售模式有何不同？
3. 你认为以上三个平台成功的秘诀是什么？

第八章 网络营销案例

一、内容提要

与许多新兴学科一样,"网络营销"同样也没有一个公认的、完善的定义。从广义上说,凡是以互联网为主要手段进行的、为达到一定营销目标的营销活动,都可被称为网络营销(或叫网上营销)。也就是说,网络营销贯穿于企业开展网上经营的整个过程,网络营销一直都是一项重要内容。本章主要对王老吉、小米手机、三只松鼠三个网络营销案例进行分析。

二、王老吉网络营销案例分析

(一)公司简介

广州王老吉药业股份有限公司(以下简称"王老吉药业")始创于1828年,历经百多年的发展,现已成为我国中成药生产企业50强之一,曾荣获"中华老字号""全国先进集体""广东省医药行业质量效益型先进企业"和中国五星级企业等荣誉称号。

王老吉药业拥有先进的厂房设备、管理规范,获得国家药监局颁发的GMP证书。其主要产品有王老吉系列、保济丸、保济口服液、小儿七星茶、清热暗疮片、克感利咽口服液、痰咳净、藿胆丸等,其中王老吉清凉茶、王老吉广东凉茶颗粒、保济丸、痰咳净等都被评为"广东省、广州市名牌产品""中国中药名牌产品"。

王老吉药业一贯重视技术创新与技术进步,公司内各类专业技术人员约占员工总数的50%。公司承担的"二氧化碳超临界萃取仪技术在中草药中的应用研究与开发"项目获广东省科技进步二等奖、广州市科技进步一等奖;首家建成全自动立体仓库;自行研制成功具有国内外先进水平的全自动保济丸包装机,生产效率为引进的日本包装机的四倍。

公司积极与科研单位及大专院校合作,运用中药现代化最新的"三超"技术研制保济片、克感利咽口服液等新产品。克感利咽口服液因在非典期间表现出对流感病毒和呼吸道常见致病菌有明显抑止作用,被列为"广东省抗SARA和流感的重点科研攻关项目";公司还与南丹麦大学签署了"克感利咽口服液抗病毒机理的研究"专项科技合作项目,以"科技输出"的形式成为欧盟传统药品法生效后国内首家进入欧盟的企业。

王老吉药业一直热心资助社会弱势群体,积极参与社会公益事业。

2005年，香港同兴药业强势加盟王老吉。香港同兴药业拥有雄厚的资本，具有超前的经营理念，管理科学、先进，特别是在中药海外销售方面积累了丰富的经验，在香港和东南亚地区拥有庞大的中药销售网络，将为王老吉产品进入国际市场打通渠道。2006年王老吉凉茶列入"国家珍贵非物质文化遗产名录"，广药集团获得王老吉凉茶秘方、独创工艺拥有专有权，受到国家保护；2006年王老吉被国家商务部认定为"中华老字号"。2011年王老吉药业被列入国家火炬计划重点高新技术企业；2015年1月11日，王老吉"让爱吉时回家"公益活动第三季在中山大学隆重启动。

展望未来，王老吉药业将继续按照党的十六大提出的"走新型工业化路子"的目标，以信息化推动工业化，把公司建设成为科技含量高、经济效益好、资源消耗低、环境污染少、人力资源优势得到充分发挥的具有中国特色的社会主义新型工业企业。

（二）王老吉产品分析

王老吉以"清热解毒，预防上火"这个特性打入市场，有不断延伸的生命周期、醒目得体的包装、完善的质量管理体系及稳定卓越的产品质量，深受消费者的喜爱。

其品牌塑造了"健康家庭，永远相伴"的形象。

1. 产品的性能

（1）产品的性能：清热解毒、祛痘养颜。预防四时感冒发热，声沙哑痛。主沉熬夜积火，燥热积滞、便秘、口干尿赤，牙痛溃疡等症。

（2）产品最突出的性能：清热解毒，预防上火。

（3）产品最适合消费者需求的性能：清热解毒，预防上火。

2. 产品的价格

（1）商品名称：王老吉凉茶310 mL（罐装）；市场报价：3.5元。

（2）商品名称：王老吉黑凉茶310 mL（罐装）；市场报价：4.5元。

（3）商品名称：王老吉无糖凉茶310 mL（罐装）；市场报价：4.5元。

（4）用户普遍关注王老吉产品质量，价格与用户心理预期已比较接近。

3. 企业赋予产品的形象

（1）王老吉诞生于1828年，被称为凉茶始祖，成为当地人日常的保健医药饮品，用来"清热解毒祛暑湿"，并定位于"预防上火的饮料"推向全国。

（2）王老吉品牌塑造的是"健康家庭，永远相伴"的形象。

4. 消费者对产品形象的认识

由于"预防上火"是消费者购买红色王老吉的真实动机，显然有利于巩固加强原有市场。是否能满足企业对于新定位的期望——"进军全国市场"，成为研究的下一步工作。通过二手资料、专家访谈等的研究，一致显示，中国几千年的中药概念"清热解毒"在全国广为普及，"上火""祛火"的概念也在各地深入人心。

5. 产品定位

"预防上火的饮料"独特的价值在于——喝红罐王老吉能预防上火，让消费者无忧地尽情享受生活。其定位的效果是：

（1）利于红罐王老吉走出广东、浙南。由于"上火"是一个全国普遍性的中医概念，而不再像"凉茶"那样局限于两广地区，这就为红罐王老吉走向全国彻底扫除了障碍。

(2) 避免红罐王老吉与国内外饮料巨头直接竞争,形成独特区隔。

(3) 成功地将红罐王老吉产品的劣势转化为优势,淡淡的中药味,成功转变为"预防上火"的有力支撑。

(三) 王老吉消费者分析

1. 消费者的总体态势

(1) 广东的消费者饮用红罐王老吉主要在烧烤、登山等场合。其原因不外乎"吃烧烤容易上火,喝一罐先预防一下""可能会上火,但这时候没有必要吃牛黄解毒片"。

(2) 浙南的饮用场合主要集中在"外出就餐、聚会、家庭"。在对当地饮食文化的了解过程中,研究人员发现:该地区消费者对于"上火"的担忧比广东有过之而无不及,如消费者座谈会桌上的话梅蜜饯、可口可乐被说成了"会上火"的危险品而无人问津,而他们对红罐王老吉的评价是"不会上火""健康,小孩老人都能喝,不会引起上火"。这些观念可能并没有科学依据,但这就是浙南消费者头脑中的观念,这是研究需要关注的"唯一的事实"。

(3) 消费者的这些认知和购买消费行为均表明,消费者对红罐王老吉并无"治疗"要求,而是作为一个功能饮料购买,购买红罐王老吉的真实动机是用于"预防上火",如希望在品尝烧烤时减少上火情况发生等,而真正上火以后可能会采用药物,如牛黄解毒片、传统凉茶类治疗。

2. 现有消费者分析

(1) 现有消费群体构成。

王老吉的现有消费者面向大众,以年轻人为主,还有重视保健的群体,他们有稳定的职业、相对丰裕的收入、文化程度较高,主要分布在广东与浙南等地。

(2) 现有消费者的消费行为。

消费者购买王老吉一般用于烧烤、登山、外出就餐、聚会、家庭等场合,其原因就是预防上火。一般购买于酒店、超市或者商场等。

(3) 现有消费者的态度。

消费者对红罐王老吉的评价是"不会上火""健康,小孩老人都能喝,不会引起上火"。这些观念可能并没有科学依据,但这就是消费者头脑中的观念,这是需要关注的"唯一的事实"。相对于其他饮料类或是凉茶类,消费者对于王老吉更是有种偏爱。消费者的这些认知和购买消费行为均表明,消费者对红罐王老吉并无"治疗"要求,而是作为一个功能饮料购买,购买红罐王老吉的真实动机是用于"预防上火",如希望在品尝烧烤时减少上火情况的发生等;但真正上火以后,他们可能会采用药物,如牛黄解毒片、传统凉茶类治疗。

3. 潜在消费者及其购买行为分析

潜在消费者在5 000万人左右,年龄在25岁左右,处于事业的发展期,有较好的前景,受过好的教育。除此之外,许多儿童、女性以及老人也是本品的潜在消费者。

潜在消费者一般为购买可乐类饮料或者茶类饮料者,他们并没有特别的购买计划,不是特别青睐某种饮料。

(四) 王老吉的网络营销分析

凉茶是广东、广西地区的一种由中草药熬制,具有清热去湿等功效的"药茶"。在众多老字号凉茶中,又以王老吉最为著名。王老吉凉茶发明于清道光年间,至今已有170多年的历史了,被公认为凉茶始祖,有"药茶王"之称。到了近代,王老吉凉茶更随着华人的足迹遍及世界各地。

2003年,王老吉在宣传推广上投入4 000多万元,2004年则增加到1亿元,2005年增至1亿多元,2006年世界杯期间广告投入更是激增,全年的广告投入估计2亿多元。近三年王老吉广告投入连续以几何的趋势猛增。

开展目的:王老吉走出广东、浙南,推广到全国,让全国观众了解王老吉,购买王老吉,进而增加其销售额,获得公司利润。

初识王老吉当然是在电视广告上,登广告不是问题,但要在央视的黄金时间登陆就一定算得上是大广告了。我们可以看见一组火红的场景,几个充满活力的年轻人,高举王老吉喊出它的广告语:"怕上火,就喝王老吉!"没有多少日子,大家都记住了这个新品牌、新饮料,并且铭记了它最主要的功效——去火。在网络营销4I原则中,利益原则算是最为核心的。王老吉以去火为中心展开营销,即围绕利益原则告诉人们一个信息:最新出品的饮料王老吉的功能是去火。告之产品讯息和功能也是利益原则中最主要的核心内容。

随后,通过2008年汶川地震捐款事件的营销,让全国观众都进一步认识了王老吉;紧接着又借助北京奥运会。2010年,王老吉又向玉树捐款1.1亿元,又是广州亚运会的赞助商。通过这些大事件的营销,王老吉彻底红遍中国。此外,王老吉还有许多其他的营销活动,如王老吉学子情,十年助学活动;王老吉昆仑山整箱包邮;"吉迎新春,吉运到家"王老吉春节送机票活动;先声夺金王老吉唱响亚运歌手挑战赛……

王老吉公司通过一系列的广告传播、网络营销等使其品牌的知名度迅速上升,成为国内知名的饮料公司。下面我们来分别对其传播方式进行分析,主要分析王老吉公司的大众传播、分众传播、精准传播的适用对象、运作方式及营销效果分析。

(五)王老吉的事件营销分析

1. 近年王老吉网络整合营销分析

随着王老吉名气的扩大,随之而来的利益也增加了,于是更多的营销活动展开了。最先进也最受欢迎的必然是网络营销手段。如今我们已经进入了信息时代、网络时代,凡是具有前瞻性的人或者企业都会发现网络营销时代已经到来,我们不得不关注中国数以亿计的网民们的声音和力量。因此,王老吉依据新的形势也参与了网络营销活动。话说王老吉到底是如何在一夜之间成为全国人民都知道的新品牌呢?它采取了其他企业都不曾采取过的措施。2008年6月18日,用1亿元巨款捐助灾区的王老吉饮料,引起了最多国人的注意。它这一个性化的营销不仅使自己成为千家万户直销的品牌,并且树立了良好的企业形象。运用4I原则中的"个性原则"创出了一片天。个性化的营销主要在可以让消费者看到独特的地方,王老吉以捐赠巨款的方式打响了旗号,必然引起很多消费者的关注。

然而第二天,在国内著名的互动网络论坛天涯BBS上,一篇"封杀王老吉"的帖子引起了网民的注意。网络整合营销4I原则中有一"趣味原则"。所谓无风不起浪,帖子无疑引起了无数网民的关注并且使之为一个新热点。趣味性使许多网民看到内容后却会心一笑,并被煽动起在当时情境下特有的激情,帖子不但导致了网友疯狂的主动转载传播,更直接鼓动起了网民对于王老吉的购买热情。于是,网上一度爆出不少王老吉饮料在商场供不应求的新闻，许多网民自发组织购买，导致王老吉在多个城市的终端都出现了断货的情况。这篇帖子借时势用反话成功诱导了网民的心理，运用了"灾难营销"的手段取得了很大成效。在这不停转载和购买的过程中无疑应了网络整合营销4I原则中的"互动原则"，网民们参与了最真切的互动行为，并且提高了企业的利益，达到了营利的目的。这也是互动性的最具影响力的作用。

王老吉的营销手段还不仅如此，2008年奥运会对于王老吉来说又是一个大的契机。2007年6月，王老吉联手新浪共同参与"'56个民族祝福之旅'大型全民健身活动暨共同为北京祈福盛会活动"，全球中文第一门户新浪网对此次公益活动进行了立体传播。中国多民族特色与时事热点"奥运"完美地结合到了一起，而王老吉民族特色的品牌形象也得到前所未有的推广。这次"祝福北京"是王老吉独家赞助的一个大规模的全民族参与活动，如此规模的全民族大联欢，跨越了时间与空间的局限，对于赞助商来说是一次难得的宣传机会。通过全面整合博客、播客、UC以及新闻平台共同为活动造势，新浪把自身多媒体线上平台的潜力发挥到了极致。在这里，王老吉协同新浪根据4I原则中的"互动原则"把每一位网友作为活动的主体，他们可以了解关于活动、关于奥运的相关信息，也可以自由发表见解，评选喜爱的"民族祝福使者"，而且，在他们的主动宣传下，"祝福北京"的信息如涟漪般向外传递出去。作为整个活动的独家赞助商，王老吉品牌广泛的知名度将吸引更多人关注此次活动，同时借助新浪对活动的宣传推广，王老吉也树立了自身积极的社会公益形象，建立了王老吉消费群体的忠诚度，而这种潜在影响力是广告换不来的。这也是网络营销中"互动化"的作用。

"纽约涌现凉茶浪潮，王老吉热邀海外友人访北京"。随着奥运会的临近，王老吉集团更是煞费苦心地设计了一艘特殊的游船游弋在纽约哈德逊河上，与远处的自由女神像遥遥相望，船头矗立的巨型红色王老吉罐体一个有着180年历史的中国品牌，正在通过它特有的方式，向国外友人展示中华民族的热情友好。据加多宝（王老吉）集团相关负责人介绍，2008年北京奥运会是世界人民了解新兴中国的一个绝佳机会。作为民族企业，王老吉有责任为国出一份力。而在有的人的博客上开始流传并且转载这样一个帖子：一位热心尽职的奥运志愿者帮助了一位由于炎热而中暑的外国友人。此帖文章感人至深，图片打动人心，但要细看便可发现美女志愿者手中拿着的正是饮料王老吉。由此我们不难发现，这又是王老吉针对网络进行的营销方案，它运用网友们的转载、互动，不仅叙述了一件感人的事情，并且更好地宣传了产品，也附之一个信息，王老吉能起到解暑的作用，这也符合了4I中的"利益原则"。

2010年4月，央视赈灾晚会"情系玉树，大爱无疆"共收到社会为玉树捐的款21.75亿元。广东加多宝（王老吉）集团捐出1.1亿元人民币。"只有民族的，才是世界的。"在这样一个群雄逐鹿的时代，一个民族品牌要生存、要发展，必须把眼前的扩张和自身品牌长远的文化建设结合起来。我们看到全球的知名品牌无不经过多年的积淀和潜心的塑造，才形成了人们的消费习惯，进而衍生为一种文化，最终成了一种精神、一种理念。王老吉无疑已经看到了这种企业发展的趋势，在突破自身"功能性""瓶颈"、塑造品牌内涵的道路上，它已经迈出了坚实的一步；同时，也是最重要的一步，作为中国民族品牌借力网络公关的先行者，王老吉对企业文化传播的重视和对网络媒体力量的关注必将成就企业美好的未来。

2. 成功原因分析

成功之一：借势（事件传播的土壤）。此处用"借势"这个词，说"灾难营销"有点太苛刻。王老吉的捐款数额是足以引起一片赞誉的，况且是在当时"比富（比谁捐款多）"的大舆论背景下。CCTV 那场捐款晚会的收视率是不用质疑的，"一鸣惊人"是那场晚会赋予王老吉最大的收获（这可能比投放几亿元的广告效果都要好）。

成功之二：策划（制造事件——病毒源本身）。网友是单纯的，也是容易被煽动的。王老吉捐款一亿元的"壮举"在接下来的几天里迅速成为各个论坛、博客讨论的焦点话题。但是话题是分散的，需要一个更强有力的话题让这场讨论升级。于是《封杀王老吉》成了由赞扬到付诸实际购买行动的号令。创意本身契合当时网友的心情，使得可能平日里会被人痛骂为"商业贴"的内容一下子成了人人赞誉的好文章。

成功之三：推动（给病毒传播一个原动力）。病毒之所以能够扩散，除了病毒源"优质"之外，初期的推动也很重要。一个单贴，能够有如此大范围的影响，背后网络推手对于这个帖子的初期转载和回复引导至关重要。BBS 营销在这个事件中显得尤为成功。首发天涯等大论坛，然后迅速地转载各个小论坛，之后，就可以依靠病毒自身的传播惯性去进行扩散了。

（六）小结

红色王老吉的巨大成功，首先在于企业对产品的准确定位（去上火），发现了红色王老吉自身产品的特性，从而成功地完成了王老吉的品牌定位。其次，王老吉成功的网络营销，借助汶川玉树捐款事件的营销，通过北京奥运、广州亚运等活动的支持，建立了良好的企业形象。最后，王老吉还充分利用了广告传播的效果，使用了大众、分众等传播方式，通过电视广告、POP 广告等，使得王老吉迅速红遍中国。

三、小米手机

（一）产品简介

小米手机是小米公司（全称北京小米科技有限责任公司）专为发烧友级手机控打造的一款高品质智能手机。雷军是小米的董事长兼 CEO。手机 ID 设计全部由小米团队完成，该团队包括来自原谷歌中国工程研究院副院长林斌、原摩托罗拉北京研发中心高级总监周光平、原北京科技大学工业设计系主任刘德、原金山词霸总经理黎万强、原微软中国工程院开发总监黄江吉和原谷歌中国高级产品经理洪锋，手机生产由英华达代工。手机操作系统采用小米自主研发的 MIUI 操作系统。手机于 2011 年 11 月份正式上市。小米公司创始人雷军在谈及为何做小米手机时说，就目前发展趋势看，未来中国是移动互联网的世界，智能手机和应用会承载用户大部分需求。虽然过去的很多年，花了很多钱买手机，从诺基亚、摩托罗拉、三星，到现在的 iPhone，但在使用过程中都有很多诸如信号不好、大白天断线等不满意的地方。作为一个资深的手机发烧友，深知只有软硬件的高度结合才能出好的效果，才有能力提升移动互联网的用户体验。基于这个想法和理想，又有一帮有激情、有梦想的创业伙伴，促成了做小米手机的原动力。

小米已于 2011 年 10 月 20 日产量出货。小米公司公布的资料显示，2012 年小米手机出货量 719 万台，销售额达 140 亿元。成立仅 4 年的小米，一跃成为第二大国产手机品牌。小米手机系列被定位为小米的智能手机主力系列,主打中高端市场,重视用户体验和技术创新。小米手机以及后续迭代产品一经推出便销量火爆,曾一度因供不应求导致限量抢购。

(二)发展过程

小米手机研发启动时间为 2010 年 10 月。团队组成:由原摩托罗拉北京研究中心高级总监周光平负责硬件和 BSP 团队,原北京科技大学工业设计系主任刘德负责手机工业设计与硬件采购。

√ 2010 年 10 月—2011 年 7 月封闭研发中。

√ 2011 年 8 月,研发完成。

√ 2011 年 8 月 16 日,小米手机在北京 798 艺术中心 D·PARK 北京会所举行发布会,正式发布小米手机。

√ 2011 年 8 月 29 日,发售 600 台工程机。

√ 2011 年 9 月 5 日,小米手机开始接受在线预订。

√ 2011 年 10 月 15 日,小米手机开始出货。

√ 2011 年 10 月 20 日,小米手机开始正式销售。

√ 2011 年 10 月 26 日,由于泰国洪灾对 IT、数码等供应链产生了巨大影响,小米手机原定 27 日开始的第二轮每天 2 000 台的发货,调整到 31 日。

√ 2011 年 10 月 29 日,小米手机开始暂时性地停产。小米官方在论坛贴出公告,宣布因为电池和封装方面的原因,小米手机暂停发货五天(10 月 29 日到 11 月 2 日)。11 月 3 日恢复供货!

√ 2011 年 11 月 1 日,小米手机供货恢复,从 11 月 3 日开始的未来 1 周,预计每天发货 1 000 台。

√ 2011 年 11 月 4 日,MIUI 稳定版 2.3.7a 发布。

√ 2011 年 12 月 2 日,小米手机系统稳定版 2.3.5f 发布。

√ 2011 年 12 月 18 日,小米手机面向个人用户开放购买,每人仅限购两台。

√ 2011 年 12 月 20 日下午 3 点,小米联通合约机产品发布会在国家会议中心举行。

√ 2012 年 2 月 8 日下午 3 点,小米手机电信版发布会举行。

√ 2012 年 6 月 7 日,小米手机销量突破 300 万台。

√ 2012 年 12 月 21 日,新浪微博开卖小米手机 2 微博社会化网购首单,新浪微博小米手机 2 专场销售,50 000 台小米手机 2 在 5 分 14 秒内售罄。

√ 2013 年 7 月 31 日,小米千元双卡双待手机——红米手机正式发布。

√ 2013 年 9 月 5 日,小米 2013 年度发布会在国家会议中心召开,发布小米手机 3。

√ 2014 年 7 月 22 日,在北京国家会议中心举行的小米 2014 年度发布会上,小米手机 4 正式发布。

√ 2014 年 9 月 9 日,小米手机 4 移动 4G 版在小米官网正式开卖。

√ 2014 年 12 月 16 日,小米手机 4 联通 4G 版首发。

√ 2015 年 1 月 15 日,小米在北京国家会议中心举办重量级旗舰产品发布会,发布了小米 Note。

√ 2015 年 9 月 22 日,小米在北京五洲皇冠假日酒店召开媒体沟通会,发布小米 4C。

√2016 年 9 月 27 日，小米举办 2016 秋季新品发布会，发布了小米 5S、小米 5S Plus。

√2016 年 10 月 25 日，小米发布 Note 系列的第二代智能手机——小米 Note 2 和全面屏概念手机小米 MIX。

√2017 年 2 月 28 日，小米首款自主研发芯片澎湃 S1 发布，搭载该芯片的小米 5C 同时亮相。

√2017 年 12 月 7 日，千元全面屏手机红米 5 和红米 5 Plus 发布。

√2018 年 3 月 16 日，AI 双摄红米 Note 5 发布。

√2018 年 3 月 27 日，小米 MIX 2S 发布。

√2018 年 4 月 25 日，小米 6X 发布，前后 2 000 万像素，拍人更美。同时雷总在发布会上宣布，小米硬件综合净利润率永远不会超过 5%，如有超出的部分，将超出部分全部返还给用户。

√2018 年 5 月 08 日，与大英博物馆合作，小米 MIX 2S 艺术特别版发布。

√2018 年 5 月 31 日，小米 8 发布，小米 8 透明探索版和 MIUI10 同时发布。

√2018 年 7 月 9 日，小米成功在香港主板上市，成为港交所首个同股不同权上市公司，创造了香港史上最大规模科技股 IPO，以及当时历史上全球第三大科技股 IPO。

√2018 年 7 月 19 日，小米 Max 3 发布，大屏大电量。

√2018 年 9 月 19 日，小米 8 青春版、小米 8 屏幕指纹版发布。

√2018 年 10 月 26 日，小米手机 2018 年出货量突破 1 亿台，提前完成全年目标。

√2018 年 12 月 24 日，小米发布新品类手机小米 Play，主打自带流量。

√2019 年 1 月 10 日，新品牌红米 Redmi 发布，旗下首款产品红米 Note 7 同时发布，首次提供 18 个月质保服务。

√2019 年 2 月 20 日下午 2 点，小米在北京工业大学体育馆举行小米 9 发布会。

√2019 年 6 月 21 日，小米创办人、董事长兼 CEO 雷军微博官宣了小米的新系列，小米 CC 正式公布。

（三）网络营销手段

1. 饥饿营销

在小米手机众多的营销手段中，饥饿营销可以说是小米手机的主力营销手段。在 2011 年 9 月 5 日，小米手机开放购买，而通过官方网站购买则是唯一购买通道。由于在开放购买前，关于小米手机已经广为传播，从 5 日 13 时到 6 日 23：40 两天内预订超 30 万台，小米网站便立刻宣布停止预订并关闭了购买通道。

饥饿营销一：需要有预订号、按照排队顺序才能购买。

按照小米科技之前发出的公告，首批成功预订小米手机的用户将根据排位顺序支付，完成支付—发货—收货流程。由于首批预订人数过多，预计前 10 万名用户将在 10 月份收到小米手机，排名 10 万～20 万的用户则需要等待至 11 月份，20 万名以后的用户则可能要在 12 月份才能得到小米手机。30 万台的发货完成后将会提供正常的零售，无须排队。

当时，在小米论坛上很多网友在求预订号的相关帖子，这样看来，饥饿营销作用算是达到了。而在不能购买小米手机的两个月时间内，小米手机，在各种网络渠道上做足功夫，开展各种活动，而礼品则竟然是小米手机 F 码。

所谓 F 码就是能够提前购买的优先码,由于已经被订购 30 万台手机,就有 30 万个排队中的购买码,如果你是排名靠后的购买者或者是没有参加排队订购的有意购买者,则这个 F 码就能使你优先获得购买小米手机的权利,如图 8 – 1 所示。其单单一个 F 码的价值就被炒了起来,甚至有大量的人肯花钱去购买。

图 8 – 1　小米手机预订排位

在等待开放购买和发货的两三个月时间内,小米手机所做的主要工作就是推销自己。

用 F 码的这种策略,在国内是从未出现过的,这是饥饿营销的新颖手段。通过一系列的渲染小米手机本身和小米手机购买的难度,小米手机的品牌价值的提升远远大于其直接开放手机购买所赚取的手机本身利润。

饥饿营销二:泰国水灾导致产能下降。

在广大米粉翘首等待期间,泰国发生水灾了。泰国水灾导致部分 IT 产品供货紧张,小米手机因为有零部件在泰国生产也遭影响,被判停止发货。具体官方理由是小米手机上有几个 MOS 管和来电显示彩灯是泰国生产的。因水灾泰国工厂停产了一段时间,出货量大大降低,小米手机需要暂停发货五天(10 月 29 日到 11 月 2 日)。

此时,小米手机在全部开放购买之后所做的最重要的工作就是提升自身品牌推广度,让更多的人知道,了解,继而爱上小米手机,以达到开放购买后的更大的经济收益。所以,要在充分宣传自己、调动消费者胃口之时,不断地放缓发货和开放购买的进度。

在此期间,小米多次在官方网站向消费者道歉,对自己多次放缓发货节奏做出合理的解释,泰国水灾可以是一个很好的理由。

在做了充分准备之后,时机成熟,小米手机在 12 月初突然宣布不缺货,开始做开放购买前最后的搏杀,如图 8 – 2 所示。

饥饿营销三:12 月在线销售,10 万台库存已售罄。

12 月 18 日凌晨,小米手机开始面向普通消费者直接销售,每人限购两台。在开放购买三小

图 8 – 2　小米手机不缺货

时后,小米网站称 12 月在线销售的 10 万台库存就全部售罄。

其实,并不是小米手机产量不足,而是小米手机故意拖延,以现在手机配件供应商的价格,小米手机定价 1 999 元,利润不多,这个定价也只是为了吸引别人的关注。等大家都关注小米手机的时候,小米手机再来个供货不足,慢慢拖,一次只对外销售少量手机。这其中肯定会有少数人能买到,但是绝大多数普通人是买不到的,对这次 12 月份正式对外公开销售居然说一个月的库存只有 10 万台,既然已经公开销售,就不应该只有这么少的库存,而且手机发布已经四个月了,雷军不可能想不到这些问题,如图 8 - 3 所示。那么,小米手机为什么要拖呢?

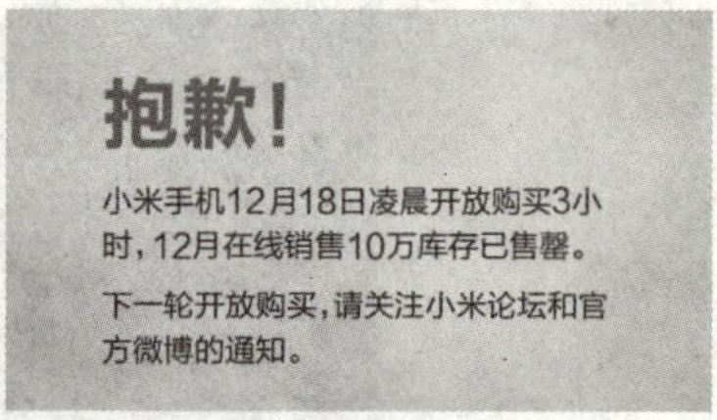

图 8 - 3　小米公告

这同样也是饥饿营销的一个高明策略。小米作为一个刚起步没多久的公司,前面已经说过,公司品牌价值的提升比什么都重要。

2. 微博营销

我所在的小组在课堂案例分享时曾详细为同学介绍过微博营销。微博营销是随着微博的火热,催生出的与之相关的一种营销方式,是刚刚推出的一个网络营销方式。微博营销以微博作为营销平台,每一个听众(粉丝)都是潜在营销对象,每个企业都可以在新浪、网易等注册一个微博,然后利用更新自己的微型博客向网友传播企业、产品的信息,树立良好的企业形象和产品形象。每天更新的内容都可以跟大家交流,或者有大家所感兴趣的话题,这样就可以达到营销的目的,这样的方式就是新推出的微博营销。

微博营销作为新兴的营销手段,具有举足轻重的地位,小米手机作为时代潮流产品紧紧地抓住了这个时机,在各大门户微博平台上大搞微博营销,如图 8 - 4 所示。

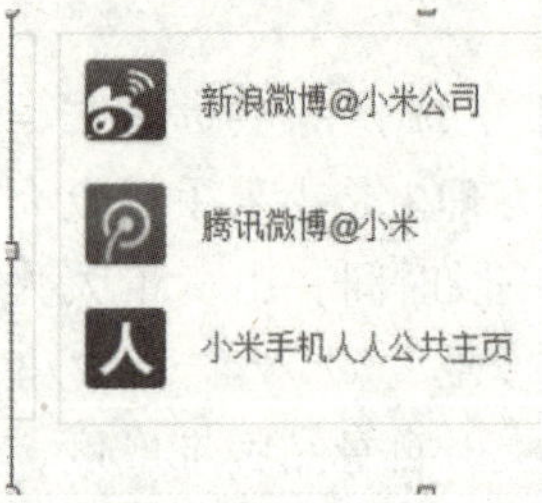

通过微博这个平台,小米不仅通过各种促销或者有创意的活动吸引眼球,而且大大地提高了知名度,可以说在战略性的饥饿营销时期,微博营销是小米手机网络营销最重要的一个实施手段。

小米手机在各种微博平台上,不仅分工明确,而且极富专业性。并非大多数企业只是因为不甘落后,跟风所搞的微博营销,小米手机既然已经定位于网络销售,也的的确确将微博当成其营销的主阵地。从图 8 - 5 所示可以看出小米手机在新浪上的微博矩阵。

图 8 - 4　微博营销

在其他方面,小米手机在方式上不仅采用了常用的关注、转发获得奖品等方式,也极力地通过一些名人或者事件来促进自身的传播。除了这些,还有微直播、微访谈等各种典型的微博营销方式,如图 8 - 6 ~ 图 8 - 9 所示。

3. 网站营销

小米手机官网是小米手机进行网站营销的主阵地,无论是作为官方发布信息最重要的平台,还是作为购买小米手机的唯一通道,还是小米论坛的所在地,小米手机集网站式的发布资源于一身,甚至包含了商城 - 旗下软件米聊。

图 8-5 小米微博矩阵

图 8-6 小米关注并转发

图 8-7 小米手机体验

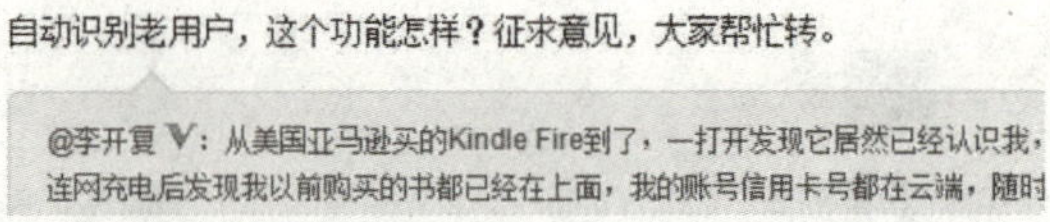
自动识别老用户，这个功能怎样？征求意见，大家帮忙转。
@李开复 V：从美国亚马逊买的Kindle Fire到了，一打开发现它居然已经认识我，连网充电后发现我以前购买的书都已经在上面，我的账号信用卡号都在云端，随时

图 8-8 小米转发

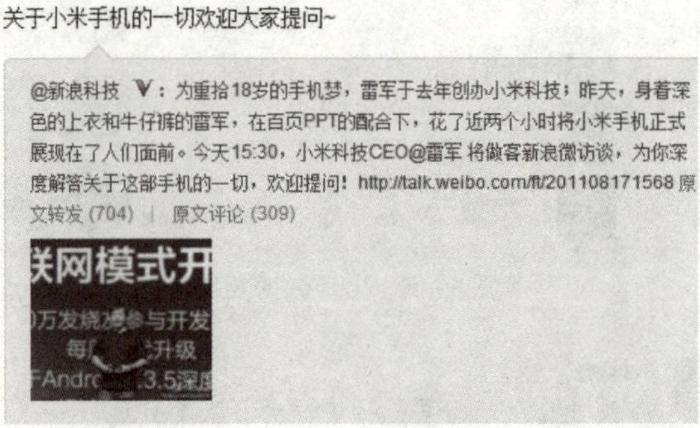
关于小米手机的一切欢迎大家提问~
@新浪科技 V：为重拾18岁的手机梦，雷军于去年创办小米科技；昨天，身着深色的上衣和牛仔裤的雷军，在百页PPT的配合下，花了近两个小时将小米手机正式展现在了人们面前。今天15:30，小米科技CEO@雷军 将做客新浪微访谈，为你深度解答关于这部手机的一切，欢迎提问！http://talk.weibo.com/ft/201108171568 原文转发 (704) | 原文评论 (309)

图 8-9 小米提问

小米手机的官网具有集中优势兵力的优势，通过这一系列的整合，资源集中，不仅大大地给网站访问者提供了方便，也使关于小米手机的各个项目之间相互促进，大大提升了网站的知名度和扩展度，例如论坛与商城之间的相互扩展、相互联系；购买手机者与配件商城、论坛的交流，都同时使两个模块的访问量大大提升，如图 8-10 所示。

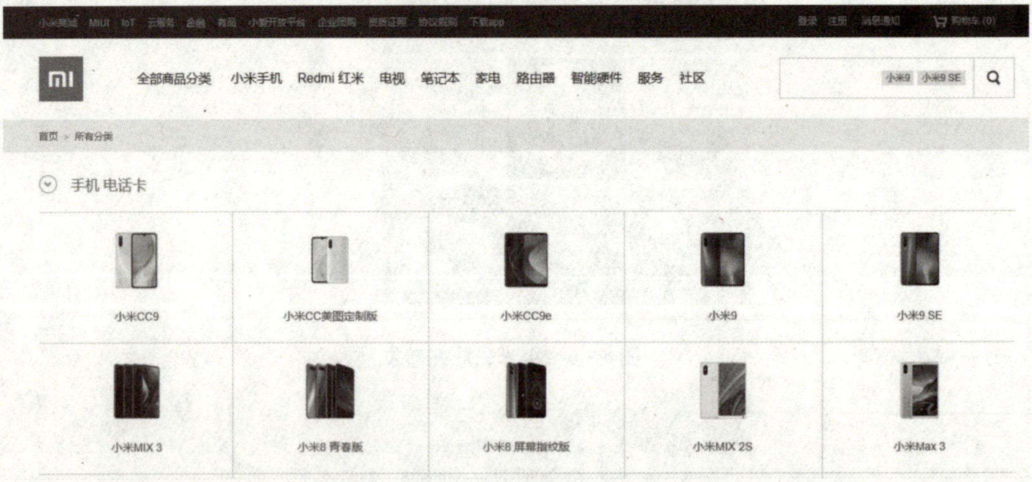
全部商品分类
小米手机
Redmi 红米
电视
笔记本
家电
路由器
智能硬件
服务
社区
小米9
小米9 SE
首页 > 所有分类
手机 电话卡
小米CC9
小米CC美图定制版
小米CC9e
小米9
小米9 SE
小米MIX 3
小米8 青春版
小米8 屏幕指纹版
小米MIX 2S
小米Max 3

图 8-10 小米官网

首先，最基本的功能是用户通过注册预订购买或者不预订在开放后注册购买，而且这个途径不仅是购买小米手机的唯一网络途径，也是仅有的唯一购买途径，如图 8-11 所示。

小米手机所售的是裸机，图 8-12 所示是与配件商城的交互。

配件商城和手机购买是不同的板块，如图 8-13 所示。

由于小米定位是具有较强独立性的手机，从系统到软件虽基于大众 Android，但不同于其他手机，都是经过大幅改进的，在未来有望彻底独立，如图 8-14 所示。

图 8-11　小米 CC9

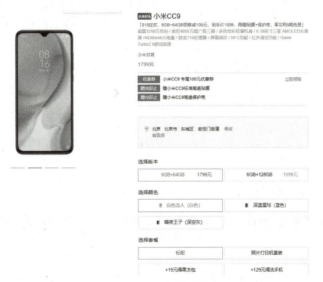

图 8-12　小米手机

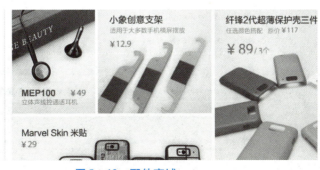

图 8-13　配件商城

图 8-14 小米 9

论坛是小米手机最重要的信息发布地,大到小米手机的整体推广战略,小到手机本身的后盖是否容易掉漆的问题,都有详细的探讨。这种方式,类似于苹果的应用商店,用户买了手机要去应用商店购买应用,从而不断地为企业创造利润,而在此处,可以说无论是技术支持,还是保养保修退还等普通手机服务,都得到了广泛的发展。

只要是购买了小米手机的人,必然拥有一个小米账号,也由于系统升级、手机维护,以及各种各样不可避免的问题,大部分人必然要登录小米论坛。这样一来,手机的购买者和使用者就和网站和论坛的使用者紧密捆绑起来,成了另一种源源不断的资源,手机销售越多、小米推广程度越大,则小米网站与论坛的发展程度也越大,双方相互促进,共同发展,成为此网站营销的重要一笔。随着不断发展,小米论坛会成为一些高端智能机发烧友的一个聚集地,这样一来,产生的价值是难以估量的,如图 8-15 所示。

图 8-15 小米社区

同时，在网站可以推销自主研发的软件，这一招虽不新鲜，但在网络营销中具有很重要的地位，现在小米尚处于起步阶段，仅有米聊这一款软件，但这一板块说明了小米正在推进这一方面的发展。我们可以预见，随着应用的增多，应用可以慢慢变成限制的，也就是仅有小米手机能用的，也可以变成付费的，从而从中获取大量利益，如图 8-16 所示。

图 8-16　米聊

（四）案例小结

小米手机官方定位于智能手机高端发烧友，以其独特的功能、系统、价格、配置优势吸引大量的注意力。

通过百度指数，我们看到小米手机关注度自 2015 年 5 月—2019 年 8 月逐年降低，但这并不影响小米的销售量，2018 年 10 月 26 日小米手机 2018 年出货量突破 1 亿台，提前完成全年目标；2019 年 3 月 19 日小米集团发布 2018 年财报，总收入 1 749 亿元，增长 52.6%。所以，百度指数的下降可能与手机品牌的随时间日益增多有关，如图 8-17 所示。

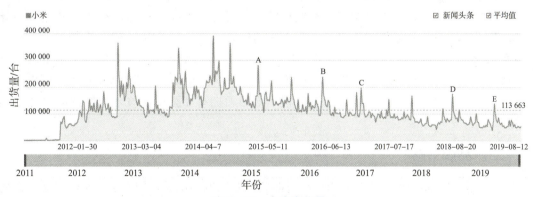

图 8-17　小米出货量

如图 8-18 所示，小米与联通合作，联通承购 200 万台。

经过我们对小米手机的分析可以看出，小米手机利用这个战略，再辅以最重要的饥饿营销、微博营销，以及网站营销，不仅达到了品牌的推广和品牌价值提高的目的，也在大大促进小米手机知名度的同时，售出大量小米手机。

小米手机无论是饥饿营销、微博营销、网站营销，都做到了非常优秀的地步，这在网络营销上算得上是非常成功的案例。

China unicom中国联通
创新·改变世界
小米
xiaomi.com
中国联通沃3G小米手机产品发布会
小米联通合约机 ¥2699

图 8－18　小米与联通合作

近期小米手机又得到由淡马锡、高通、启明等六家投资机构注入的 9 000 万美元融资，使小米科技的累计投资额达到 1.3 亿美元，估值达 10 亿美元。有业内人士推断，按照如今的发展势头，小米会成为中国的 iPhone。

综上所述，到如今这个阶段，我们可以确定小米手机成功了。它的成功是以手机本身硬件做基础，配以完美的战略策略、营销方式，以各种制造话题的手段、推广的方式所成就的。在未来，小米能否复制苹果的成功之路，网络营销仍是最重要的决定因素之一。

四、三只松鼠

（一）公司简介

三只松鼠是由安徽三只松鼠电子商务有限公司于 2012 年强力推出的第一个互联网森林食品品牌，代表着天然、新鲜以及非过度加工。三只松鼠仅仅上线 65 天，其销售在淘宝天猫坚果行业便跃居第一名，花茶行业跃居前十名。

三只松鼠主要是以互联网技术为依托，利用 B2C 平台实行线上销售。凭借这种销售模式，三只松鼠迅速开创了一个食品产业快速、新鲜新型食品零售模式。这种特有的商业模式缩短了商家与客户的距离，确保让客户享受到新鲜、完美的食品，开创了中国食品利用互联网进行线上销售的先河。同时，其发展速度之快创造了中国电子商务历史上的一个奇迹。

三只松鼠是由它的创始人兼 CEO@ 松鼠老爹_章三疯（章燎原）先生带领一批由来自全国的粉丝组成的创业团队创始的互联网食品品牌。章燎原先生在其任职经理人期间曾 10 年打造出安徽最知名的农产品品牌，一年时间打造出网络知名坚果品牌。其较强的品牌营销理念以及草根出身的背景，使他能够迅速地掌握消费者心理，在电商界素有“电商品牌倡导者”的称号。三只松鼠便是其组建的一个全新的创业团队，这个团队正在逐渐扩大，平均年龄在 22 岁。章燎原先生认为一个互联网品牌必须贴近消费者，而三只松鼠的消费者正是互联网年轻一族，只有年轻的品牌团队才能与消费者更好地沟通；供应链管理团队则由相关行业有经验的精英组成，他认为产品作为根本，必须拥有超强团队技术经验才能保证产品品质。

（二）品牌策略

三只松鼠这个品牌名字，我觉得已经过渡到以互联网为出发点的想法。互联网这个销售行为和销售方式，对一个品牌产生了一定的变化，更要求这个品牌有记忆性和互动性。在互联网时代，每天接触的信息太多了，一闪而过，记不住。而互联网主流群体是“85 后”，非常年轻。所以互联网化的品牌，要好记忆，并且要好玩。这两者合为一体，我们就想到动物，这就是三只松鼠名称的由来。

一开始的时候，三只松鼠的形象是通过网络，找到一些漫画的爱好者来帮助完成的。而现在我们已经有专门团队，并且在创作动漫，已拍到第六集。在第五集的时候，我们又否定前四集（原画设定）。互联网快速发展变化，是一个持续创新、不断变化的东西。但有一些核心的东西还是不会被改变的。三只松鼠的主品牌主要是定位于坚果。通过坚果这个项目的操作，获得各方面的资源以后，会衍生出以松鼠形象为代表的若干个子品牌。

我们做传统企业，在创立伊始一切问题都考虑得很清楚，而互联网没有办法去考虑清楚很多问题。互联网不怕做错，就怕不做。错了我们可以改，不做我们就没有机会。互联网很多时候存在一个时间差。因为它是一个新的竞技体系、新的销售形势和行为。往往对新的东西，比别人越早了解一点，越能抓住机会。目前来讲，互联网是带有机会性的，这也警醒我们去反思，2013年三只松鼠做到三亿元，所有的团队都知道，这并不是一个终点，这也并不是什么令人兴奋的事情。压根儿就不能去兴奋，这仅仅是一个开始和起点。因为互联网来得快，去得也快。目前三只松鼠基本能做到盈亏平衡。

一个品牌、一个形象深入人心之后，如果供应链能跟得上的话，消费者是会爱屋及乌的，因为互联网跟传统最大的不同是，在互联网上只要你能做得出来，客户喜欢你，就有无限化的可能。而对于一个互联网的品牌，用户是具有黏度的，两次购买率是较高的。我们两次购买率超过30%。我们有一个子品牌叫松鼠口袋，专门做衍生品的品牌。我们给它定位为，围绕消费者年青一代的生活半径，去做那些小玩意。小玩意不会太大。比如说我可以为你做一双拖鞋，也可以为你做一个口罩，也可以为你做一个收纳盒、一个玩具、一个手机套，还有你的办公桌上面、小家里头、床头摆的东西。用营销的话语来说，就是要包围消费者的生活半径。这个商标品牌，我们会采取零利润的模式。就是我通过规模化的采购，通过我的设计，把我的松鼠形象融入进去。但是我卖给你，这个东西5元钱买来的，我只卖你5元钱。一分钱不赚。这就是零利润模式。我们是卖零食的、卖学生食品的。在这个地方是有利润的。但是我们这个衍生品，是没有任何利润的。客户一个是很爱我们的品牌；另一个他身边这些东西每一个他都有需求。这些东西我会根据你的需求，帮你造出来，并且以极低的价格，甚至成本价的方式提供给你。那么你的生活圈都是松鼠，在未来可以替代一种什么费用呢？广告费用。

（三）核心竞争力

电子商务我觉得没有什么核心不核心的，真正的核心就是看不到短板，即用一个系统化的东西来组成你的核心。举个例子来讲，过去我们推荐式产品、推荐式营销，在互联网都不行。你两头都要好。首先在互联网上，你的产品不好，就不要做互联网。过去你在超市买个东西不好，你没有办法去告诉别人。而在互联网，你要买的东西不好，你会马上评价。这个说不好，那个说不好，你还能卖吗？所以产品好是个标配，是个基础性的工作。你有没有注意像洽洽、来伊份等，线下好一点的企业，在网上天猫的评分最低？这证明它们在互联网上根本不受欢迎。这就是我们觉得传统企业被颠覆的原因。他们不了解用户。所以我们认为目前为止我们的核心是形成了一个互联网的体系，稍具健全的产品开发、工厂、物流体系、信息化系统。

我认为我们现在做到了60分。因为我的信息化系统开发还不是很健全，这是追求极致的过程。但已经比传统线下企业领先了一两年。我们的60分，对别人来讲已经是100多分了，因为别人还没有做，我们这个行业连 ERP 系统都是自己开发的。我们对客户的购买会进行行为分析，而且我们在中国已经有三个物流发货仓，很多企业没有做到这些。一个客户在我们这里买了多少次、什么评价，我们一清二楚。这套系统构建了我们的一个核心竞争力。一个企业互联网真正的核心竞争力，不是你今天看到了什么，它应该是一个内在的竞争力，一种持续创新的能力。一招鲜，吃遍天。在传统企业有用，但在电子商务里面无效，因为模仿太快。全网的包装都跟我们一样了，都是两层的包装，全网都是动物为名字的品牌，所以我们不是靠一两个点来取胜，而是持续地创新。

再过两年，我们的信息系统就能够监控上游的情况了；然后，我们持续地建设物流仓，使送货的速度更快；再然后我们的物流周转速度更好，成本控制价格更低。我们还有松鼠口袋这种衍生品，以及松鼠动画片。假如两三年以后我们把这些都做成熟以后遇到一个壁垒。现在很多企业，在包裹里放一袋湿巾、一个袋子、一个开箱器，所有厂商都在放。互联网有个什么概念呢，你今天做的什么事情，明天就被模仿了，而且被标准化了，大家都在做。以前创新，一年一次就够了，现在互联网不得了，它要求每个星期都要创新，每个星期都要变化。有个创新的基因在，这是我们的竞争力。

跟目前在互联网上卖坚果的其他企业相比，第一，在硬件上，我们肯定是有差异的。信息化建设、仓库、健全的物流体系，现在没有哪一家能做到跟我们一样的。第二，在品牌和用户理解上，我们比他们强。而我认为，真正的竞争应该是 2014 年，在应对传统企业集体的上线方面。因为传统企业的这些企业家们比较可爱。一开始看不见，后来是看不起，电子商务小打小闹，看不起，最后是看不到，我认为现在是第四阶段，坐不住了。传统大佬坐不住了，一天看到三只松鼠在报道，他们疯了，所以在 2014 年他们来到互联网上。真正的竞争是跟传统的这些大佬竞争，因为他们有实力，有供应链，有钱，这会是我们面临的更大竞争。

（四）案例小结

1. 定位精准，订单式合作

虽然在正式上线时，主推坚果类产品，但三只松鼠的定位是"多品类的纯互联网森林食品品牌"，章燎原介绍说。他们还会做茶叶、粗粮等原生态未深加工的产品。

在还很注重低价的电子商务领域，三只松鼠有鲜明的品牌化色彩，从三只松鼠的经营和营销上可以明显看出，它拿来吸引用户首当其冲的卖点已经不是价格，而是商品质量和服务。

对于消费者来说，电子商务食品一个很大的问题是产品质量和新鲜度。为了解决这两个问题，三只松鼠的做法是，先尽量缩短供应链。这样，一方面缩短商品到达消费者手中的时间，另一方面增强产品质量的可控性。三只松鼠的供应链管理采取的是核心环节自主、非核心外包合作的方式。首要的核心环节当然就是产品源头。

三只松鼠在全国范围内寻找产品的原产地，统一采取订单式合作，并提前给预付款。原材料收购之后，委托当地企业生产加工成半成品，每一家厂商不生产超过两样产品。在这里，还增加了一个检验环节。然后，生产出的半成品被送回三只松鼠位于芜湖高新区的 10 000 平方米的封装工厂中，或存于 0 ℃～5 ℃的冷库中，或保存在 20 ℃恒温的全封闭车间中。这时，消费者要购买时，再从冷库中拿出来。这样做能保证商品从生产出来到卖给消费者之间不超过一个月。相对于传统产品，这样做大大减少了货架期。而这对于食品，尤其是像坚果类产品的质量和新鲜度非常重要。

2. 服务独特，用户至上

三只松鼠的信仰是"要实现为全人类寻找最优质、最新鲜、最健康的森林食品"。它亲切地称呼每位消费者为"主人"，足以看出其对每位客户的重视程度，这样的消费体验会让客户觉得自己受到了重视，这是真正以客户为中心的销售理念。产品的内外包装、企业客服以及售后服务处处都体现着三只松鼠以客户为核心的主张。

第一，产品包装。三只松鼠的包装箱以原木色为主色调，并印有松鼠的笑脸，箱子下角还配有"主人，快抱我回家！"的对话框，给人一种大自然寄来的包裹的感觉。打开包装箱，里面每一袋食品都用牛皮纸袋独立包装，而且不同的食品，包装袋上的松鼠漫画形象也不同。不仅如此，包装箱内还配有服务卡、果壳袋、湿巾、食品夹，基于用户体验至上的所有配备一应俱全。

第二，销售客服。打开三只松鼠的天猫旗舰店页面，通过阿里旺旺与其客服对话时，它们会亲切地称呼每位消费者为"主人"。每位客服以萌鼠自居，运用个性化的网络语言，将传统的卖家与买家的关系转化为宠物与主人的关系，这样有趣的购物体验相信是每位年轻的"85后""90后"消费者无法抗拒的。

3. 线上营销渠道

三只松鼠尽可能地通过软性服务，如松鼠客服、售后反馈、官方网站设计等来弥补这方面的缺陷，通过情感上的交流打动首次消费人群。三只松鼠不仅拥有最开始的淘宝天猫旗舰店，目前还发展了多个网络平台进行营销，在京东、天猫、1号店、拍拍、当当、苏宁都设有网上店铺，消费者可以通过多种渠道进行购买。

4. 完善的物流渠道

三只松鼠能让消费者选择多次购买的原因还在于满意的物流体验。消费者当天下单最快当天就能收到，一般隔天也能保证收到购买的产品。其在北京、成都、广州、芜湖的四个仓库能够供应周边客户的消费需求，尤其是对于食品，消费者都看重食品的新鲜度，因此快捷的物流是大多数消费者多次购买的主要原因。

5. 三只松鼠成功经验启示

三只松鼠作为安徽省优秀的食品类电子商务企业，能在竞争如此激烈的电子商务平台上获得成功绝非偶然，其成功经验值得其他电子商务企业学习和借鉴：

第一，对市场行情要有全局观念，找到合适的进入点。其总经理在创建三只松鼠前在安徽省詹氏食品就已经做到职业经理人，他以敏锐的视角看到了互联网电子商务行业带来的商机。随着移动互联网的普及，章燎原也注意到了移动终端的重要性，他认为用终端是未来发展的趋势，在不久的将来，三只松鼠可能就会根据这种趋势进行相应的调整。安徽省中小企业的领导在开展电子商务活动之前需要认真评估开展电子商务能否给企业带来想要获得的利益，不能盲目跟风。

第二，确保产品的质量，给客户带来最好的体验。对任何行业来说，产品的质量都是决定品牌能否成功的关键因素。三只松鼠坚持用最好的原材料，并从供货商处获得原材料后还对原材料进一步筛选，更在加工环节增加盲试项目，选出口味最好的坚果。"中国制造"的标签不是代表质量好，而是说价格便宜，但全球化生产大大降低了生产成本，国内劳动力的价格也已经提高，单纯依靠降低价格的策略不能满足消费者的需求，高质量的产品才能给企业提供源源不断的客户，为企业带来更多利益。

第三，品牌的维护也很重要。产品的质量好可以带来客户，而品牌的维护能提高客户的忠诚度。三只松鼠很重视客户回购率这一指标，通过对客户回购率指标的分析，可以找到品牌在成长中存在的问题，对品牌进行维护，让老客户更忠实于自己，新客户冲着品牌而来。

第四，重视人才和信息化建设。人才是企业的核心竞争力，只有保证人才的质量才能保障企业源源不断的活力与创意，而信息化建设为企业的高效运行提供了强有力的保障。

本章小结

不论大家喜不喜欢喝王老吉，王老吉的广告语每个人应该都知道，说到凉茶第一个想到的就是王老吉，这样的广告宣传、品牌定位无疑是王老吉经久不衰的重要原因之一。而小米，一个年轻的品牌，正是以其较低的价格、时尚的外观以及良好的品质吸引了众多年轻消费者。作为快销时尚品牌，小米手机的成功也是有迹可循的，至于是否可以创造更大的成功，我们拭目以待。三只松鼠作为安徽省优秀的食品类电子商务企业，以其独特的卡通品牌形象获得了大众尤其是年轻人的喜爱。同时，在食品行业，干净卫生以及新鲜的原材料才是其成功制胜的法宝。

本章习题

1. 通过三只松鼠的成功启示，你认为电商企业家最重要的品质是什么？
2. 你怎么看待小米手机以饥饿营销的手段占领市场份额？
3. 小米手机的百度指数近几年略有下降，你认为是什么因素导致的？

参 考 文 献

[1] 司林胜. 电子商务案例分析教程［M］. 北京：电子工业出版社，2010.
[2] 方程，等. 电子商务概论（第二版）［M］. 北京：电子工业出版社，2009.
[3] 郑淑蓉. 电子商务运作［M］. 北京：光明日报出版社，2010.
[4] 苏珊. 企业电子商务运作实务全书［M］. 北京：兵器工业出版社，2001.
[5] 王学艺，等. 中小企业电子商务运作方案［M］. 成都：西南财经大学出版社，2001.
[6] 曹彩杰. 电子商务案例分析［M］. 北京：北京大学出版社，2010.
[7] 田杰，等. 电子商务：模式系统及其运营［M］. 北京：中国传媒大学出版社，2009.
[8] 李欣，等. 电子商务应用［M］. 北京：化学工业出版社，2009.
[9] 黄为平. 电子商务岗位综合实训［M］. 上海：上海财经大学出版社，2009.
[10] 吴清烈. 电子商务管理［M］. 北京：机械工业出版社，2009.
[11] 周长青，等. 电子商务师实训［M］. 北京：北京理工大学出版社，2008.
[12] 陈联刚，等. 电子商务企业管理与实训［M］. 北京：经济科学出版社，2008.
[13] 王汝林. 移动商务理论与实务［M］. 北京：清华大学出版社，2007.
[14] 冯英健. 网络营销基础与实践［M］. 北京：清华大学出版社，2007.
[15] 格格坞. 网店赢家［M］. 北京：电子工业出版社，2010.
[16] 岚姐姐. 网店经营宝典——从"新手"到职业网商的蜕变［M］. 北京：清华大学出版社，2008.
[17] 孙良军. 网店开门红——淘宝、易趣、拍拍开店全攻略［M］. 北京：人民邮电出版社，2009.
[18] 卢坚，等. 店铺装修宝典［M］. 北京：人民邮电出版社，2008.
[19] 东东. 网店经营辅助技术全攻略［M］. 北京：清华大学出版社，2008.
[20] 骆正华. 电子商务系统规划与设计［M］. 北京：清华大学出版社，2006.
[21] 徐天宇. 电子商务系统规划与设计［M］. 北京：清华大学出版社，2005.
[22] ［美］杰夫·豪. 众包：大众力量缘何推动商业未来［M］. 北京：中信出版社，2009.
[23] ［美］安德森. 免费：商业的未来［M］. 北京：中信出版社，2009.
[24] ［美］安德森. 长尾理论 2.0［M］. 北京：中信出版社，2009.
[25] ［美］克里希纳默西. 电子商务管理：课文与案例［M］. 北京：北京大学出版

社,2003.

[26] 李琪. 电子商务概论 [M]. 北京:高等教育出版社,2005.

[27] [美] 奥佛希. 电子商务教程与案例:互联网商务模式与战略 [M]. 李明志,等,译. 北京:清华大学出版社,2005.

[28] [美] 波特. 竞争战略 [M]. 北京:华夏出版社,1997.